安全法律法规系列

网络安全
法律法规学习汇编

中国法制出版社
CHINA LEGAL PUBLISHING HOUSE

编辑说明

党的二十大报告对推进国家安全体系和能力现代化，坚决维护国家安全和社会稳定作出战略部署，指出："必须坚定不移贯彻总体国家安全观，把维护国家安全贯穿党和国家工作各方面全过程，确保国家安全和社会稳定。"报告强调，要健全国家安全体系，强化经济、重大基础设施、金融、网络、数据等安全保障体系建设。

在数字时代背景下，网络安全是我国现代化产业体系中不可或缺的部分，既关乎国家安全、社会安全、城市安全、基础设施安全，也关乎每个人的生活。习近平总书记强调："没有网络安全就没有国家安全，就没有经济社会稳定运行，广大人民群众利益也难以得到保障。"当前，互联网等信息网络的普及性、互联性、复杂性以及经济社会对信息网络的依赖性不断增强，给国家网络安全带来新的风险和挑战，网络安全形势日趋复杂严峻。树立正确的网络安全观，加强信息基础设施网络安全防护，加强网络安全信息统筹机制、手段、平台建设，加强网络安全事件应急指挥能力建设，积极发展网络安全产业，不仅是维护人民群众利益的需要，更是维护社会和谐稳定的必然选择。

为了贯彻落实党的二十大精神和习近平总书记关于网络安全的系列讲话精神，建设网络强国和数字中国、维护网信安全，帮助广大网信部门工作人员以及互联网相关从业人员进行网络信息安全建设和提高网络治理监督水平，我们特别以习近平总书记关于网络法治的重要论述为指导,围绕《网络安全法》,从网络运行安全、网络数据和信息安全、网络产品和服务安全三个维度出发,精心收录网络安全领域的法律法规及相关文件,汇编成《网络安全法律法规学习汇编》。

本书是各单位深入开展网络安全教育、广大读者切实增强网络安全意识的实用工具和参考资料。

目　录

一、一般规定

1. 法律

中华人民共和国网络安全法 …………………………………… 1
　　（2016 年 11 月 7 日）*

中华人民共和国国家安全法（节录）………………………… 14
　　（2015 年 7 月 1 日）

中华人民共和国反间谍法（节录）…………………………… 14
　　（2023 年 4 月 26 日）

中华人民共和国保守国家秘密法（节录）…………………… 16
　　（2024 年 2 月 27 日）

中华人民共和国刑法（节录）………………………………… 18
　　（2023 年 12 月 29 日）

中华人民共和国反恐怖主义法（节录）……………………… 21
　　（2018 年 4 月 27 日）

中华人民共和国密码法（节录）……………………………… 23
　　（2019 年 10 月 26 日）

---

　　* 目录中的日期为法律文件的公布时间或者最后一次修正、修订公布时间，或者施行时间。

1

中华人民共和国反有组织犯罪法（节录） ………………… 25
　　（2021年12月24日）
全国人民代表大会常务委员会关于维护互联网安全的决定 ……… 26
　　（2009年8月27日）
2. 行政法规
未成年人网络保护条例 …………………………………… 29
　　（2023年10月16日）
3. 部门规章
网络安全审查办法 ………………………………………… 40
　　（2021年12月28日）

二、网络运行安全

1. 行政法规
关键信息基础设施安全保护条例 ………………………… 44
　　（2021年7月30日）
中华人民共和国计算机信息系统安全保护条例 …………… 52
　　（2011年1月8日）
计算机信息网络国际联网安全保护管理办法 ……………… 55
　　（2011年1月8日）
中华人民共和国计算机信息网络国际联网管理暂行规定 …… 59
　　（2024年3月10日）
2. 部门规章
互联网域名管理办法 ……………………………………… 62
　　（2017年8月24日）
3. 规范性文件
云计算服务安全评估办法 ………………………………… 72
　　（2019年7月2日）

三、网络数据和信息安全

（一）数据安全

1. 法律

中华人民共和国数据安全法 ·················· 75
　　（2021年6月10日）

2. 行政法规

网络数据安全管理条例 ······················ 82
　　（2024年9月24日）

3. 部门规章

数据出境安全评估办法 ······················ 95
　　（2022年7月7日）

汽车数据安全管理若干规定（试行） ············ 99
　　（2021年8月16日）

外国机构在中国境内提供金融信息服务管理规定 ···· 104
　　（2009年4月30日）

4. 规范性文件

金融信息服务管理规定 ······················ 108
　　（2018年12月26日）

（二）信息安全

1. 法律

中华人民共和国个人信息保护法 ··············· 110
　　（2021年8月20日）

中华人民共和国民法典（节录） ··············· 123
　　（2020年5月28日）

中华人民共和国刑法（节录） ················· 125
　　（2023年12月29日）

3

全国人民代表大会常务委员会关于加强网络信息保护的决定……126

（2012年12月28日）

2. 部门规章

网络暴力信息治理规定……128

（2024年6月12日）

个人信息出境标准合同办法……134

（2023年2月22日）

互联网用户账号信息管理规定……148

（2022年6月27日）

儿童个人信息网络保护规定……152

（2019年8月22日）

电信和互联网用户个人信息保护规定……155

（2013年7月16日）

3. 规范性文件

个人信息保护认证实施规则……159

（2022年11月4日）

常见类型移动互联网应用程序必要个人信息范围规定……162

（2021年3月12日）

App违法违规收集使用个人信息行为认定方法……168

（2019年11月28日）

四、网络产品和服务安全

1. 行政法规

互联网信息服务管理办法……171

（2011年1月8日）

2. 部门规章

网络信息内容生态治理规定……175

（2019年12月15日）

互联网视听节目服务管理规定 ·············· 182
　　（2015 年 8 月 28 日）
网络出版服务管理规定 ·················· 190
　　（2016 年 2 月 4 日）
互联网新闻信息服务管理规定 ·············· 201
　　（2017 年 5 月 2 日）
互联网文化管理暂行规定 ················· 207
　　（2017 年 12 月 15 日）
专网及定向传播视听节目服务管理规定 ·········· 213
　　（2021 年 3 月 23 日）
互联网宗教信息服务管理办法 ·············· 221
　　（2021 年 12 月 3 日）
网信部门行政执法程序规定 ··············· 227
　　（2023 年 3 月 18 日）

3. 规范性文件

网络产品安全漏洞管理规定 ··············· 238
　　（2021 年 7 月 12 日）
网络产品安全漏洞收集平台备案管理办法 ········· 241
　　（2022 年 10 月 25 日）
具有舆论属性或社会动员能力的互联网信息服务安全评估规定 ········ 242
　　（2018 年 11 月 15 日）
互联网新闻信息服务新技术新应用安全评估管理规定 ···· 246
　　（2017 年 10 月 30 日）
互联网新闻信息服务单位内容管理从业人员管理办法 ···· 249
　　（2017 年 10 月 30 日）
互联网新闻信息服务许可管理实施细则 ·········· 252
　　（2017 年 5 月 22 日）
互联网新闻信息服务单位约谈工作规定 ·········· 258
　　（2015 年 4 月 28 日）

关于加强"自媒体"管理的通知 …………………… 260
　　（2023 年 7 月 5 日）
互联网用户公众账号信息服务管理规定 …………… 262
　　（2021 年 1 月 22 日）
互联网跟帖评论服务管理规定 ………………………… 268
　　（2022 年 11 月 16 日）
互联网弹窗信息推送服务管理规定 …………………… 271
　　（2022 年 9 月 9 日）
微博客信息服务管理规定 ……………………………… 273
　　（2018 年 2 月 2 日）
互联网群组信息服务管理规定 ………………………… 276
　　（2017 年 9 月 7 日）
互联网论坛社区服务管理规定 ………………………… 278
　　（2017 年 8 月 25 日）
互联网信息搜索服务管理规定 ………………………… 280
　　（2016 年 6 月 25 日）
互联网危险物品信息发布管理规定 …………………… 282
　　（2015 年 2 月 5 日）
即时通信工具公众信息服务发展管理暂行规定 …… 286
　　（2014 年 8 月 7 日）

一、一般规定

1. 法　律

中华人民共和国网络安全法

（2016年11月7日第十二届全国人民代表大会常务委员会第二十四次会议通过　2016年11月7日中华人民共和国主席令第53号公布　自2017年6月1日起施行）

第一章　总　　则

第一条　为了保障网络安全，维护网络空间主权和国家安全、社会公共利益，保护公民、法人和其他组织的合法权益，促进经济社会信息化健康发展，制定本法。

第二条　在中华人民共和国境内建设、运营、维护和使用网络，以及网络安全的监督管理，适用本法。

第三条　国家坚持网络安全与信息化发展并重，遵循积极利用、科学发展、依法管理、确保安全的方针，推进网络基础设施建设和互联互通，鼓励网络技术创新和应用，支持培养网络安全人才，建立健全网络安全保障体系，提高网络安全保护能力。

第四条　国家制定并不断完善网络安全战略，明确保障网络安全的基本要求和主要目标，提出重点领域的网络安全政策、工作任务和措施。

第五条　国家采取措施，监测、防御、处置来源于中华人民共和国境内外的网络安全风险和威胁，保护关键信息基础设施免受攻击、侵入、干扰和破坏，依法惩治网络违法犯罪活动，维护网络空间安全和秩序。

第六条　国家倡导诚实守信、健康文明的网络行为，推动传播社会主义核心价值观，采取措施提高全社会的网络安全意识和水平，形成全社会共同参与促进网络安全的良好环境。

第七条 国家积极开展网络空间治理、网络技术研发和标准制定、打击网络违法犯罪等方面的国际交流与合作,推动构建和平、安全、开放、合作的网络空间,建立多边、民主、透明的网络治理体系。

第八条 国家网信部门负责统筹协调网络安全工作和相关监督管理工作。国务院电信主管部门、公安部门和其他有关机关依照本法和有关法律、行政法规的规定,在各自职责范围内负责网络安全保护和监督管理工作。

县级以上地方人民政府有关部门的网络安全保护和监督管理职责,按照国家有关规定确定。

第九条 网络运营者开展经营和服务活动,必须遵守法律、行政法规,尊重社会公德,遵守商业道德,诚实信用,履行网络安全保护义务,接受政府和社会的监督,承担社会责任。

第十条 建设、运营网络或者通过网络提供服务,应当依照法律、行政法规的规定和国家标准的强制性要求,采取技术措施和其他必要措施,保障网络安全、稳定运行,有效应对网络安全事件,防范网络违法犯罪活动,维护网络数据的完整性、保密性和可用性。

第十一条 网络相关行业组织按照章程,加强行业自律,制定网络安全行为规范,指导会员加强网络安全保护,提高网络安全保护水平,促进行业健康发展。

第十二条 国家保护公民、法人和其他组织依法使用网络的权利,促进网络接入普及,提升网络服务水平,为社会提供安全、便利的网络服务,保障网络信息依法有序自由流动。

任何个人和组织使用网络应当遵守宪法法律,遵守公共秩序,尊重社会公德,不得危害网络安全,不得利用网络从事危害国家安全、荣誉和利益,煽动颠覆国家政权、推翻社会主义制度,煽动分裂国家、破坏国家统一,宣扬恐怖主义、极端主义,宣扬民族仇恨、民族歧视,传播暴力、淫秽色情信息,编造、传播虚假信息扰乱经济秩序和社会秩序,以及侵害他人名誉、隐私、知识产权和其他合法权益等活动。

第十三条 国家支持研究开发有利于未成年人健康成长的网络产品和服务,依法惩治利用网络从事危害未成年人身心健康的活动,为未成年人提供安全、健康的网络环境。

第十四条 任何个人和组织有权对危害网络安全的行为向网信、电信、公安等部门举报。收到举报的部门应当及时依法作出处理；不属于本部门职责的，应当及时移送有权处理的部门。

有关部门应当对举报人的相关信息予以保密，保护举报人的合法权益。

第二章　网络安全支持与促进

第十五条 国家建立和完善网络安全标准体系。国务院标准化行政主管部门和国务院其他有关部门根据各自的职责，组织制定并适时修订有关网络安全管理以及网络产品、服务和运行安全的国家标准、行业标准。

国家支持企业、研究机构、高等学校、网络相关行业组织参与网络安全国家标准、行业标准的制定。

第十六条 国务院和省、自治区、直辖市人民政府应当统筹规划，加大投入，扶持重点网络安全技术产业和项目，支持网络安全技术的研究开发和应用，推广安全可信的网络产品和服务，保护网络技术知识产权，支持企业、研究机构和高等学校等参与国家网络安全技术创新项目。

第十七条 国家推进网络安全社会化服务体系建设，鼓励有关企业、机构开展网络安全认证、检测和风险评估等安全服务。

第十八条 国家鼓励开发网络数据安全保护和利用技术，促进公共数据资源开放，推动技术创新和经济社会发展。

国家支持创新网络安全管理方式，运用网络新技术，提升网络安全保护水平。

第十九条 各级人民政府及其有关部门应当组织开展经常性的网络安全宣传教育，并指导、督促有关单位做好网络安全宣传教育工作。

大众传播媒介应当有针对性地面向社会进行网络安全宣传教育。

第二十条 国家支持企业和高等学校、职业学校等教育培训机构开展网络安全相关教育与培训，采取多种方式培养网络安全人才，促进网络安全人才交流。

第三章　网络运行安全
第一节　一般规定

第二十一条 国家实行网络安全等级保护制度。网络运营者应当按照网络安全等级保护制度的要求，履行下列安全保护义务，保障网络免受干扰、破坏或者未经授权的访问，防止网络数据泄露或者被窃取、篡改：

（一）制定内部安全管理制度和操作规程，确定网络安全负责人，落实网络安全保护责任；

（二）采取防范计算机病毒和网络攻击、网络侵入等危害网络安全行为的技术措施；

（三）采取监测、记录网络运行状态、网络安全事件的技术措施，并按照规定留存相关的网络日志不少于六个月；

（四）采取数据分类、重要数据备份和加密等措施；

（五）法律、行政法规规定的其他义务。

第二十二条 网络产品、服务应当符合相关国家标准的强制性要求。网络产品、服务的提供者不得设置恶意程序；发现其网络产品、服务存在安全缺陷、漏洞等风险时，应当立即采取补救措施，按照规定及时告知用户并向有关主管部门报告。

网络产品、服务的提供者应当为其产品、服务持续提供安全维护；在规定或者当事人约定的期限内，不得终止提供安全维护。

网络产品、服务具有收集用户信息功能的，其提供者应当向用户明示并取得同意；涉及用户个人信息的，还应当遵守本法和有关法律、行政法规关于个人信息保护的规定。

第二十三条 网络关键设备和网络安全专用产品应当按照相关国家标准的强制性要求，由具备资格的机构安全认证合格或者安全检测符合要求后，方可销售或者提供。国家网信部门会同国务院有关部门制定、公布网络关键设备和网络安全专用产品目录，并推动安全认证和安全检测结果互认，避免重复认证、检测。

第二十四条 网络运营者为用户办理网络接入、域名注册服务，办理固定电话、移动电话等入网手续，或者为用户提供信息发布、即时通讯等服务，在与用户签订协议或者确认提供服务时，应当要求用户提供真实身份信息。用户不提供真实身份信息的，网络运营者不得为其提供相关服务。

国家实施网络可信身份战略，支持研究开发安全、方便的电子身份认证技术，推动不同电子身份认证之间的互认。

第二十五条 网络运营者应当制定网络安全事件应急预案，及时处置系统漏洞、计算机病毒、网络攻击、网络侵入等安全风险；在发生危害网络安全的事件时，立即启动应急预案，采取相应的补救措施，并按照规定向有关主管部门报告。

第二十六条 开展网络安全认证、检测、风险评估等活动，向社会发布系统漏洞、计算机病毒、网络攻击、网络侵入等网络安全信息，应当遵守国家有关规定。

第二十七条 任何个人和组织不得从事非法侵入他人网络、干扰他人网络正常功能、窃取网络数据等危害网络安全的活动；不得提供专门用于从事侵入网络、干扰网络正常功能及防护措施、窃取网络数据等危害网络安全活动的程序、工具；明知他人从事危害网络安全的活动的，不得为其提供技术支持、广告推广、支付结算等帮助。

第二十八条 网络运营者应当为公安机关、国家安全机关依法维护国家安全和侦查犯罪的活动提供技术支持和协助。

第二十九条 国家支持网络运营者之间在网络安全信息收集、分析、通报和应急处置等方面进行合作，提高网络运营者的安全保障能力。

有关行业组织建立健全本行业的网络安全保护规范和协作机制，加强对网络安全风险的分析评估，定期向会员进行风险警示，支持、协助会员应对网络安全风险。

第三十条 网信部门和有关部门在履行网络安全保护职责中获取的信息，只能用于维护网络安全的需要，不得用于其他用途。

第二节 关键信息基础设施的运行安全

第三十一条 国家对公共通信和信息服务、能源、交通、水利、金融、公共服务、电子政务等重要行业和领域，以及其他一旦遭到破坏、丧失功能或者数据泄露，可能严重危害国家安全、国计民生、公共利益的关键信息基础设施，在网络安全等级保护制度的基础上，实行重点保护。关键信息基础设施的具体范围和安全保护办法由国务院制定。

国家鼓励关键信息基础设施以外的网络运营者自愿参与关键信息基础设施保护体系。

第三十二条 按照国务院规定的职责分工，负责关键信息基础设施安全保护工作的部门分别编制并组织实施本行业、本领域的关键信息基础设施安全规划，指导和监督关键信息基础设施运行安全保护工作。

第三十三条 建设关键信息基础设施应当确保其具有支持业务稳定、持续运行的性能，并保证安全技术措施同步规划、同步建设、同步使用。

第三十四条 除本法第二十一条的规定外，关键信息基础设施的运营者还应当履行下列安全保护义务：

（一）设置专门安全管理机构和安全管理负责人，并对该负责人和关键岗位的人员进行安全背景审查；

（二）定期对从业人员进行网络安全教育、技术培训和技能考核；

（三）对重要系统和数据库进行容灾备份；

（四）制定网络安全事件应急预案，并定期进行演练；

（五）法律、行政法规规定的其他义务。

第三十五条 关键信息基础设施的运营者采购网络产品和服务，可能影响国家安全的，应当通过国家网信部门会同国务院有关部门组织的国家安全审查。

第三十六条 关键信息基础设施的运营者采购网络产品和服务，应当按照规定与提供者签订安全保密协议，明确安全和保密义务与责任。

第三十七条 关键信息基础设施的运营者在中华人民共和国境内运营中收集和产生的个人信息和重要数据应当在境内存储。因业务需要，确需向境外提供的，应当按照国家网信部门会同国务院有关部门制定的办法进行安全评估；法律、行政法规另有规定的，依照其规定。

第三十八条 关键信息基础设施的运营者应当自行或者委托网络安全服务机构对其网络的安全性和可能存在的风险每年至少进行一次检测评估，并将检测评估情况和改进措施报送相关负责关键信息基础设施安全保护工作的部门。

第三十九条 国家网信部门应当统筹协调有关部门对关键信息基础设施的安全保护采取下列措施：

（一）对关键信息基础设施的安全风险进行抽查检测，提出改进措施，必要时可以委托网络安全服务机构对网络存在的安全风险进行检测评估；

（二）定期组织关键信息基础设施的运营者进行网络安全应急演练，提高应对网络安全事件的水平和协同配合能力；

（三）促进有关部门、关键信息基础设施的运营者以及有关研究机构、网络安全服务机构等之间的网络安全信息共享；

（四）对网络安全事件的应急处置与网络功能的恢复等，提供技术支持和协助。

第四章　网络信息安全

第四十条　网络运营者应当对其收集的用户信息严格保密，并建立健全用户信息保护制度。

第四十一条　网络运营者收集、使用个人信息，应当遵循合法、正当、必要的原则，公开收集、使用规则，明示收集、使用信息的目的、方式和范围，并经被收集者同意。

网络运营者不得收集与其提供的服务无关的个人信息，不得违反法律、行政法规的规定和双方的约定收集、使用个人信息，并应当依照法律、行政法规的规定和与用户的约定，处理其保存的个人信息。

第四十二条　网络运营者不得泄露、篡改、毁损其收集的个人信息；未经被收集者同意，不得向他人提供个人信息。但是，经过处理无法识别特定个人且不能复原的除外。

网络运营者应当采取技术措施和其他必要措施，确保其收集的个人信息安全，防止信息泄露、毁损、丢失。在发生或者可能发生个人信息泄露、毁损、丢失的情况时，应当立即采取补救措施，按照规定及时告知用户并向有关主管部门报告。

第四十三条　个人发现网络运营者违反法律、行政法规的规定或者双方的约定收集、使用其个人信息的，有权要求网络运营者删除其个人信息；发现网络运营者收集、存储的其个人信息有错误的，有权要求网络运营者予以更正。网络运营者应当采取措施予以删除或者更正。

第四十四条　任何个人和组织不得窃取或者以其他非法方式获取个人信息，不得非法出售或者非法向他人提供个人信息。

第四十五条 依法负有网络安全监督管理职责的部门及其工作人员，必须对在履行职责中知悉的个人信息、隐私和商业秘密严格保密，不得泄露、出售或者非法向他人提供。

第四十六条 任何个人和组织应当对其使用网络的行为负责，不得设立用于实施诈骗，传授犯罪方法，制作或者销售违禁物品、管制物品等违法犯罪活动的网站、通讯群组，不得利用网络发布涉及实施诈骗，制作或者销售违禁物品、管制物品以及其他违法犯罪活动的信息。

第四十七条 网络运营者应当加强对其用户发布的信息的管理，发现法律、行政法规禁止发布或者传输的信息的，应当立即停止传输该信息，采取消除等处置措施，防止信息扩散，保存有关记录，并向有关主管部门报告。

第四十八条 任何个人和组织发送的电子信息、提供的应用软件，不得设置恶意程序，不得含有法律、行政法规禁止发布或者传输的信息。

电子信息发送服务提供者和应用软件下载服务提供者，应当履行安全管理义务，知道其用户有前款规定行为的，应当停止提供服务，采取消除等处置措施，保存有关记录，并向有关主管部门报告。

第四十九条 网络运营者应当建立网络信息安全投诉、举报制度，公布投诉、举报方式等信息，及时受理并处理有关网络信息安全的投诉和举报。

网络运营者对网信部门和有关部门依法实施的监督检查，应当予以配合。

第五十条 国家网信部门和有关部门依法履行网络信息安全监督管理职责，发现法律、行政法规禁止发布或者传输的信息的，应当要求网络运营者停止传输，采取消除等处置措施，保存有关记录；对来源于中华人民共和国境外的上述信息，应当通知有关机构采取技术措施和其他必要措施阻断传播。

第五章 监测预警与应急处置

第五十一条 国家建立网络安全监测预警和信息通报制度。国家网信部门应当统筹协调有关部门加强网络安全信息收集、分析和通报工作，按照规定统一发布网络安全监测预警信息。

第五十二条 负责关键信息基础设施安全保护工作的部门，应当建立健全本行业、本领域的网络安全监测预警和信息通报制度，并按照规定报送网络安全监测预警信息。

第五十三条 国家网信部门协调有关部门建立健全网络安全风险评估和应急工作机制，制定网络安全事件应急预案，并定期组织演练。

负责关键信息基础设施安全保护工作的部门应当制定本行业、本领域的网络安全事件应急预案，并定期组织演练。

网络安全事件应急预案应当按照事件发生后的危害程度、影响范围等因素对网络安全事件进行分级，并规定相应的应急处置措施。

第五十四条 网络安全事件发生的风险增大时，省级以上人民政府有关部门应当按照规定的权限和程序，并根据网络安全风险的特点和可能造成的危害，采取下列措施：

（一）要求有关部门、机构和人员及时收集、报告有关信息，加强对网络安全风险的监测；

（二）组织有关部门、机构和专业人员，对网络安全风险信息进行分析评估，预测事件发生的可能性、影响范围和危害程度；

（三）向社会发布网络安全风险预警，发布避免、减轻危害的措施。

第五十五条 发生网络安全事件，应当立即启动网络安全事件应急预案，对网络安全事件进行调查和评估，要求网络运营者采取技术措施和其他必要措施，消除安全隐患，防止危害扩大，并及时向社会发布与公众有关的警示信息。

第五十六条 省级以上人民政府有关部门在履行网络安全监督管理职责中，发现网络存在较大安全风险或者发生安全事件的，可以按照规定的权限和程序对该网络的运营者的法定代表人或者主要负责人进行约谈。网络运营者应当按照要求采取措施，进行整改，消除隐患。

第五十七条 因网络安全事件，发生突发事件或者生产安全事故的，应当依照《中华人民共和国突发事件应对法》、《中华人民共和国安全生产法》等有关法律、行政法规的规定处置。

第五十八条 因维护国家安全和社会公共秩序，处置重大突发社会安全事件的需要，经国务院决定或者批准，可以在特定区域对网络通信采取限制等临时措施。

第六章 法律责任

第五十九条 网络运营者不履行本法第二十一条、第二十五条规定的网络安全保护义务的，由有关主管部门责令改正，给予警告；拒不改正或者导致危害网络安全等后果的，处一万元以上十万元以下罚款，对直接负责的主管人员处五千元以上五万元以下罚款。

关键信息基础设施的运营者不履行本法第三十三条、第三十四条、第三十六条、第三十八条规定的网络安全保护义务的，由有关主管部门责令改正，给予警告；拒不改正或者导致危害网络安全等后果的，处十万元以上一百万元以下罚款，对直接负责的主管人员处一万元以上十万元以下罚款。

第六十条 违反本法第二十二条第一款、第二款和第四十八条第一款规定，有下列行为之一的，由有关主管部门责令改正，给予警告；拒不改正或者导致危害网络安全等后果的，处五万元以上五十万元以下罚款，对直接负责的主管人员处一万元以上十万元以下罚款：

（一）设置恶意程序的；

（二）对其产品、服务存在的安全缺陷、漏洞等风险未立即采取补救措施，或者未按照规定及时告知用户并向有关主管部门报告的；

（三）擅自终止为其产品、服务提供安全维护的。

第六十一条 网络运营者违反本法第二十四条第一款规定，未要求用户提供真实身份信息，或者对不提供真实身份信息的用户提供相关服务的，由有关主管部门责令改正；拒不改正或者情节严重的，处五万元以上五十万元以下罚款，并可以由有关主管部门责令暂停相关业务、停业整顿、关闭网站、吊销相关业务许可证或者吊销营业执照，对直接负责的主管人员和其他直接责任人员处一万元以上十万元以下罚款。

第六十二条 违反本法第二十六条规定，开展网络安全认证、检测、风险评估等活动，或者向社会发布系统漏洞、计算机病毒、网络攻击、网络侵入等网络安全信息的，由有关主管部门责令改正，给予警告；拒不改正或者情节严重的，处一万元以上十万元以下罚款，并可以由有关主管部门责令暂停相关业务、停业整顿、关闭网站、吊销相关业务许可证或者吊销营业执照，对直接负责的主管人员和其他直接责任人员处五千元以上五万元以下罚款。

一、一般规定

第六十三条 违反本法第二十七条规定，从事危害网络安全的活动，或者提供专门用于从事危害网络安全活动的程序、工具，或者为他人从事危害网络安全的活动提供技术支持、广告推广、支付结算等帮助，尚不构成犯罪的，由公安机关没收违法所得，处五日以下拘留，可以并处五万元以上五十万元以下罚款；情节较重的，处五日以上十五日以下拘留，可以并处十万元以上一百万元以下罚款。

单位有前款行为的，由公安机关没收违法所得，处十万元以上一百万元以下罚款，并对直接负责的主管人员和其他直接责任人员依照前款规定处罚。

违反本法第二十七条规定，受到治安管理处罚的人员，五年内不得从事网络安全管理和网络运营关键岗位的工作；受到刑事处罚的人员，终身不得从事网络安全管理和网络运营关键岗位的工作。

第六十四条 网络运营者、网络产品或者服务的提供者违反本法第二十二条第三款、第四十一条至第四十三条规定，侵害个人信息依法得到保护的权利的，由有关主管部门责令改正，可以根据情节单处或者并处警告、没收违法所得、处违法所得一倍以上十倍以下罚款，没有违法所得的，处一百万元以下罚款，对直接负责的主管人员和其他直接责任人员处一万元以上十万元以下罚款；情节严重的，并可以责令暂停相关业务、停业整顿、关闭网站、吊销相关业务许可证或者吊销营业执照。

违反本法第四十四条规定，窃取或者以其他非法方式获取、非法出售或者非法向他人提供个人信息，尚不构成犯罪的，由公安机关没收违法所得，并处违法所得一倍以上十倍以下罚款，没有违法所得的，处一百万元以下罚款。

第六十五条 关键信息基础设施的运营者违反本法第三十五条规定，使用未经安全审查或者安全审查未通过的网络产品或者服务的，由有关主管部门责令停止使用，处采购金额一倍以上十倍以下罚款；对直接负责的主管人员和其他直接责任人员处一万元以上十万元以下罚款。

第六十六条 关键信息基础设施的运营者违反本法第三十七条规定，在境外存储网络数据，或者向境外提供网络数据的，由有关主管部门责令改正，给予警告，没收违法所得，处五万元以上五十万元以下罚款，并可以责令暂停相关业务、停业整顿、关闭网站、吊销相关业务许可证或者吊

11

销营业执照；对直接负责的主管人员和其他直接责任人员处一万元以上十万元以下罚款。

第六十七条 违反本法第四十六条规定，设立用于实施违法犯罪活动的网站、通讯群组，或者利用网络发布涉及实施违法犯罪活动的信息，尚不构成犯罪的，由公安机关处五日以下拘留，可以并处一万元以上十万元以下罚款；情节较重的，处五日以上十五日以下拘留，可以并处五万元以上五十万元以下罚款。关闭用于实施违法犯罪活动的网站、通讯群组。

单位有前款行为的，由公安机关处十万元以上五十万元以下罚款，并对直接负责的主管人员和其他直接责任人员依照前款规定处罚。

第六十八条 网络运营者违反本法第四十七条规定，对法律、行政法规禁止发布或者传输的信息未停止传输、采取消除等处置措施、保存有关记录的，由有关主管部门责令改正，给予警告，没收违法所得；拒不改正或者情节严重的，处十万元以上五十万元以下罚款，并可以责令暂停相关业务、停业整顿、关闭网站、吊销相关业务许可证或者吊销营业执照，对直接负责的主管人员和其他直接责任人员处一万元以上十万元以下罚款。

电子信息发送服务提供者、应用软件下载服务提供者，不履行本法第四十八条第二款规定的安全管理义务的，依照前款规定处罚。

第六十九条 网络运营者违反本法规定，有下列行为之一的，由有关主管部门责令改正；拒不改正或者情节严重的，处五万元以上五十万元以下罚款，对直接负责的主管人员和其他直接责任人员，处一万元以上十万元以下罚款：

（一）不按照有关部门的要求对法律、行政法规禁止发布或者传输的信息，采取停止传输、消除等处置措施的；

（二）拒绝、阻碍有关部门依法实施的监督检查的；

（三）拒不向公安机关、国家安全机关提供技术支持和协助的。

第七十条 发布或者传输本法第十二条第二款和其他法律、行政法规禁止发布或者传输的信息的，依照有关法律、行政法规的规定处罚。

第七十一条 有本法规定的违法行为的，依照有关法律、行政法规的规定记入信用档案，并予以公示。

第七十二条 国家机关政务网络的运营者不履行本法规定的网络安全保护义务的，由其上级机关或者有关机关责令改正；对直接负责的主管人员和其他直接责任人员依法给予处分。

第七十三条　网信部门和有关部门违反本法第三十条规定，将在履行网络安全保护职责中获取的信息用于其他用途的，对直接负责的主管人员和其他直接责任人员依法给予处分。

网信部门和有关部门的工作人员玩忽职守、滥用职权、徇私舞弊，尚不构成犯罪的，依法给予处分。

第七十四条　违反本法规定，给他人造成损害的，依法承担民事责任。

违反本法规定，构成违反治安管理行为的，依法给予治安管理处罚；构成犯罪的，依法追究刑事责任。

第七十五条　境外的机构、组织、个人从事攻击、侵入、干扰、破坏等危害中华人民共和国的关键信息基础设施的活动，造成严重后果的，依法追究法律责任；国务院公安部门和有关部门并可以决定对该机构、组织、个人采取冻结财产或者其他必要的制裁措施。

第七章　附　　则

第七十六条　本法下列用语的含义：

（一）网络，是指由计算机或者其他信息终端及相关设备组成的按照一定的规则和程序对信息进行收集、存储、传输、交换、处理的系统。

（二）网络安全，是指通过采取必要措施，防范对网络的攻击、侵入、干扰、破坏和非法使用以及意外事故，使网络处于稳定可靠运行的状态，以及保障网络数据的完整性、保密性、可用性的能力。

（三）网络运营者，是指网络的所有者、管理者和网络服务提供者。

（四）网络数据，是指通过网络收集、存储、传输、处理和产生的各种电子数据。

（五）个人信息，是指以电子或者其他方式记录的能够单独或者与其他信息结合识别自然人个人身份的各种信息，包括但不限于自然人的姓名、出生日期、身份证件号码、个人生物识别信息、住址、电话号码等。

第七十七条　存储、处理涉及国家秘密信息的网络的运行安全保护，除应当遵守本法外，还应当遵守保密法律、行政法规的规定。

第七十八条　军事网络的安全保护，由中央军事委员会另行规定。

第七十九条　本法自2017年6月1日起施行。

中华人民共和国国家安全法（节录）

（2015年7月1日第十二届全国人民代表大会常务委员会第十五次会议通过 2015年7月1日中华人民共和国主席令第29号公布 自公布之日起施行）

……

第二十五条 国家建设网络与信息安全保障体系，提升网络与信息安全保护能力，加强网络和信息技术的创新研究和开发应用，实现网络和信息核心技术、关键基础设施和重要领域信息系统及数据的安全可控；加强网络管理，防范、制止和依法惩治网络攻击、网络入侵、网络窃密、散布违法有害信息等网络违法犯罪行为，维护国家网络空间主权、安全和发展利益。

……

第五十九条 国家建立国家安全审查和监管的制度和机制，对影响或者可能影响国家安全的外商投资、特定物项和关键技术、网络信息技术产品和服务、涉及国家安全事项的建设项目，以及其他重大事项和活动，进行国家安全审查，有效预防和化解国家安全风险。

……

中华人民共和国反间谍法（节录）

（2014年11月1日第十二届全国人民代表大会常务委员会第十一次会议通过 2023年4月26日第十四届全国人民代表大会常务委员会第二次会议修订 2023年4月26日中华人民共和国主席令第4号公布 自2023年7月1日起施行）

……

第四条 本法所称间谍行为，是指下列行为：

（一）间谍组织及其代理人实施或者指使、资助他人实施，或者境内外机构、组织、个人与其相勾结实施的危害中华人民共和国国家安全的活动；

（二）参加间谍组织或者接受间谍组织及其代理人的任务，或者投靠间谍组织及其代理人；

（三）间谍组织及其代理人以外的其他境外机构、组织、个人实施或者指使、资助他人实施，或者境内机构、组织、个人与其相勾结实施的窃取、刺探、收买、非法提供国家秘密、情报以及其他关系国家安全和利益的文件、数据、资料、物品，或者策动、引诱、胁迫、收买国家工作人员叛变的活动；

（四）间谍组织及其代理人实施或者指使、资助他人实施，或者境内外机构、组织、个人与其相勾结实施针对国家机关、涉密单位或者关键信息基础设施等的网络攻击、侵入、干扰、控制、破坏等活动；

（五）为敌人指示攻击目标；

（六）进行其他间谍活动。

间谍组织及其代理人在中华人民共和国领域内，或者利用中华人民共和国的公民、组织或者其他条件，从事针对第三国的间谍活动，危害中华人民共和国国家安全的，适用本法。

……

第二十条 反间谍安全防范重点单位应当按照反间谍技术防范的要求和标准，采取相应的技术措施和其他必要措施，加强对要害部门部位、网络设施、信息系统的反间谍技术防范。

……

第三十六条 国家安全机关发现涉及间谍行为的网络信息内容或者网络攻击等风险，应当依照《中华人民共和国网络安全法》规定的职责分工，及时通报有关部门，由其依法处置或者责令电信业务经营者、互联网服务提供者及时采取修复漏洞、加固网络防护、停止传输、消除程序和内容、暂停相关服务、下架相关应用、关闭相关网站等措施，保存相关记录。情况紧急，不立即采取措施将对国家安全造成严重危害的，由国家安全机关责令有关单位修复漏洞、停止相关传输、暂停相关服务，并通报有关部门。

经采取相关措施，上述信息内容或者风险已经消除的，国家安全机关和有关部门应当及时作出恢复相关传输和服务的决定。

……

中华人民共和国保守国家秘密法（节录）

（1988年9月5日第七届全国人民代表大会常务委员会第三次会议通过 2010年4月29日第十一届全国人民代表大会常务委员会第十四次会议第一次修订 2024年2月27日第十四届全国人民代表大会常务委员会第八次会议第二次修订 2024年2月27日中华人民共和国主席令第20号公布 自2024年5月1日起施行）

……

第二十九条 禁止非法复制、记录、存储国家秘密。

禁止未按照国家保密规定和标准采取有效保密措施，在互联网及其他公共信息网络或者有线和无线通信中传递国家秘密。

禁止在私人交往和通信中涉及国家秘密。

第三十条 存储、处理国家秘密的计算机信息系统（以下简称涉密信息系统）按照涉密程度实行分级保护。

涉密信息系统应当按照国家保密规定和标准规划、建设、运行、维护，并配备保密设施、设备。保密设施、设备应当与涉密信息系统同步规划、同步建设、同步运行。

涉密信息系统应当按照规定，经检查合格后，方可投入使用，并定期开展风险评估。

第三十一条 机关、单位应当加强对信息系统、信息设备的保密管理，建设保密自监管设施，及时发现并处置安全保密风险隐患。任何组织和个人不得有下列行为：

（一）未按照国家保密规定和标准采取有效保密措施，将涉密信息系统、涉密信息设备接入互联网及其他公共信息网络；

（二）未按照国家保密规定和标准采取有效保密措施，在涉密信息系统、涉密信息设备与互联网及其他公共信息网络之间进行信息交换；

（三）使用非涉密信息系统、非涉密信息设备存储或者处理国家秘密；

（四）擅自卸载、修改涉密信息系统的安全技术程序、管理程序；

（五）将未经安全技术处理的退出使用的涉密信息设备赠送、出售、丢弃或者改作其他用途；

（六）其他违反信息系统、信息设备保密规定的行为。

第三十二条　用于保护国家秘密的安全保密产品和保密技术装备应当符合国家保密规定和标准。

国家建立安全保密产品和保密技术装备抽检、复检制度，由国家保密行政管理部门设立或者授权的机构进行检测。

第三十三条　报刊、图书、音像制品、电子出版物的编辑、出版、印制、发行，广播节目、电视节目、电影的制作和播放，网络信息的制作、复制、发布、传播，应当遵守国家保密规定。

第三十四条　网络运营者应当加强对其用户发布的信息的管理，配合监察机关、保密行政管理部门、公安机关、国家安全机关对涉嫌泄露国家秘密案件进行调查处理；发现利用互联网及其他公共信息网络发布的信息涉嫌泄露国家秘密的，应当立即停止传输该信息，保存有关记录，向保密行政管理部门或者公安机关、国家安全机关报告；应当根据保密行政管理部门或者公安机关、国家安全机关的要求，删除涉及泄露国家秘密的信息，并对有关设备进行技术处理。

……

第五十七条　违反本法规定，有下列情形之一，根据情节轻重，依法给予处分；有违法所得的，没收违法所得：

（一）非法获取、持有国家秘密载体的；

（二）买卖、转送或者私自销毁国家秘密载体的；

（三）通过普通邮政、快递等无保密措施的渠道传递国家秘密载体的；

（四）寄递、托运国家秘密载体出境，或者未经有关主管部门批准，携带、传递国家秘密载体出境的；

（五）非法复制、记录、存储国家秘密的；

（六）在私人交往和通信中涉及国家秘密的；

（七）未按照国家保密规定和标准采取有效保密措施，在互联网及其他公共信息网络或者有线和无线通信中传递国家秘密的；

（八）未按照国家保密规定和标准采取有效保密措施，将涉密信息系统、涉密信息设备接入互联网及其他公共信息网络的；

（九）未按照国家保密规定和标准采取有效保密措施，在涉密信息系统、涉密信息设备与互联网及其他公共信息网络之间进行信息交换的；

（十）使用非涉密信息系统、非涉密信息设备存储、处理国家秘密的；

（十一）擅自卸载、修改涉密信息系统的安全技术程序、管理程序的；

（十二）将未经安全技术处理的退出使用的涉密信息设备赠送、出售、丢弃或者改作其他用途的；

（十三）其他违反本法规定的情形。

有前款情形尚不构成犯罪，且不适用处分的人员，由保密行政管理部门督促其所在机关、单位予以处理。

......

第五十九条 网络运营者违反本法第三十四条规定的，由公安机关、国家安全机关、电信主管部门、保密行政管理部门按照各自职责分工依法予以处罚。

......

中华人民共和国刑法（节录）

（1979年7月1日第五届全国人民代表大会第二次会议通过 1997年3月14日第八届全国人民代表大会第五次会议修订 根据1998年12月29日第九届全国人民代表大会常务委员会第六次会议通过的《全国人民代表大会常务委员会关于惩治骗购外汇、逃汇和非法买卖外汇犯罪的决定》、1999年12月25日第九届全国人民代表大会常务委员会第十三次会议通过的《中华人民共和国刑法修正案》、2001年8月31日第九届全国人民代表大会常务委员会第二十三次会议通过的《中华人民共和国刑法修正案（二）》、2001年12月29日第九届全国人民代表大会常务委员会第二十五次会议通过的《中华人民共和国刑法修正案（三）》、2002年12月28日第九届全国人民代表大会常务委员会第三十一次会议通过的《中华人民共和国刑法修正案（四）》、2005年2月28日第十届全国人民代表大会常务委员会第十四次会议通过的《中华人民共和国刑法修正案（五）》、2006年6月29日第十届全国人民代表大会常务委员会第二十二次会议通过的《中华人民共和国刑法修正案（六）》、2009年2月28日第十一届全国人民代表大会常务委员会第七次会议通过的《中华人民共和国刑法修正案（七）》、2009年8月27日第十一届全国人民代表大会常务委员会第十次会议通过的《全国人民代表大会常务委员会关于修改部分法律的决定》、2011年2月25日第十一届全国人民代表大会常务委员会第十九次会议通过的《中华人民共和国刑法修正案（八）》、2015年8月29日第十二届全国人民代表大会常务委员会第十六次会议通过的《中华人民共和国刑法修正案（九）》、2017年11月4日第十二届全国人民代表大会常务委员会第三十次会议通过的《中华人民共和国刑法修正案（十）》、2020年12月26日第十三届全国人民代表大会常务委员会第二十四次会议通过的《中华人民共和国刑法修正案（十一）》和2023年12月29日第十四届全国人民代表大会常务委员会第七次会议通过的《中华人民共和国刑法修正案（十二）》修正)*

……

第二百八十五条 【非法侵入计算机信息系统罪】违反国家规定，侵入国家事务、国防建设、尖端科学技术领域的计算机信息系统的，处三年以下有期徒刑或者拘役。

---

* 刑法、历次刑法修正案、涉及修改刑法的决定的施行日期，分别依据各法律所规定的施行日期确定。分则部分条文主旨是根据司法解释确定罪名所加。

【非法获取计算机信息系统数据、非法控制计算机信息系统罪】 违反国家规定，侵入前款规定以外的计算机信息系统或者采用其他技术手段，获取该计算机信息系统中存储、处理或者传输的数据，或者对该计算机信息系统实施非法控制，情节严重的，处三年以下有期徒刑或者拘役，并处或者单处罚金；情节特别严重的，处三年以上七年以下有期徒刑，并处罚金。

【提供侵入、非法控制计算机信息系统程序、工具罪】 提供专门用于侵入、非法控制计算机信息系统的程序、工具，或者明知他人实施侵入、非法控制计算机信息系统的违法犯罪行为而为其提供程序、工具，情节严重的，依照前款的规定处罚。

单位犯前三款罪的，对单位判处罚金，并对其直接负责的主管人员和其他直接责任人员，依照各该款的规定处罚。

第二百八十六条　**【破坏计算机信息系统罪】** 违反国家规定，对计算机信息系统功能进行删除、修改、增加、干扰，造成计算机信息系统不能正常运行，后果严重的，处五年以下有期徒刑或者拘役；后果特别严重的，处五年以上有期徒刑。

违反国家规定，对计算机信息系统中存储、处理或者传输的数据和应用程序进行删除、修改、增加的操作，后果严重的，依照前款的规定处罚。

故意制作、传播计算机病毒等破坏性程序，影响计算机系统正常运行，后果严重的，依照第一款的规定处罚。

单位犯前三款罪的，对单位判处罚金，并对其直接负责的主管人员和其他直接责任人员，依照第一款的规定处罚。

第二百八十六条之一　**【拒不履行信息网络安全管理义务罪】** 网络服务提供者不履行法律、行政法规规定的信息网络安全管理义务，经监管部门责令采取改正措施而拒不改正，有下列情形之一的，处三年以下有期徒刑、拘役或者管制，并处或者单处罚金：

（一）致使违法信息大量传播的；

（二）致使用户信息泄露，造成严重后果的；

（三）致使刑事案件证据灭失，情节严重的；

（四）有其他严重情节的。

单位犯前款罪的，对单位判处罚金，并对其直接负责的主管人员和其他直接责任人员,依照前款的规定处罚。

有前两款行为,同时构成其他犯罪的,依照处罚较重的规定定罪处罚。

……

中华人民共和国反恐怖主义法(节录)

(2015年12月27日第十二届全国人民代表大会常务委员会第十八次会议通过 根据2018年4月27日第十三届全国人民代表大会常务委员会第二次会议《关于修改〈中华人民共和国国境卫生检疫法〉等六部法律的决定》修正)

……

第十七条 各级人民政府和有关部门应当组织开展反恐怖主义宣传教育,提高公民的反恐怖主义意识。

教育、人力资源行政主管部门和学校、有关职业培训机构应当将恐怖活动预防、应急知识纳入教育、教学、培训的内容。

新闻、广播、电视、文化、宗教、互联网等有关单位,应当有针对性地面向社会进行反恐怖主义宣传教育。

村民委员会、居民委员会应当协助人民政府以及有关部门,加强反恐怖主义宣传教育。

……

第十九条 电信业务经营者、互联网服务提供者应当依照法律、行政法规规定,落实网络安全、信息内容监督制度和安全技术防范措施,防止含有恐怖主义、极端主义内容的信息传播;发现含有恐怖主义、极端主义内容的信息的,应当立即停止传输,保存相关记录,删除相关信息,并向公安机关或者有关部门报告。

网信、电信、公安、国家安全等主管部门对含有恐怖主义、极端主义内容的信息,应当按照职责分工,及时责令有关单位停止传输、删除相关信息,或者关闭相关网站、关停相关服务。有关单位应当立即执行,并保存相关记录，协助进行调查。对互联网上跨境传输的含有恐怖主义、极端主义内容的信息，电信主管部门应当采取技术措施，阻断传播。

......

第二十一条 电信、互联网、金融、住宿、长途客运、机动车租赁等业务经营者、服务提供者，应当对客户身份进行查验。对身份不明或者拒绝身份查验的，不得提供服务。

......

第八十四条 电信业务经营者、互联网服务提供者有下列情形之一的，由主管部门处二十万元以上五十万元以下罚款，并对其直接负责的主管人员和其他直接责任人员处十万元以下罚款；情节严重的，处五十万元以上罚款，并对其直接负责的主管人员和其他直接责任人员，处十万元以上五十万元以下罚款，可以由公安机关对其直接负责的主管人员和其他直接责任人员，处五日以上十五日以下拘留：

（一）未依照规定为公安机关、国家安全机关依法进行防范、调查恐怖活动提供技术接口和解密等技术支持和协助的；

（二）未按照主管部门的要求，停止传输、删除含有恐怖主义、极端主义内容的信息，保存相关记录，关闭相关网站或者关停相关服务的；

（三）未落实网络安全、信息内容监督制度和安全技术防范措施，造成含有恐怖主义、极端主义内容的信息传播，情节严重的。

......

第八十六条 电信、互联网、金融业务经营者、服务提供者未按规定对客户身份进行查验，或者对身份不明、拒绝身份查验的客户提供服务的，主管部门应当责令改正；拒不改正的，处二十万元以上五十万元以下罚款，并对其直接负责的主管人员和其他直接责任人员处十万元以下罚款；情节严重的，处五十万元以上罚款，并对其直接负责的主管人员和其他直接责任人员，处十万元以上五十万元以下罚款。

住宿、长途客运、机动车租赁等业务经营者、服务提供者有前款规定情形的，由主管部门处十万元以上五十万元以下罚款，并对其直接负责的主管人员和其他直接责任人员处十万元以下罚款。

......

中华人民共和国密码法（节录）

(2019年10月26日第十三届全国人民代表大会常务委员会第十四次会议通过 2019年10月26日中华人民共和国主席令第35号公布 自2020年1月1日起施行)

……

第八条 商用密码用于保护不属于国家秘密的信息。

公民、法人和其他组织可以依法使用商用密码保护网络与信息安全。

……

第二十七条 法律、行政法规和国家有关规定要求使用商用密码进行保护的关键信息基础设施，其运营者应当使用商用密码进行保护，自行或者委托商用密码检测机构开展商用密码应用安全性评估。商用密码应用安全性评估应当与关键信息基础设施安全检测评估、网络安全等级测评制度相衔接，避免重复评估、测评。

关键信息基础设施的运营者采购涉及商用密码的网络产品和服务，可能影响国家安全的，应当按照《中华人民共和国网络安全法》的规定，通过国家网信部门会同国家密码管理部门等有关部门组织的国家安全审查。

第二十八条 国务院商务主管部门、国家密码管理部门依法对涉及国家安全、社会公共利益且具有加密保护功能的商用密码实施进口许可，对涉及国家安全、社会公共利益或者中国承担国际义务的商用密码实施出口管制。商用密码进口许可清单和出口管制清单由国务院商务主管部门会同国家密码管理部门和海关总署制定并公布。

大众消费类产品所采用的商用密码不实行进口许可和出口管制制度。

第二十九条 国家密码管理部门对采用商用密码技术从事电子政务电子认证服务的机构进行认定，会同有关部门负责政务活动中使用电子签名、数据电文的管理。

第三十条 商用密码领域的行业协会等组织依照法律、行政法规及其章程的规定，为商用密码从业单位提供信息、技术、培训等服务，引导和督促商用密码从业单位依法开展商用密码活动，加强行业自律，推动行业诚信建设，促进行业健康发展。

第三十一条　密码管理部门和有关部门建立日常监管和随机抽查相结合的商用密码事中事后监管制度，建立统一的商用密码监督管理信息平台，推进事中事后监管与社会信用体系相衔接，强化商用密码从业单位自律和社会监督。

密码管理部门和有关部门及其工作人员不得要求商用密码从业单位和商用密码检测、认证机构向其披露源代码等密码相关专有信息，并对其在履行职责中知悉的商业秘密和个人隐私严格保密，不得泄露或者非法向他人提供。

第四章　法律责任

第三十二条　违反本法第十二条规定，窃取他人加密保护的信息，非法侵入他人的密码保障系统，或者利用密码从事危害国家安全、社会公共利益、他人合法权益等违法活动的，由有关部门依照《中华人民共和国网络安全法》和其他有关法律、行政法规的规定追究法律责任。

第三十三条　违反本法第十四条规定，未按照要求使用核心密码、普通密码的，由密码管理部门责令改正或者停止违法行为，给予警告；情节严重的，由密码管理部门建议有关国家机关、单位对直接负责的主管人员和其他直接责任人员依法给予处分或者处理。

第三十四条　违反本法规定，发生核心密码、普通密码泄密案件的，由保密行政管理部门、密码管理部门建议有关国家机关、单位对直接负责的主管人员和其他直接责任人员依法给予处分或者处理。

违反本法第十七条第二款规定，发现核心密码、普通密码泄密或者影响核心密码、普通密码安全的重大问题、风险隐患，未立即采取应对措施，或者未及时报告的，由保密行政管理部门、密码管理部门建议有关国家机关、单位对直接负责的主管人员和其他直接责任人员依法给予处分或者处理。

第三十五条　商用密码检测、认证机构违反本法第二十五条第二款、第三款规定开展商用密码检测认证的，由市场监督管理部门会同密码管理部门责令改正或者停止违法行为，给予警告，没收违法所得；违法所得三十万元以上的，可以并处违法所得一倍以上三倍以下罚款；没有违法所得或者违法所得不足三十万元的，可以并处十万元以上三十万元以下罚款；

情节严重的，依法吊销相关资质。

第三十六条 违反本法第二十六条规定，销售或者提供未经检测认证或者检测认证不合格的商用密码产品，或者提供未经认证或者认证不合格的商用密码服务的，由市场监督管理部门会同密码管理部门责令改正或者停止违法行为，给予警告，没收违法产品和违法所得；违法所得十万元以上的，可以并处违法所得一倍以上三倍以下罚款；没有违法所得或者违法所得不足十万元的，可以并处三万元以上十万元以下罚款。

第三十七条 关键信息基础设施的运营者违反本法第二十七条第一款规定，未按照要求使用商用密码，或者未按照要求开展商用密码应用安全性评估的，由密码管理部门责令改正，给予警告；拒不改正或者导致危害网络安全等后果的，处十万元以上一百万元以下罚款，对直接负责的主管人员处一万元以上十万元以下罚款。

关键信息基础设施的运营者违反本法第二十七条第二款规定，使用未经安全审查或者安全审查未通过的产品或者服务的，由有关主管部门责令停止使用，处采购金额一倍以上十倍以下罚款；对直接负责的主管人员和其他直接责任人员处一万元以上十万元以下罚款。

……

中华人民共和国反有组织犯罪法（节录）

（2021年12月24日第十三届全国人民代表大会常务委员会第三十二次会议通过 2021年12月24日中华人民共和国主席令第101号公布 自2022年5月1日起施行）

……

第十条 承担有组织犯罪预防和治理职责的部门应当开展反有组织犯罪宣传教育，增强公民的反有组织犯罪意识和能力。

监察机关、人民法院、人民检察院、公安机关、司法行政机关应当通过普法宣传、以案释法等方式，开展反有组织犯罪宣传教育。

新闻、广播、电视、文化、互联网信息服务等单位，应当有针对性地面向社会开展反有组织犯罪宣传教育。

……

第十六条 电信业务经营者、互联网服务提供者应当依法履行网络信息安全管理义务，采取安全技术防范措施，防止含有宣扬、诱导有组织犯罪内容的信息传播；发现含有宣扬、诱导有组织犯罪内容的信息的，应当立即停止传输，采取消除等处置措施，保存相关记录，并向公安机关或者有关部门报告，依法为公安机关侦查有组织犯罪提供技术支持和协助。

网信、电信、公安等主管部门对含有宣扬、诱导有组织犯罪内容的信息，应当按照职责分工，及时责令有关单位停止传输、采取消除等处置措施，或者下架相关应用、关闭相关网站、关停相关服务。有关单位应当立即执行，并保存相关记录，协助调查。对互联网上来源于境外的上述信息，电信主管部门应当采取技术措施，及时阻断传播。

……

第七十二条 电信业务经营者、互联网服务提供者有下列情形之一的，由有关主管部门责令改正；拒不改正或者情节严重的，由有关主管部门依照《中华人民共和国网络安全法》的有关规定给予处罚：

（一）拒不为侦查有组织犯罪提供技术支持和协助的；

（二）不按照主管部门的要求对含有宣扬、诱导有组织犯罪内容的信息停止传输、采取消除等处置措施、保存相关记录的。

……

全国人民代表大会常务委员会关于维护互联网安全的决定

（2000年12月28日第九届全国人民代表大会常务委员会第十九次会议通过 根据2009年8月27日第十一届全国人民代表大会常务委员会第十次会议《关于修改部分法律的决定》修正）

我国的互联网，在国家大力倡导和积极推动下，在经济建设和各项事业中得到日益广泛的应用，使人们的生产、工作、学习和生活方式已经开始并将继续发生深刻的变化，对于加快我国国民经济、科学技术的发展和社会服务信息化进程具有重要作用。同时，如何保障互联网的运行安全和信息安全问题已经引起全社会的普遍关注。为了兴利除弊，促进我国互联网的健康发展，维护国家安全和社会公共利益，保护个人、法人和其他组织的合法权益，特作如下决定：

一、为了保障互联网的运行安全，对有下列行为之一，构成犯罪的，依照刑法有关规定追究刑事责任：

（一）侵入国家事务、国防建设、尖端科学技术领域的计算机信息系统；

（二）故意制作、传播计算机病毒等破坏性程序，攻击计算机系统及通信网络，致使计算机系统及通信网络遭受损害；

（三）违反国家规定，擅自中断计算机网络或者通信服务，造成计算机网络或者通信系统不能正常运行。

二、为了维护国家安全和社会稳定，对有下列行为之一，构成犯罪的，依照刑法有关规定追究刑事责任：

（一）利用互联网造谣、诽谤或者发表、传播其他有害信息，煽动颠覆国家政权、推翻社会主义制度，或者煽动分裂国家、破坏国家统一；

（二）通过互联网窃取、泄露国家秘密、情报或者军事秘密；

（三）利用互联网煽动民族仇恨、民族歧视，破坏民族团结；

（四）利用互联网组织邪教组织、联络邪教组织成员，破坏国家法律、行政法规实施。

三、为了维护社会主义市场经济秩序和社会管理秩序，对有下列行为之一，构成犯罪的，依照刑法有关规定追究刑事责任：

（一）利用互联网销售伪劣产品或者对商品、服务作虚假宣传；

（二）利用互联网损害他人商业信誉和商品声誉；

（三）利用互联网侵犯他人知识产权；

（四）利用互联网编造并传播影响证券、期货交易或者其他扰乱金融秩序的虚假信息；

（五）在互联网上建立淫秽网站、网页，提供淫秽站点链接服务，或者传播淫秽书刊、影片、音像、图片。

四、为了保护个人、法人和其他组织的人身、财产等合法权利，对有

下列行为之一,构成犯罪的,依照刑法有关规定追究刑事责任:

(一)利用互联网侮辱他人或者捏造事实诽谤他人;

(二)非法截获、篡改、删除他人电子邮件或者其他数据资料,侵犯公民通信自由和通信秘密;

(三)利用互联网进行盗窃、诈骗、敲诈勒索。

五、利用互联网实施本决定第一条、第二条、第三条、第四条所列行为以外的其他行为,构成犯罪的,依照刑法有关规定追究刑事责任。

六、利用互联网实施违法行为,违反社会治安管理,尚不构成犯罪的,由公安机关依照《治安管理处罚法》予以处罚;违反其他法律、行政法规,尚不构成犯罪的,由有关行政管理部门依法给予行政处罚;对直接负责的主管人员和其他直接责任人员,依法给予行政处分或者纪律处分。

利用互联网侵犯他人合法权益,构成民事侵权的,依法承担民事责任。

七、各级人民政府及有关部门要采取积极措施,在促进互联网的应用和网络技术的普及过程中,重视和支持对网络安全技术的研究和开发,增强网络的安全防护能力。有关主管部门要加强对互联网的运行安全和信息安全的宣传教育,依法实施有效的监督管理,防范和制止利用互联网进行的各种违法活动,为互联网的健康发展创造良好的社会环境。从事互联网业务的单位要依法开展活动,发现互联网上出现违法犯罪行为和有害信息时,要采取措施,停止传输有害信息,并及时向有关机关报告。任何单位和个人在利用互联网时,都要遵纪守法,抵制各种违法犯罪行为和有害信息。人民法院、人民检察院、公安机关、国家安全机关要各司其职,密切配合,依法严厉打击利用互联网实施的各种犯罪活动。要动员全社会的力量,依靠全社会的共同努力,保障互联网的运行安全与信息安全,促进社会主义精神文明和物质文明建设。

2. 行政法规

未成年人网络保护条例

（2023年9月20日国务院第15次常务会议通过 2023年10月16日中华人民共和国国务院令第766号公布 自2024年1月1日起施行）

第一章 总 则

第一条 为了营造有利于未成年人身心健康的网络环境，保障未成年人合法权益，根据《中华人民共和国未成年人保护法》、《中华人民共和国网络安全法》、《中华人民共和国个人信息保护法》等法律，制定本条例。

第二条 未成年人网络保护工作应当坚持中国共产党的领导，坚持以社会主义核心价值观为引领，坚持最有利于未成年人的原则，适应未成年人身心健康发展和网络空间的规律和特点，实行社会共治。

第三条 国家网信部门负责统筹协调未成年人网络保护工作，并依据职责做好未成年人网络保护工作。

国家新闻出版、电影部门和国务院教育、电信、公安、民政、文化和旅游、卫生健康、市场监督管理、广播电视等有关部门依据各自职责做好未成年人网络保护工作。

县级以上地方人民政府及其有关部门依据各自职责做好未成年人网络保护工作。

第四条 共产主义青年团、妇女联合会、工会、残疾人联合会、关心下一代工作委员会、青年联合会、学生联合会、少年先锋队以及其他人民团体、有关社会组织、基层群众性自治组织，协助有关部门做好未成年人网络保护工作，维护未成年人合法权益。

第五条 学校、家庭应当教育引导未成年人参加有益身心健康的活动，科学、文明、安全、合理使用网络，预防和干预未成年人沉迷网络。

第六条 网络产品和服务提供者、个人信息处理者、智能终端产品制造者和销售者应当遵守法律、行政法规和国家有关规定，尊重社会公德，遵守商业道德，诚实信用，履行未成年人网络保护义务，承担社会责任。

第七条 网络产品和服务提供者、个人信息处理者、智能终端产品制造者和销售者应当接受政府和社会的监督，配合有关部门依法实施涉及未成年人网络保护工作的监督检查，建立便捷、合理、有效的投诉、举报渠道，通过显著方式公布投诉、举报途径和方法，及时受理并处理公众投诉、举报。

第八条 任何组织和个人发现违反本条例规定的，可以向网信、新闻出版、电影、教育、电信、公安、民政、文化和旅游、卫生健康、市场监督管理、广播电视等有关部门投诉、举报。收到投诉、举报的部门应当及时依法作出处理；不属于本部门职责的，应当及时移送有权处理的部门。

第九条 网络相关行业组织应当加强行业自律，制定未成年人网络保护相关行业规范，指导会员履行未成年人网络保护义务，加强对未成年人的网络保护。

第十条 新闻媒体应当通过新闻报道、专题栏目（节目）、公益广告等方式，开展未成年人网络保护法律法规、政策措施、典型案例和有关知识的宣传，对侵犯未成年人合法权益的行为进行舆论监督，引导全社会共同参与未成年人网络保护。

第十一条 国家鼓励和支持在未成年人网络保护领域加强科学研究和人才培养，开展国际交流与合作。

第十二条 对在未成年人网络保护工作中作出突出贡献的组织和个人，按照国家有关规定给予表彰和奖励。

第二章　网络素养促进

第十三条 国务院教育部门应当将网络素养教育纳入学校素质教育内容，并会同国家网信部门制定未成年人网络素养测评指标。

教育部门应当指导、支持学校开展未成年人网络素养教育，围绕网络道德意识形成、网络法治观念培养、网络使用能力建设、人身财产安全保护等，培育未成年人网络安全意识、文明素养、行为习惯和防护技能。

第十四条 县级以上人民政府应当科学规划、合理布局，促进公益性上网服务均衡协调发展，加强提供公益性上网服务的公共文化设施建设，改善未成年人上网条件。

县级以上地方人民政府应当通过为中小学校配备具有相应专业能力的指导教师、政府购买服务或者鼓励中小学校自行采购相关服务等方式，为学生提供优质的网络素养教育课程。

第十五条 学校、社区、图书馆、文化馆、青少年宫等场所为未成年人提供互联网上网服务设施的，应当通过安排专业人员、招募志愿者等方式，以及安装未成年人网络保护软件或者采取其他安全保护技术措施，为未成年人提供上网指导和安全、健康的上网环境。

第十六条 学校应当将提高学生网络素养等内容纳入教育教学活动，并合理使用网络开展教学活动，建立健全学生在校期间上网的管理制度，依法规范管理未成年学生带入学校的智能终端产品，帮助学生养成良好上网习惯，培养学生网络安全和网络法治意识，增强学生对网络信息的获取和分析判断能力。

第十七条 未成年人的监护人应当加强家庭家教家风建设，提高自身网络素养，规范自身使用网络的行为，加强对未成年人使用网络行为的教育、示范、引导和监督。

第十八条 国家鼓励和支持研发、生产和使用专门以未成年人为服务对象、适应未成年人身心健康发展规律和特点的网络保护软件、智能终端产品和未成年人模式、未成年人专区等网络技术、产品、服务，加强网络无障碍环境建设和改造，促进未成年人开阔眼界、陶冶情操、提高素质。

第十九条 未成年人网络保护软件、专门供未成年人使用的智能终端产品应当具有有效识别违法信息和可能影响未成年人身心健康的信息、保护未成年人个人信息权益、预防未成年人沉迷网络、便于监护人履行监护职责等功能。

国家网信部门会同国务院有关部门根据未成年人网络保护工作的需要，明确未成年人网络保护软件、专门供未成年人使用的智能终端产品的相关技术标准或者要求，指导监督网络相关行业组织按照有关技术标准和要求对未成年人网络保护软件、专门供未成年人使用的智能终端产品的使用效果进行评估。

智能终端产品制造者应当在产品出厂前安装未成年人网络保护软件，或者采用显著方式告知用户安装渠道和方法。智能终端产品销售者在产品销售前应当采用显著方式告知用户安装未成年人网络保护软件的情况以及安装渠道和方法。

未成年人的监护人应当合理使用并指导未成年人使用网络保护软件、智能终端产品等,创造良好的网络使用家庭环境。

第二十条 未成年人用户数量巨大或者对未成年人群体具有显著影响的网络平台服务提供者,应当履行下列义务:

(一)在网络平台服务的设计、研发、运营等阶段,充分考虑未成年人身心健康发展特点,定期开展未成年人网络保护影响评估;

(二)提供未成年人模式或者未成年人专区等,便利未成年人获取有益身心健康的平台内产品或者服务;

(三)按照国家规定建立健全未成年人网络保护合规制度体系,成立主要由外部成员组成的独立机构,对未成年人网络保护情况进行监督;

(四)遵循公开、公平、公正的原则,制定专门的平台规则,明确平台内产品或者服务提供者的未成年人网络保护义务,并以显著方式提示未成年人用户依法享有的网络保护权利和遭受网络侵害的救济途径;

(五)对违反法律、行政法规严重侵害未成年人身心健康或者侵犯未成年人其他合法权益的平台内产品或者服务提供者,停止提供服务;

(六)每年发布专门的未成年人网络保护社会责任报告,并接受社会监督。

前款所称的未成年人用户数量巨大或者对未成年人群体具有显著影响的网络平台服务提供者的具体认定办法,由国家网信部门会同有关部门另行制定。

第三章 网络信息内容规范

第二十一条 国家鼓励和支持制作、复制、发布、传播弘扬社会主义核心价值观和社会主义先进文化、革命文化、中华优秀传统文化,铸牢中华民族共同体意识,培养未成年人家国情怀和良好品德,引导未成年人养成良好生活习惯和行为习惯等的网络信息,营造有利于未成年人健康成长的清朗网络空间和良好网络生态。

第二十二条 任何组织和个人不得制作、复制、发布、传播含有宣扬淫秽、色情、暴力、邪教、迷信、赌博、引诱自残自杀、恐怖主义、分裂主义、极端主义等危害未成年人身心健康内容的网络信息。

任何组织和个人不得制作、复制、发布、传播或者持有有关未成年人的淫秽色情网络信息。

第二十三条　网络产品和服务中含有可能引发或者诱导未成年人模仿不安全行为、实施违反社会公德行为、产生极端情绪、养成不良嗜好等可能影响未成年人身心健康的信息的，制作、复制、发布、传播该信息的组织和个人应当在信息展示前予以显著提示。

国家网信部门会同国家新闻出版、电影部门和国务院教育、电信、公安、文化和旅游、广播电视等部门，在前款规定基础上确定可能影响未成年人身心健康的信息的具体种类、范围、判断标准和提示办法。

第二十四条　任何组织和个人不得在专门以未成年人为服务对象的网络产品和服务中制作、复制、发布、传播本条例第二十三条第一款规定的可能影响未成年人身心健康的信息。

网络产品和服务提供者不得在首页首屏、弹窗、热搜等处于产品或者服务醒目位置、易引起用户关注的重点环节呈现本条例第二十三条第一款规定的可能影响未成年人身心健康的信息。

网络产品和服务提供者不得通过自动化决策方式向未成年人进行商业营销。

第二十五条　任何组织和个人不得向未成年人发送、推送或者诱骗、强迫未成年人接触含有危害或者可能影响未成年人身心健康内容的网络信息。

第二十六条　任何组织和个人不得通过网络以文字、图片、音视频等形式，对未成年人实施侮辱、诽谤、威胁或者恶意损害形象等网络欺凌行为。

网络产品和服务提供者应当建立健全网络欺凌行为的预警预防、识别监测和处置机制，设置便利未成年人及其监护人保存遭受网络欺凌记录、行使通知权利的功能、渠道，提供便利未成年人设置屏蔽陌生用户、本人发布信息可见范围、禁止转载或者评论本人发布信息、禁止向本人发送信息等网络欺凌信息防护选项。

网络产品和服务提供者应当建立健全网络欺凌信息特征库，优化相关算法模型，采用人工智能、大数据等技术手段和人工审核相结合的方式加

33

强对网络欺凌信息的识别监测。

第二十七条　任何组织和个人不得通过网络以文字、图片、音视频等形式，组织、教唆、胁迫、引诱、欺骗、帮助未成年人实施违法犯罪行为。

第二十八条　以未成年人为服务对象的在线教育网络产品和服务提供者，应当按照法律、行政法规和国家有关规定，根据不同年龄阶段未成年人身心发展特点和认知能力提供相应的产品和服务。

第二十九条　网络产品和服务提供者应当加强对用户发布信息的管理，采取有效措施防止制作、复制、发布、传播违反本条例第二十二条、第二十四条、第二十五条、第二十六条第一款、第二十七条规定的信息，发现违反上述条款规定的信息的，应当立即停止传输相关信息，采取删除、屏蔽、断开链接等处置措施，防止信息扩散，保存有关记录，向网信、公安等部门报告，并对制作、复制、发布、传播上述信息的用户采取警示、限制功能、暂停服务、关闭账号等处置措施。

网络产品和服务提供者发现用户发布、传播本条例第二十三条第一款规定的信息未予显著提示的，应当作出提示或者通知用户予以提示；未作出提示的，不得传输该信息。

第三十条　国家网信、新闻出版、电影部门和国务院教育、电信、公安、文化和旅游、广播电视等部门发现违反本条例第二十二条、第二十四条、第二十五条、第二十六条第一款、第二十七条规定的信息的，或者发现本条例第二十三条第一款规定的信息未予显著提示的，应当要求网络产品和服务提供者按照本条例第二十九条的规定予以处理；对来源于境外的上述信息，应当依法通知有关机构采取技术措施和其他必要措施阻断传播。

第四章　个人信息网络保护

第三十一条　网络服务提供者为未成年人提供信息发布、即时通讯等服务的，应当依法要求未成年人或者其监护人提供未成年人真实身份信息。未成年人或者其监护人不提供未成年人真实身份信息的，网络服务提供者不得为未成年人提供相关服务。

网络直播服务提供者应当建立网络直播发布者真实身份信息动态核验机制，不得向不符合法律规定情形的未成年人用户提供网络直播发布服务。

第三十二条 个人信息处理者应当严格遵守国家网信部门和有关部门关于网络产品和服务必要个人信息范围的规定，不得强制要求未成年人或者其监护人同意非必要的个人信息处理行为，不得因为未成年人或者其监护人不同意处理未成年人非必要个人信息或者撤回同意，拒绝未成年人使用其基本功能服务。

第三十三条 未成年人的监护人应当教育引导未成年人增强个人信息保护意识和能力、掌握个人信息范围、了解个人信息安全风险，指导未成年人行使其在个人信息处理活动中的查阅、复制、更正、补充、删除等权利，保护未成年人个人信息权益。

第三十四条 未成年人或者其监护人依法请求查阅、复制、更正、补充、删除未成年人个人信息的，个人信息处理者应当遵守以下规定：

（一）提供便捷的支持未成年人或者其监护人查阅未成年人个人信息种类、数量等的方法和途径，不得对未成年人或者其监护人的合理请求进行限制；

（二）提供便捷的支持未成年人或者其监护人复制、更正、补充、删除未成年人个人信息的功能，不得设置不合理条件；

（三）及时受理并处理未成年人或者其监护人查阅、复制、更正、补充、删除未成年人个人信息的申请，拒绝未成年人或者其监护人行使权利的请求的，应当书面告知申请人并说明理由。

对未成年人或者其监护人依法提出的转移未成年人个人信息的请求，符合国家网信部门规定条件的，个人信息处理者应当提供转移的途径。

第三十五条 发生或者可能发生未成年人个人信息泄露、篡改、丢失的，个人信息处理者应当立即启动个人信息安全事件应急预案，采取补救措施，及时向网信等部门报告，并按照国家有关规定将事件情况以邮件、信函、电话、信息推送等方式告知受影响的未成年人及其监护人。

个人信息处理者难以逐一告知的，应当采取合理、有效的方式及时发布相关警示信息，法律、行政法规另有规定的除外。

第三十六条 个人信息处理者对其工作人员应当以最小授权为原则，严格设定信息访问权限，控制未成年人个人信息知悉范围。工作人员访问未成年人个人信息的，应当经过相关负责人或者其授权的管理人员审批，

35

记录访问情况，并采取技术措施，避免违法处理未成年人个人信息。

第三十七条 个人信息处理者应当自行或者委托专业机构每年对其处理未成年人个人信息遵守法律、行政法规的情况进行合规审计，并将审计情况及时报告网信等部门。

第三十八条 网络服务提供者发现未成年人私密信息或者未成年人通过网络发布的个人信息中涉及私密信息的，应当及时提示，并采取停止传输等必要保护措施，防止信息扩散。

网络服务提供者通过未成年人私密信息发现未成年人可能遭受侵害的，应当立即采取必要措施保存有关记录，并向公安机关报告。

第五章 网络沉迷防治

第三十九条 对未成年人沉迷网络进行预防和干预，应当遵守法律、行政法规和国家有关规定。

教育、卫生健康、市场监督管理等部门依据各自职责对从事未成年人沉迷网络预防和干预活动的机构实施监督管理。

第四十条 学校应当加强对教师的指导和培训，提高教师对未成年学生沉迷网络的早期识别和干预能力。对于有沉迷网络倾向的未成年学生，学校应当及时告知其监护人，共同对未成年学生进行教育和引导，帮助其恢复正常的学习生活。

第四十一条 未成年人的监护人应当指导未成年人安全合理使用网络，关注未成年人上网情况以及相关生理状况、心理状况、行为习惯，防范未成年人接触危害或者可能影响其身心健康的网络信息，合理安排未成年人使用网络的时间，预防和干预未成年人沉迷网络。

第四十二条 网络产品和服务提供者应当建立健全防沉迷制度，不得向未成年人提供诱导其沉迷的产品和服务，及时修改可能造成未成年人沉迷的内容、功能和规则，并每年向社会公布防沉迷工作情况，接受社会监督。

第四十三条 网络游戏、网络直播、网络音视频、网络社交等网络服务提供者应当针对不同年龄阶段未成年人使用其服务的特点，坚持融合、友好、实用、有效的原则，设置未成年人模式，在使用时段、时长、功能和内容等方面按照国家有关规定和标准提供相应的服务，并以醒目便捷的方式为监护人履行监护职责提供时间管理、权限管理、消费管理等功能。

第四十四条　网络游戏、网络直播、网络音视频、网络社交等网络服务提供者应当采取措施，合理限制不同年龄阶段未成年人在使用其服务中的单次消费数额和单日累计消费数额，不得向未成年人提供与其民事行为能力不符的付费服务。

第四十五条　网络游戏、网络直播、网络音视频、网络社交等网络服务提供者应当采取措施，防范和抵制流量至上等不良价值倾向，不得设置以应援集资、投票打榜、刷量控评等为主题的网络社区、群组、话题，不得诱导未成年人参与应援集资、投票打榜、刷量控评等网络活动，并预防和制止其用户诱导未成年人实施上述行为。

第四十六条　网络游戏服务提供者应当通过统一的未成年人网络游戏电子身份认证系统等必要手段验证未成年人用户真实身份信息。

网络产品和服务提供者不得为未成年人提供游戏账号租售服务。

第四十七条　网络游戏服务提供者应当建立、完善预防未成年人沉迷网络的游戏规则，避免未成年人接触可能影响其身心健康的游戏内容或者游戏功能。

网络游戏服务提供者应当落实适龄提示要求，根据不同年龄阶段未成年人身心发展特点和认知能力，通过评估游戏产品的类型、内容与功能等要素，对游戏产品进行分类，明确游戏产品适合的未成年人用户年龄阶段，并在用户下载、注册、登录界面等位置予以显著提示。

第四十八条　新闻出版、教育、卫生健康、文化和旅游、广播电视、网信等部门应当定期开展预防未成年人沉迷网络的宣传教育，监督检查网络产品和服务提供者履行预防未成年人沉迷网络义务的情况，指导家庭、学校、社会组织互相配合，采取科学、合理的方式对未成年人沉迷网络进行预防和干预。

国家新闻出版部门牵头组织开展未成年人沉迷网络游戏防治工作，会同有关部门制定关于向未成年人提供网络游戏服务的时段、时长、消费上限等管理规定。

卫生健康、教育等部门依据各自职责指导有关医疗卫生机构、高等学校等，开展未成年人沉迷网络所致精神障碍和心理行为问题的基础研究和筛查评估、诊断、预防、干预等应用研究。

第四十九条　严禁任何组织和个人以虐待、胁迫等侵害未成年人身心健康的方式干预未成年人沉迷网络、侵犯未成年人合法权益。

第六章　法律责任

第五十条　地方各级人民政府和县级以上有关部门违反本条例规定，不履行未成年人网络保护职责的，由其上级机关责令改正；拒不改正或者情节严重的，对负有责任的领导人员和直接责任人员依法给予处分。

第五十一条　学校、社区、图书馆、文化馆、青少年宫等违反本条例规定，不履行未成年人网络保护职责的，由教育、文化和旅游等部门依据各自职责责令改正；拒不改正或者情节严重的，对负有责任的领导人员和直接责任人员依法给予处分。

第五十二条　未成年人的监护人不履行本条例规定的监护职责或者侵犯未成年人合法权益的，由未成年人居住地的居民委员会、村民委员会、妇女联合会、监护人所在单位、中小学校、幼儿园等有关密切接触未成年人的单位依法予以批评教育、劝诫制止、督促其接受家庭教育指导等。

第五十三条　违反本条例第七条、第十九条第三款、第三十八条第二款规定的，由网信、新闻出版、电影、教育、电信、公安、民政、文化和旅游、市场监督管理、广播电视等部门依据各自职责责令改正；拒不改正或者情节严重的，处5万元以上50万元以下罚款，对直接负责的主管人员和其他直接责任人员处1万元以上10万元以下罚款。

第五十四条　违反本条例第二十条第一款规定的，由网信、新闻出版、电信、公安、文化和旅游、广播电视等部门依据各自职责责令改正，给予警告、没收违法所得；拒不改正的，并处100万元以下罚款，对直接负责的主管人员和其他直接责任人员处1万元以上10万元以下罚款。

违反本条例第二十条第一款第一项和第五项规定，情节严重的，由省级以上网信、新闻出版、电信、公安、文化和旅游、广播电视等部门依据各自职责责令改正，没收违法所得，并处5000万元以下或者上一年度营业额百分之五以下罚款，并可以责令暂停相关业务或者停业整顿、通报有关部门依法吊销相关业务许可证或者吊销营业执照；对直接负责的主管人员和其他直接责任人员处10万元以上100万元以下罚款，并可以决定禁止其在一定期限内担任相关企业的董事、监事、高级管理人员和未成年人保护负责人。

第五十五条　违反本条例第二十四条、第二十五条规定的，由网信、新闻出版、电影、电信、公安、文化和旅游、市场监督管理、广播电视等部门依据各自职责责令限期改正，给予警告，没收违法所得，可以并处10万元以下罚款；拒不改正或者情节严重的，责令暂停相关业务、停产停业或者吊销相关业务许可证、吊销营业执照，违法所得100万元以上的，并处违法所得1倍以上10倍以下罚款，没有违法所得或者违法所得不足100万元的，并处10万元以上100万元以下罚款。

第五十六条　违反本条例第二十六条第二款和第三款、第二十八条、第二十九条第一款、第三十一条第二款、第三十六条、第三十八条第一款、第四十二条至第四十五条、第四十六条第二款、第四十七条规定的，由网信、新闻出版、电影、教育、电信、公安、文化和旅游、广播电视等部门依据各自职责责令改正，给予警告，没收违法所得，违法所得100万元以上的，并处违法所得1倍以上10倍以下罚款，没有违法所得或者违法所得不足100万元的，并处10万元以上100万元以下罚款，对直接负责的主管人员和其他直接责任人员处1万元以上10万元以下罚款；拒不改正或者情节严重的，并可以责令暂停相关业务、停业整顿、关闭网站、吊销相关业务许可证或者吊销营业执照。

第五十七条　网络产品和服务提供者违反本条例规定，受到关闭网站、吊销相关业务许可证或者吊销营业执照处罚的，5年内不得重新申请相关许可，其直接负责的主管人员和其他直接责任人员5年内不得从事同类网络产品和服务业务。

第五十八条　违反本条例规定，侵犯未成年人合法权益，给未成年人造成损害的，依法承担民事责任；构成违反治安管理行为的，依法给予治安管理处罚；构成犯罪的，依法追究刑事责任。

第七章　附　　则

第五十九条　本条例所称智能终端产品，是指可以接入网络、具有操作系统、能够由用户自行安装应用软件的手机、计算机等网络终端产品。

第六十条　本条例自2024年1月1日起施行。

3. 部门规章

网络安全审查办法

（2021年11月16日国家互联网信息办公室2021年第20次室务会议审议通过 2021年12月28日国家互联网信息办公室、中华人民共和国国家发展和改革委员会、中华人民共和国工业和信息化部、中华人民共和国公安部、中华人民共和国国家安全部、中华人民共和国财政部、中华人民共和国商务部、中国人民银行、国家市场监督管理总局、国家广播电视总局、中国证券监督管理委员会、国家保密局、国家密码管理局令第8号公布 自2022年2月15日起施行）

第一条 为了确保关键信息基础设施供应链安全，保障网络安全和数据安全，维护国家安全，根据《中华人民共和国国家安全法》、《中华人民共和国网络安全法》、《中华人民共和国数据安全法》、《关键信息基础设施安全保护条例》，制定本办法。

第二条 关键信息基础设施运营者采购网络产品和服务，网络平台运营者开展数据处理活动，影响或者可能影响国家安全的，应当按照本办法进行网络安全审查。

前款规定的关键信息基础设施运营者、网络平台运营者统称为当事人。

第三条 网络安全审查坚持防范网络安全风险与促进先进技术应用相结合、过程公正透明与知识产权保护相结合、事前审查与持续监管相结合、企业承诺与社会监督相结合，从产品和服务以及数据处理活动安全性、可能带来的国家安全风险等方面进行审查。

第四条 在中央网络安全和信息化委员会领导下，国家互联网信息办公室会同中华人民共和国国家发展和改革委员会、中华人民共和国工业和信息化部、中华人民共和国公安部、中华人民共和国国家安全部、中华人民共和国财政部、中华人民共和国商务部、中国人民银行、国家市场监督管理总局、国家广播电视总局、中国证券监督管理委员会、国家保密局、国家密码管理局建立国家网络安全审查工作机制。

网络安全审查办公室设在国家互联网信息办公室，负责制定网络安全审查相关制度规范，组织网络安全审查。

第五条 关键信息基础设施运营者采购网络产品和服务的，应当预判该产品和服务投入使用后可能带来的国家安全风险。影响或者可能影响国家安全的，应当向网络安全审查办公室申报网络安全审查。

关键信息基础设施安全保护工作部门可以制定本行业、本领域预判指南。

第六条 对于申报网络安全审查的采购活动，关键信息基础设施运营者应当通过采购文件、协议等要求产品和服务提供者配合网络安全审查，包括承诺不利用提供产品和服务的便利条件非法获取用户数据、非法控制和操纵用户设备，无正当理由不中断产品供应或者必要的技术支持服务等。

第七条 掌握超过100万用户个人信息的网络平台运营者赴国外上市，必须向网络安全审查办公室申报网络安全审查。

第八条 当事人申报网络安全审查，应当提交以下材料：

（一）申报书；

（二）关于影响或者可能影响国家安全的分析报告；

（三）采购文件、协议、拟签订的合同或者拟提交的首次公开募股（IPO）等上市申请文件；

（四）网络安全审查工作需要的其他材料。

第九条 网络安全审查办公室应当自收到符合本办法第八条规定的审查申报材料起10个工作日内，确定是否需要审查并书面通知当事人。

第十条 网络安全审查重点评估相关对象或者情形的以下国家安全风险因素：

（一）产品和服务使用后带来的关键信息基础设施被非法控制、遭受干扰或者破坏的风险；

（二）产品和服务供应中断对关键信息基础设施业务连续性的危害；

（三）产品和服务的安全性、开放性、透明性、来源的多样性，供应渠道的可靠性以及因为政治、外交、贸易等因素导致供应中断的风险；

（四）产品和服务提供者遵守中国法律、行政法规、部门规章情况；

（五）核心数据、重要数据或者大量个人信息被窃取、泄露、毁损以及非法利用、非法出境的风险；

（六）上市存在关键信息基础设施、核心数据、重要数据或者大量个人信息被外国政府影响、控制、恶意利用的风险，以及网络信息安全风险；

（七）其他可能危害关键信息基础设施安全、网络安全和数据安全的因素。

第十一条 网络安全审查办公室认为需要开展网络安全审查的，应当自向当事人发出书面通知之日起30个工作日内完成初步审查，包括形成审查结论建议和将审查结论建议发送网络安全审查工作机制成员单位、相关部门征求意见；情况复杂的，可以延长15个工作日。

第十二条 网络安全审查工作机制成员单位和相关部门应当自收到审查结论建议之日起15个工作日内书面回复意见。

网络安全审查工作机制成员单位、相关部门意见一致的，网络安全审查办公室以书面形式将审查结论通知当事人；意见不一致的，按照特别审查程序处理，并通知当事人。

第十三条 按照特别审查程序处理的，网络安全审查办公室应当听取相关单位和部门意见，进行深入分析评估，再次形成审查结论建议，并征求网络安全审查工作机制成员单位和相关部门意见，按程序报中央网络安全和信息化委员会批准后，形成审查结论并书面通知当事人。

第十四条 特别审查程序一般应当在90个工作日内完成，情况复杂的可以延长。

第十五条 网络安全审查办公室要求提供补充材料的，当事人、产品和服务提供者应当予以配合。提交补充材料的时间不计入审查时间。

第十六条 网络安全审查工作机制成员单位认为影响或者可能影响国家安全的网络产品和服务以及数据处理活动，由网络安全审查办公室按程序报中央网络安全和信息化委员会批准后，依照本办法的规定进行审查。

为了防范风险，当事人应当在审查期间按照网络安全审查要求采取预防和消减风险的措施。

第十七条 参与网络安全审查的相关机构和人员应当严格保护知识产权，对在审查工作中知悉的商业秘密、个人信息，当事人、产品和服务提供者提交的未公开材料，以及其他未公开信息承担保密义务；未经信息提供方同意，不得向无关方披露或者用于审查以外的目的。

第十八条 当事人或者网络产品和服务提供者认为审查人员有失客观公正，或者未能对审查工作中知悉的信息承担保密义务的，可以向网络安全审查办公室或者有关部门举报。

第十九条 当事人应当督促产品和服务提供者履行网络安全审查中作出的承诺。

网络安全审查办公室通过接受举报等形式加强事前事中事后监督。

第二十条 当事人违反本办法规定的，依照《中华人民共和国网络安全法》、《中华人民共和国数据安全法》的规定处理。

第二十一条 本办法所称网络产品和服务主要指核心网络设备、重要通信产品、高性能计算机和服务器、大容量存储设备、大型数据库和应用软件、网络安全设备、云计算服务，以及其他对关键信息基础设施安全、网络安全和数据安全有重要影响的网络产品和服务。

第二十二条 涉及国家秘密信息的，依照国家有关保密规定执行。

国家对数据安全审查、外商投资安全审查另有规定的，应当同时符合其规定。

第二十三条 本办法自2022年2月15日起施行。2020年4月13日公布的《网络安全审查办法》（国家互联网信息办公室、国家发展和改革委员会、工业和信息化部、公安部、国家安全部、财政部、商务部、中国人民银行、国家市场监督管理总局、国家广播电视总局、国家保密局、国家密码管理局令第6号）同时废止。

二、网络运行安全

1. 行政法规

关键信息基础设施安全保护条例

（2021年4月27日国务院第133次常务会议通过 2021年7月30日中华人民共和国国务院令第745号公布 自2021年9月1日起施行）

第一章 总 则

第一条 为了保障关键信息基础设施安全，维护网络安全，根据《中华人民共和国网络安全法》，制定本条例。

第二条 本条例所称关键信息基础设施，是指公共通信和信息服务、能源、交通、水利、金融、公共服务、电子政务、国防科技工业等重要行业和领域的，以及其他一旦遭到破坏、丧失功能或者数据泄露，可能严重危害国家安全、国计民生、公共利益的重要网络设施、信息系统等。

第三条 在国家网信部门统筹协调下，国务院公安部门负责指导监督关键信息基础设施安全保护工作。国务院电信主管部门和其他有关部门依照本条例和有关法律、行政法规的规定，在各自职责范围内负责关键信息基础设施安全保护和监督管理工作。

省级人民政府有关部门依据各自职责对关键信息基础设施实施安全保护和监督管理。

第四条 关键信息基础设施安全保护坚持综合协调、分工负责、依法保护，强化和落实关键信息基础设施运营者（以下简称运营者）主体责任，充分发挥政府及社会各方面的作用，共同保护关键信息基础设施安全。

第五条 国家对关键信息基础设施实行重点保护,采取措施,监测、防御、处置来源于中华人民共和国境内外的网络安全风险和威胁,保护关键信息基础设施免受攻击、侵入、干扰和破坏,依法惩治危害关键信息基础设施安全的违法犯罪活动。

任何个人和组织不得实施非法侵入、干扰、破坏关键信息基础设施的活动,不得危害关键信息基础设施安全。

第六条 运营者依照本条例和有关法律、行政法规的规定以及国家标准的强制性要求,在网络安全等级保护的基础上,采取技术保护措施和其他必要措施,应对网络安全事件,防范网络攻击和违法犯罪活动,保障关键信息基础设施安全稳定运行,维护数据的完整性、保密性和可用性。

第七条 对在关键信息基础设施安全保护工作中取得显著成绩或者作出突出贡献的单位和个人,按照国家有关规定给予表彰。

第二章 关键信息基础设施认定

第八条 本条例第二条涉及的重要行业和领域的主管部门、监督管理部门是负责关键信息基础设施安全保护工作的部门(以下简称保护工作部门)。

第九条 保护工作部门结合本行业、本领域实际,制定关键信息基础设施认定规则,并报国务院公安部门备案。

制定认定规则应当主要考虑下列因素:

(一)网络设施、信息系统等对于本行业、本领域关键核心业务的重要程度;

(二)网络设施、信息系统等一旦遭到破坏、丧失功能或者数据泄露可能带来的危害程度;

(三)对其他行业和领域的关联性影响。

第十条 保护工作部门根据认定规则负责组织认定本行业、本领域的关键信息基础设施,及时将认定结果通知运营者,并通报国务院公安部门。

第十一条 关键信息基础设施发生较大变化,可能影响其认定结果的,运营者应当及时将相关情况报告保护工作部门。保护工作部门自收到报告之日起3个月内完成重新认定,将认定结果通知运营者,并通报国务院公安部门。

第三章 运营者责任义务

第十二条 安全保护措施应当与关键信息基础设施同步规划、同步建设、同步使用。

第十三条 运营者应当建立健全网络安全保护制度和责任制，保障人力、财力、物力投入。运营者的主要负责人对关键信息基础设施安全保护负总责，领导关键信息基础设施安全保护和重大网络安全事件处置工作，组织研究解决重大网络安全问题。

第十四条 运营者应当设置专门安全管理机构，并对专门安全管理机构负责人和关键岗位人员进行安全背景审查。审查时，公安机关、国家安全机关应当予以协助。

第十五条 专门安全管理机构具体负责本单位的关键信息基础设施安全保护工作，履行下列职责：

（一）建立健全网络安全管理、评价考核制度，拟订关键信息基础设施安全保护计划；

（二）组织推动网络安全防护能力建设，开展网络安全监测、检测和风险评估；

（三）按照国家及行业网络安全事件应急预案，制定本单位应急预案，定期开展应急演练，处置网络安全事件；

（四）认定网络安全关键岗位，组织开展网络安全工作考核，提出奖励和惩处建议；

（五）组织网络安全教育、培训；

（六）履行个人信息和数据安全保护责任，建立健全个人信息和数据安全保护制度；

（七）对关键信息基础设施设计、建设、运行、维护等服务实施安全管理；

（八）按照规定报告网络安全事件和重要事项。

第十六条 运营者应当保障专门安全管理机构的运行经费、配备相应的人员，开展与网络安全和信息化有关的决策应当有专门安全管理机构人员参与。

第十七条 运营者应当自行或者委托网络安全服务机构对关键信息基

础设施每年至少进行一次网络安全检测和风险评估,对发现的安全问题及时整改,并按照保护工作部门要求报送情况。

第十八条 关键信息基础设施发生重大网络安全事件或者发现重大网络安全威胁时,运营者应当按照有关规定向保护工作部门、公安机关报告。

发生关键信息基础设施整体中断运行或者主要功能故障、国家基础信息以及其他重要数据泄露、较大规模个人信息泄露、造成较大经济损失、违法信息较大范围传播等特别重大网络安全事件或者发现特别重大网络安全威胁时,保护工作部门应当在收到报告后,及时向国家网信部门、国务院公安部门报告。

第十九条 运营者应当优先采购安全可信的网络产品和服务;采购网络产品和服务可能影响国家安全的,应当按照国家网络安全规定通过安全审查。

第二十条 运营者采购网络产品和服务,应当按照国家有关规定与网络产品和服务提供者签订安全保密协议,明确提供者的技术支持和安全保密义务与责任,并对义务与责任履行情况进行监督。

第二十一条 运营者发生合并、分立、解散等情况,应当及时报告保护工作部门,并按照保护工作部门的要求对关键信息基础设施进行处置,确保安全。

第四章 保障和促进

第二十二条 保护工作部门应当制定本行业、本领域关键信息基础设施安全规划,明确保护目标、基本要求、工作任务、具体措施。

第二十三条 国家网信部门统筹协调有关部门建立网络安全信息共享机制,及时汇总、研判、共享、发布网络安全威胁、漏洞、事件等信息,促进有关部门、保护工作部门、运营者以及网络安全服务机构等之间的网络安全信息共享。

第二十四条 保护工作部门应当建立健全本行业、本领域的关键信息基础设施网络安全监测预警制度,及时掌握本行业、本领域关键信息基础设施运行状况、安全态势,预警通报网络安全威胁和隐患,指导做好安全防范工作。

第二十五条　保护工作部门应当按照国家网络安全事件应急预案的要求，建立健全本行业、本领域的网络安全事件应急预案，定期组织应急演练；指导运营者做好网络安全事件应对处置，并根据需要组织提供技术支持与协助。

第二十六条　保护工作部门应当定期组织开展本行业、本领域关键信息基础设施网络安全检查检测，指导监督运营者及时整改安全隐患、完善安全措施。

第二十七条　国家网信部门统筹协调国务院公安部门、保护工作部门对关键信息基础设施进行网络安全检查检测，提出改进措施。

有关部门在开展关键信息基础设施网络安全检查时，应当加强协同配合、信息沟通，避免不必要的检查和交叉重复检查。检查工作不得收取费用，不得要求被检查单位购买指定品牌或者指定生产、销售单位的产品和服务。

第二十八条　运营者对保护工作部门开展的关键信息基础设施网络安全检查检测工作，以及公安、国家安全、保密行政管理、密码管理等有关部门依法开展的关键信息基础设施网络安全检查工作应当予以配合。

第二十九条　在关键信息基础设施安全保护工作中，国家网信部门和国务院电信主管部门、国务院公安部门等应当根据保护工作部门的需要，及时提供技术支持和协助。

第三十条　网信部门、公安机关、保护工作部门等有关部门，网络安全服务机构及其工作人员对于在关键信息基础设施安全保护工作中获取的信息，只能用于维护网络安全，并严格按照有关法律、行政法规的要求确保信息安全，不得泄露、出售或者非法向他人提供。

第三十一条　未经国家网信部门、国务院公安部门批准或者保护工作部门、运营者授权，任何个人和组织不得对关键信息基础设施实施漏洞探测、渗透性测试等可能影响或者危害关键信息基础设施安全的活动。对基础电信网络实施漏洞探测、渗透性测试等活动，应当事先向国务院电信主管部门报告。

第三十二条　国家采取措施，优先保障能源、电信等关键信息基础设施安全运行。

能源、电信行业应当采取措施，为其他行业和领域的关键信息基础设施安全运行提供重点保障。

第三十三条 公安机关、国家安全机关依据各自职责依法加强关键信息基础设施安全保卫,防范打击针对和利用关键信息基础设施实施的违法犯罪活动。

第三十四条 国家制定和完善关键信息基础设施安全标准,指导、规范关键信息基础设施安全保护工作。

第三十五条 国家采取措施,鼓励网络安全专门人才从事关键信息基础设施安全保护工作;将运营者安全管理人员、安全技术人员培训纳入国家继续教育体系。

第三十六条 国家支持关键信息基础设施安全防护技术创新和产业发展,组织力量实施关键信息基础设施安全技术攻关。

第三十七条 国家加强网络安全服务机构建设和管理,制定管理要求并加强监督指导,不断提升服务机构能力水平,充分发挥其在关键信息基础设施安全保护中的作用。

第三十八条 国家加强网络安全军民融合,军地协同保护关键信息基础设施安全。

第五章 法 律 责 任

第三十九条 运营者有下列情形之一的,由有关主管部门依据职责责令改正,给予警告;拒不改正或者导致危害网络安全等后果的,处10万元以上100万元以下罚款,对直接负责的主管人员处1万元以上10万元以下罚款:

(一)在关键信息基础设施发生较大变化,可能影响其认定结果时未及时将相关情况报告保护工作部门的;

(二)安全保护措施未与关键信息基础设施同步规划、同步建设、同步使用的;

(三)未建立健全网络安全保护制度和责任制的;

(四)未设置专门安全管理机构的;

(五)未对专门安全管理机构负责人和关键岗位人员进行安全背景审查的;

(六)开展与网络安全和信息化有关的决策没有专门安全管理机构人

员参与的；

（七）专门安全管理机构未履行本条例第十五条规定的职责的；

（八）未对关键信息基础设施每年至少进行一次网络安全检测和风险评估，未对发现的安全问题及时整改，或者未按照保护工作部门要求报送情况的；

（九）采购网络产品和服务，未按照国家有关规定与网络产品和服务提供者签订安全保密协议的；

（十）发生合并、分立、解散等情况，未及时报告保护工作部门，或者未按照保护工作部门的要求对关键信息基础设施进行处置的。

第四十条　运营者在关键信息基础设施发生重大网络安全事件或者发现重大网络安全威胁时，未按照有关规定向保护工作部门、公安机关报告的，由保护工作部门、公安机关依据职责责令改正，给予警告；拒不改正或者导致危害网络安全等后果的，处 10 万元以上 100 万元以下罚款，对直接负责的主管人员处 1 万元以上 10 万元以下罚款。

第四十一条　运营者采购可能影响国家安全的网络产品和服务，未按照国家网络安全规定进行安全审查的，由国家网信部门等有关主管部门依据职责责令改正，处采购金额 1 倍以上 10 倍以下罚款，对直接负责的主管人员和其他直接责任人员处 1 万元以上 10 万元以下罚款。

第四十二条　运营者对保护工作部门开展的关键信息基础设施网络安全检查检测工作，以及公安、国家安全、保密行政管理、密码管理等有关部门依法开展的关键信息基础设施网络安全检查工作不予配合的，由有关主管部门责令改正；拒不改正的，处 5 万元以上 50 万元以下罚款，对直接负责的主管人员和其他直接责任人员处 1 万元以上 10 万元以下罚款；情节严重的，依法追究相应法律责任。

第四十三条　实施非法侵入、干扰、破坏关键信息基础设施，危害其安全的活动尚不构成犯罪的，依照《中华人民共和国网络安全法》有关规定，由公安机关没收违法所得，处 5 日以下拘留，可以并处 5 万元以上 50 万元以下罚款；情节较重的，处 5 日以上 15 日以下拘留，可以并处 10 万元以上 100 万元以下罚款。

单位有前款行为的，由公安机关没收违法所得，处 10 万元以上 100 万元以下罚款，并对直接负责的主管人员和其他直接责任人员依照前款规定处罚。

违反本条例第五条第二款和第三十一条规定，受到治安管理处罚的人员，5年内不得从事网络安全管理和网络运营关键岗位的工作；受到刑事处罚的人员，终身不得从事网络安全管理和网络运营关键岗位的工作。

第四十四条 网信部门、公安机关、保护工作部门和其他有关部门及其工作人员未履行关键信息基础设施安全保护和监督管理职责或者玩忽职守、滥用职权、徇私舞弊的，依法对直接负责的主管人员和其他直接责任人员给予处分。

第四十五条 公安机关、保护工作部门和其他有关部门在开展关键信息基础设施网络安全检查工作中收取费用，或者要求被检查单位购买指定品牌或者指定生产、销售单位的产品和服务的，由其上级机关责令改正，退还收取的费用；情节严重的，依法对直接负责的主管人员和其他直接责任人员给予处分。

第四十六条 网信部门、公安机关、保护工作部门等有关部门、网络安全服务机构及其工作人员将在关键信息基础设施安全保护工作中获取的信息用于其他用途，或者泄露、出售、非法向他人提供的，依法对直接负责的主管人员和其他直接责任人员给予处分。

第四十七条 关键信息基础设施发生重大和特别重大网络安全事件，经调查确定为责任事故，除应当查明运营者责任并依法予以追究外，还应查明相关网络安全服务机构及有关部门的责任，对有失职、渎职及其他违法行为的，依法追究责任。

第四十八条 电子政务关键信息基础设施的运营者不履行本条例规定的网络安全保护义务的，依照《中华人民共和国网络安全法》有关规定予以处理。

第四十九条 违反本条例规定，给他人造成损害的，依法承担民事责任。

违反本条例规定，构成违反治安管理行为的，依法给予治安管理处罚；构成犯罪的，依法追究刑事责任。

第六章 附　　则

第五十条 存储、处理涉及国家秘密信息的关键信息基础设施的安全保护，还应当遵守保密法律、行政法规的规定。

关键信息基础设施中的密码使用和管理，还应当遵守相关法律、行政法规的规定。

第五十一条 本条例自 2021 年 9 月 1 日起施行。

中华人民共和国计算机信息系统安全保护条例

（1994 年 2 月 18 日中华人民共和国国务院令第 147 号发布 根据 2011 年 1 月 8 日《国务院关于废止和修改部分行政法规的决定》修订）

第一章 总 则

第一条 为了保护计算机信息系统的安全，促进计算机的应用和发展，保障社会主义现代化建设的顺利进行，制定本条例。

第二条 本条例所称的计算机信息系统，是指由计算机及其相关的和配套的设备、设施（含网络）构成的，按照一定的应用目标和规则对信息进行采集、加工、存储、传输、检索等处理的人机系统。

第三条 计算机信息系统的安全保护，应当保障计算机及其相关的和配套的设备、设施（含网络）的安全，运行环境的安全，保障信息的安全，保障计算机功能的正常发挥，以维护计算机信息系统的安全运行。

第四条 计算机信息系统的安全保护工作，重点维护国家事务、经济建设、国防建设、尖端科学技术等重要领域的计算机信息系统的安全。

第五条 中华人民共和国境内的计算机信息系统的安全保护，适用本条例。

未联网的微型计算机的安全保护办法，另行制定。

第六条 公安部主管全国计算机信息系统安全保护工作。

国家安全部、国家保密局和国务院其他有关部门，在国务院规定的职责范围内做好计算机信息系统安全保护的有关工作。

第七条 任何组织或者个人，不得利用计算机信息系统从事危害国家利益、集体利益和公民合法利益的活动，不得危害计算机信息系统的安全。

第二章 安全保护制度

第八条 计算机信息系统的建设和应用，应当遵守法律、行政法规和国家其他有关规定。

第九条 计算机信息系统实行安全等级保护。安全等级的划分标准和安全等级保护的具体办法，由公安部会同有关部门制定。

第十条 计算机机房应当符合国家标准和国家有关规定。

在计算机机房附近施工，不得危害计算机信息系统的安全。

第十一条 进行国际联网的计算机信息系统，由计算机信息系统的使用单位报省级以上人民政府公安机关备案。

第十二条 运输、携带、邮寄计算机信息媒体进出境的，应当如实向海关申报。

第十三条 计算机信息系统的使用单位应当建立健全安全管理制度，负责本单位计算机信息系统的安全保护工作。

第十四条 对计算机信息系统中发生的案件，有关使用单位应当在24小时内向当地县级以上人民政府公安机关报告。

第十五条 对计算机病毒和危害社会公共安全的其他有害数据的防治研究工作，由公安部归口管理。

第十六条 国家对计算机信息系统安全专用产品的销售实行许可证制度。具体办法由公安部会同有关部门制定。

第三章 安 全 监 督

第十七条 公安机关对计算机信息系统安全保护工作行使下列监督职权：

（一）监督、检查、指导计算机信息系统安全保护工作；

（二）查处危害计算机信息系统安全的违法犯罪案件；

（三）履行计算机信息系统安全保护工作的其他监督职责。

第十八条 公安机关发现影响计算机信息系统安全的隐患时，应当及时通知使用单位采取安全保护措施。

第十九条 公安部在紧急情况下，可以就涉及计算机信息系统安全的特定事项发布专项通令。

第四章 法律责任

第二十条 违反本条例的规定,有下列行为之一的,由公安机关处以警告或者停机整顿:

(一)违反计算机信息系统安全等级保护制度,危害计算机信息系统安全的;

(二)违反计算机信息系统国际联网备案制度的;

(三)不按照规定时间报告计算机信息系统中发生的案件的;

(四)接到公安机关要求改进安全状况的通知后,在限期内拒不改进的;

(五)有危害计算机信息系统安全的其他行为的。

第二十一条 计算机机房不符合国家标准和国家其他有关规定的,或者在计算机机房附近施工危害计算机信息系统安全的,由公安机关会同有关单位进行处理。

第二十二条 运输、携带、邮寄计算机信息媒体进出境,不如实向海关申报的,由海关依照《中华人民共和国海关法》和本条例以及其他有关法律、法规的规定处理。

第二十三条 故意输入计算机病毒以及其他有害数据危害计算机信息系统安全的,或者未经许可出售计算机信息系统安全专用产品的,由公安机关处以警告或者对个人处以5000元以下的罚款、对单位处以1.5万元以下的罚款;有违法所得的,除予以没收外,可以处以违法所得1至3倍的罚款。

第二十四条 违反本条例的规定,构成违反治安管理行为的,依照《中华人民共和国治安管理处罚法》的有关规定处罚;构成犯罪的,依法追究刑事责任。

第二十五条 任何组织或者个人违反本条例的规定,给国家、集体或者他人财产造成损失的,应当依法承担民事责任。

第二十六条 当事人对公安机关依照本条例所作出的具体行政行为不服的,可以依法申请行政复议或者提起行政诉讼。

第二十七条 执行本条例的国家公务员利用职权,索取、收受贿赂或者有其他违法、失职行为,构成犯罪的,依法追究刑事责任;尚不构成犯罪的,给予行政处分。

第五章　附　　则

第二十八条　本条例下列用语的含义：

计算机病毒，是指编制或者在计算机程序中插入的破坏计算机功能或者毁坏数据，影响计算机使用，并能自我复制的一组计算机指令或者程序代码。

计算机信息系统安全专用产品，是指用于保护计算机信息系统安全的专用硬件和软件产品。

第二十九条　军队的计算机信息系统安全保护工作，按照军队的有关法规执行。

第三十条　公安部可以根据本条例制定实施办法。

第三十一条　本条例自发布之日起施行。

计算机信息网络国际联网安全保护管理办法

（1997年12月11日国务院批准　1997年12月16日公安部令第33号发布　根据2011年1月8日《国务院关于废止和修改部分行政法规的决定》修订）

第一章　总　　则

第一条　为了加强对计算机信息网络国际联网的安全保护，维护公共秩序和社会稳定，根据《中华人民共和国计算机信息系统安全保护条例》、《中华人民共和国计算机信息网络国际联网管理暂行规定》和其他法律、行政法规的规定，制定本办法。

第二条　中华人民共和国境内的计算机信息网络国际联网安全保护管理，适用本办法。

第三条　公安部计算机管理监察机构负责计算机信息网络国际联网的安全保护管理工作。

公安机关计算机管理监察机构应当保护计算机信息网络国际联网的公共安全，维护从事国际联网业务的单位和个人的合法权益和公众利益。

第四条　任何单位和个人不得利用国际联网危害国家安全、泄露国家秘密，不得侵犯国家的、社会的、集体的利益和公民的合法权益，不得从事违法犯罪活动。

第五条 任何单位和个人不得利用国际联网制作、复制、查阅和传播下列信息：

（一）煽动抗拒、破坏宪法和法律、行政法规实施的；

（二）煽动颠覆国家政权，推翻社会主义制度的；

（三）煽动分裂国家、破坏国家统一的；

（四）煽动民族仇恨、民族歧视，破坏民族团结的；

（五）捏造或者歪曲事实，散布谣言，扰乱社会秩序的；

（六）宣扬封建迷信、淫秽、色情、赌博、暴力、凶杀、恐怖，教唆犯罪的；

（七）公然侮辱他人或者捏造事实诽谤他人的；

（八）损害国家机关信誉的；

（九）其他违反宪法和法律、行政法规的。

第六条 任何单位和个人不得从事下列危害计算机信息网络安全的活动：

（一）未经允许，进入计算机信息网络或者使用计算机信息网络资源的；

（二）未经允许，对计算机信息网络功能进行删除、修改或者增加的；

（三）未经允许，对计算机信息网络中存储、处理或者传输的数据和应用程序进行删除、修改或者增加的；

（四）故意制作、传播计算机病毒等破坏性程序的；

（五）其他危害计算机信息网络安全的。

第七条 用户的通信自由和通信秘密受法律保护。任何单位和个人不得违反法律规定，利用国际联网侵犯用户的通信自由和通信秘密。

第二章 安全保护责任

第八条 从事国际联网业务的单位和个人应当接受公安机关的安全监督、检查和指导，如实向公安机关提供有关安全保护的信息、资料及数据文件，协助公安机关查处通过国际联网的计算机信息网络的违法犯罪行为。

第九条 国际出入口信道提供单位、互联单位的主管部门或者主管单位，应当依照法律和国家有关规定负责国际出入口信道、所属互联网络的安全保护管理工作。

第十条 互联单位、接入单位及使用计算机信息网络国际联网的法人和其他组织应当履行下列安全保护职责：

（一）负责本网络的安全保护管理工作，建立健全安全保护管理制度；

（二）落实安全保护技术措施，保障本网络的运行安全和信息安全；

（三）负责对本网络用户的安全教育和培训；

（四）对委托发布信息的单位和个人进行登记，并对所提供的信息内容按照本办法第五条进行审核；

（五）建立计算机信息网络电子公告系统的用户登记和信息管理制度；

（六）发现有本办法第四条、第五条、第六条、第七条所列情形之一的，应当保留有关原始记录，并在24小时内向当地公安机关报告；

（七）按照国家有关规定，删除本网络中含有本办法第五条内容的地址、目录或者关闭服务器。

第十一条 用户在接入单位办理入网手续时，应当填写用户备案表。备案表由公安部监制。

第十二条 互联单位、接入单位、使用计算机信息网络国际联网的法人和其他组织（包括跨省、自治区、直辖市联网的单位和所属的分支机构），应当自网络正式联通之日起30日内，到所在地的省、自治区、直辖市人民政府公安机关指定的受理机关办理备案手续。

前款所列单位应当负责将接入本网络的接入单位和用户情况报当地公安机关备案，并及时报告本网络中接入单位和用户的变更情况。

第十三条 使用公用账号的注册者应当加强对公用账号的管理，建立账号使用登记制度。用户账号不得转借、转让。

第十四条 涉及国家事务、经济建设、国防建设、尖端科学技术等重要领域的单位办理备案手续时，应当出具其行政主管部门的审批证明。

前款所列单位的计算机信息网络与国际联网，应当采取相应的安全保护措施。

第三章 安 全 监 督

第十五条 省、自治区、直辖市公安厅（局），地（市）、县（市）公安局，应当有相应机构负责国际联网的安全保护管理工作。

第十六条 公安机关计算机管理监察机构应当掌握互联单位、接入单位和用户的备案情况，建立备案档案，进行备案统计，并按照国家有关规定逐级上报。

第十七条 公安机关计算机管理监察机构应当督促互联单位、接入单位及有关用户建立健全安全保护管理制度。监督、检查网络安全保护管理以及技术措施的落实情况。

公安机关计算机管理监察机构在组织安全检查时，有关单位应当派人参加。公安机关计算机管理监察机构对安全检查发现的问题，应当提出改进意见，作出详细记录，存档备查。

第十八条 公安机关计算机管理监察机构发现含有本办法第五条所列内容的地址、目录或者服务器时，应当通知有关单位关闭或者删除。

第十九条 公安机关计算机管理监察机构应当负责追踪和查处通过计算机信息网络的违法行为和针对计算机信息网络的犯罪案件，对违反本办法第四条、第七条规定的违法犯罪行为，应当按照国家有关规定移送有关部门或者司法机关处理。

第四章 法律责任

第二十条 违反法律、行政法规，有本办法第五条、第六条所列行为之一的，由公安机关给予警告，有违法所得的，没收违法所得，对个人可以并处 5000 元以下的罚款，对单位可以并处 1.5 万元以下的罚款；情节严重的，并可以给予 6 个月以内停止联网、停机整顿的处罚，必要时可以建议原发证、审批机构吊销经营许可证或者取消联网资格；构成违反治安管理行为的，依照治安管理处罚法的规定处罚；构成犯罪的，依法追究刑事责任。

第二十一条 有下列行为之一的，由公安机关责令限期改正，给予警告，有违法所得的，没收违法所得；在规定的限期内未改正的，对单位的主管负责人员和其他直接责任人员可以并处 5000 元以下的罚款，对单位可以并处 1.5 万元以下的罚款；情节严重的，并可以给予 6 个月以内的停止联网、停机整顿的处罚，必要时可以建议原发证、审批机构吊销经营许可证或者取消联网资格。

（一）未建立安全保护管理制度的；

（二）未采取安全技术保护措施的；

（三）未对网络用户进行安全教育和培训的；

（四）未提供安全保护管理所需信息、资料及数据文件，或者所提供内容不真实的；

（五）对委托其发布的信息内容未进行审核或者对委托单位和个人未进行登记的；

（六）未建立电子公告系统的用户登记和信息管理制度的；

（七）未按照国家有关规定，删除网络地址、目录或者关闭服务器的；

（八）未建立公用账号使用登记制度的；

（九）转借、转让用户账号的。

第二十二条　违反本办法第四条、第七条规定的，依照有关法律、法规予以处罚。

第二十三条　违反本办法第十一条、第十二条规定，不履行备案职责的，由公安机关给予警告或者停机整顿不超过 6 个月的处罚。

第五章　附　　则

第二十四条　与香港特别行政区和台湾、澳门地区联网的计算机信息网络的安全保护管理，参照本办法执行。

第二十五条　本办法自 1997 年 12 月 30 日起施行。

中华人民共和国计算机信息网络国际联网管理暂行规定

（1996 年 2 月 1 日中华人民共和国国务院令第 195 号发布　根据 1997 年 5 月 20 日《国务院关于修改〈中华人民共和国计算机信息网络国际联网管理暂行规定〉的决定》第一次修订　根据 2024 年 3 月 10 日《国务院关于修改和废止部分行政法规的决定》第二次修订）

第一条　为了加强对计算机信息网络国际联网的管理，保障国际计算机信息交流的健康发展，制定本规定。

第二条　中华人民共和国境内的计算机信息网络进行国际联网，应当依照本规定办理。

第三条　本规定下列用语的含义是：

（一）计算机信息网络国际联网（以下简称国际联网），是指中华人民共和国境内的计算机信息网络为实现信息的国际交流，同外国的计算机信息网络相联接。

（二）互联网络，是指直接进行国际联网的计算机信息网络；互联单位，是指负责互联网络运行的单位。

（三）接入网络，是指通过接入互联网络进行国际联网的计算机信息网络；接入单位，是指负责接入网络运行的单位。

第四条　国家对国际联网实行统筹规划、统一标准、分级管理、促进发展的原则。

第五条　国务院信息化工作领导小组（以下简称领导小组），负责协调、解决有关国际联网工作中的重大问题。

领导小组办公室按照本规定制定具体管理办法，明确国际出入口信道提供单位、互联单位、接入单位和用户的权利、义务和责任，并负责对国际联网工作的检查监督。

第六条　计算机信息网络直接进行国际联网，必须使用国家公用电信网提供的国际出入口信道。

任何单位和个人不得自行建立或者使用其他信道进行国际联网。

第七条　已经建立的互联网络，根据国务院有关规定调整后，分别由国务院电信主管部门、教育行政部门和中国科学院管理。

新建互联网络，必须报经国务院批准。

第八条　接入网络必须通过互联网络进行国际联网。

接入单位拟从事国际联网经营活动的，应当向有权受理从事国际联网经营活动申请的互联单位主管部门或者主管单位申请领取国际联网经营许可证；未取得国际联网经营许可证的，不得从事国际联网经营业务。

接入单位拟从事非经营活动的，应当报经有权受理从事非经营活动申请的互联单位主管部门或者主管单位审批；未经批准的，不得接入互联网络进行国际联网。

申请领取国际联网经营许可证或者办理审批手续时，应当提供其计算机信息网络的性质、应用范围和主机地址等资料。

国际联网经营许可证的格式,由领导小组统一制定。

第九条 从事国际联网经营活动的和从事非经营活动的接入单位都必须具备下列条件:

(一)是依法设立的企业法人或者事业法人;

(二)具有相应的计算机信息网络、装备以及相应的技术人员和管理人员;

(三)具有健全的安全保密管理制度和技术保护措施;

(四)符合法律和国务院规定的其他条件。

接入单位从事国际联网经营活动的,除必具备本条前款规定条件外,还应当具备为用户提供长期服务的能力。

从事国际联网经营活动的接入单位的情况发生变化,不再符合本条第一款、第二款规定条件的,其国际联网经营许可证由发证机构予以吊销;从事非经营活动的接入单位的情况发生变化,不再符合本条第一款规定条件的,其国际联网资格由审批机构予以取消。

第十条 个人、法人和其他组织(以下统称用户)使用的计算机或者计算机信息网络,需要进行国际联网的,必须通过接入网络进行国际联网。

前款规定的计算机或者计算机信息网络,需要接入接入网络的,应当征得接入单位的同意,并办理登记手续。

第十一条 国际出入口信道提供单位、互联单位和接入单位,应当建立相应的网络管理中心,依照法律和国家有关规定加强对本单位及其用户的管理,做好网络信息安全管理工作,确保为用户提供良好、安全的服务。

第十二条 互联单位与接入单位,应当负责本单位及其用户有关国际联网的技术培训和管理教育工作。

第十三条 从事国际联网业务的单位和个人,应当遵守国家有关法律、行政法规,严格执行安全保密制度,不得利用国际联网从事危害国家安全、泄露国家秘密等违法犯罪活动,不得制作、查阅、复制和传播妨碍社会治安的信息和淫秽色情等信息。

第十四条 违反本规定第六条、第八条和第十条的规定的,由公安机关责令停止联网，给予警告，可以并处 15000 元以下的罚款；有违法所得的，没收违法所得。

第十五条 违反本规定，同时触犯其他有关法律、行政法规的，依照有关法律、行政法规的规定予以处罚；构成犯罪的，依法追究刑事责任。

第十六条 与台湾、香港、澳门地区的计算机信息网络的联网，参照本规定执行。

第十七条 本规定自发布之日起施行。

2. 部门规章

互联网域名管理办法

（2017 年 8 月 16 日工业和信息化部第 32 次部务会议审议通过 2017 年 8 月 24 日中华人民共和国工业和信息化部令第 43 号公布 自 2017 年 11 月 1 日起施行）

第一章 总 则

第一条 为了规范互联网域名服务，保护用户合法权益，保障互联网域名系统安全、可靠运行，推动中文域名和国家顶级域名发展和应用，促进中国互联网健康发展，根据《中华人民共和国行政许可法》《国务院对确需保留的行政审批项目设定行政许可的决定》等规定，参照国际上互联网域名管理准则，制定本办法。

第二条 在中华人民共和国境内从事互联网域名服务及其运行维护、监督管理等相关活动，应当遵守本办法。

本办法所称互联网域名服务（以下简称域名服务），是指从事域名根服务器运行和管理、顶级域名运行和管理、域名注册、域名解析等活动。

第三条 工业和信息化部对全国的域名服务实施监督管理，主要职责是：

（一）制定互联网域名管理规章及政策；

（二）制定中国互联网域名体系、域名资源发展规划；

（三）管理境内的域名根服务器运行机构和域名注册管理机构；

（四）负责域名体系的网络与信息安全管理；
（五）依法保护用户个人信息和合法权益；
（六）负责与域名有关的国际协调；
（七）管理境内的域名解析服务；
（八）管理其他与域名服务相关的活动。

第四条 各省、自治区、直辖市通信管理局对本行政区域内的域名服务实施监督管理，主要职责是：
（一）贯彻执行域名管理法律、行政法规、规章和政策；
（二）管理本行政区域内的域名注册服务机构；
（三）协助工业和信息化部对本行政区域内的域名根服务器运行机构和域名注册管理机构进行管理；
（四）负责本行政区域内域名系统的网络与信息安全管理；
（五）依法保护用户个人信息和合法权益；
（六）管理本行政区域内的域名解析服务；
（七）管理本行政区域内其他与域名服务相关的活动。

第五条 中国互联网域名体系由工业和信息化部予以公告。根据域名发展的实际情况，工业和信息化部可以对中国互联网域名体系进行调整。

第六条 ".CN"和".中国"是中国的国家顶级域名。
中文域名是中国互联网域名体系的重要组成部分。国家鼓励和支持中文域名系统的技术研究和推广应用。

第七条 提供域名服务，应当遵守国家相关法律法规，符合相关技术规范和标准。

第八条 任何组织和个人不得妨碍互联网域名系统的安全和稳定运行。

第二章 域名管理

第九条 在境内设立域名根服务器及域名根服务器运行机构、域名注册管理机构和域名注册服务机构的，应当依据本办法取得工业和信息化部或者省、自治区、直辖市通信管理局（以下统称电信管理机构）的相应许可。

第十条 申请设立域名根服务器及域名根服务器运行机构的，应当具备以下条件：

（一）域名根服务器设置在境内，并且符合互联网发展相关规划及域名系统安全稳定运行要求；

（二）是依法设立的法人，该法人及其主要出资者、主要经营管理人员具有良好的信用记录；

（三）具有保障域名根服务器安全可靠运行的场地、资金、环境、专业人员和技术能力以及符合电信管理机构要求的信息管理系统；

（四）具有健全的网络与信息安全保障措施，包括管理人员、网络与信息安全管理制度、应急处置预案和相关技术、管理措施等；

（五）具有用户个人信息保护能力、提供长期服务的能力及健全的服务退出机制；

（六）法律、行政法规规定的其他条件。

第十一条 申请设立域名注册管理机构的，应当具备以下条件：

（一）域名管理系统设置在境内，并且持有的顶级域名符合相关法律法规及域名系统安全稳定运行要求；

（二）是依法设立的法人，该法人及其主要出资者、主要经营管理人员具有良好的信用记录；

（三）具有完善的业务发展计划和技术方案以及与从事顶级域名运行管理相适应的场地、资金、专业人员以及符合电信管理机构要求的信息管理系统；

（四）具有健全的网络与信息安全保障措施，包括管理人员、网络与信息安全管理制度、应急处置预案和相关技术、管理措施等；

（五）具有进行真实身份信息核验和用户个人信息保护的能力、提供长期服务的能力及健全的服务退出机制；

（六）具有健全的域名注册服务管理制度和对域名注册服务机构的监督机制；

（七）法律、行政法规规定的其他条件。

第十二条 申请设立域名注册服务机构的，应当具备以下条件：

（一）在境内设置域名注册服务系统、注册数据库和相应的域名解析系统；

（二）是依法设立的法人，该法人及其主要出资者、主要经营管理人员具有良好的信用记录；

（三）具有与从事域名注册服务相适应的场地、资金和专业人员以及符合电信管理机构要求的信息管理系统；

（四）具有进行真实身份信息核验和用户个人信息保护的能力、提供长期服务的能力及健全的服务退出机制；

（五）具有健全的域名注册服务管理制度和对域名注册代理机构的监督机制；

（六）具有健全的网络与信息安全保障措施，包括管理人员、网络与信息安全管理制度、应急处置预案和相关技术、管理措施等；

（七）法律、行政法规规定的其他条件。

第十三条 申请设立域名根服务器及域名根服务器运行机构、域名注册管理机构的，应当向工业和信息化部提交申请材料。申请设立域名注册服务机构的，应当向住所地省、自治区、直辖市通信管理局提交申请材料。

申请材料应当包括：

（一）申请单位的基本情况及其法定代表人签署的依法诚信经营承诺书；

（二）对域名服务实施有效管理的证明材料，包括相关系统及场所、服务能力的证明材料、管理制度、与其他机构签订的协议等；

（三）网络与信息安全保障制度及措施；

（四）证明申请单位信誉的材料。

第十四条 申请材料齐全、符合法定形式的，电信管理机构应当向申请单位出具受理申请通知书；申请材料不齐全或者不符合法定形式的，电信管理机构应当场或者在5个工作日内一次性书面告知申请单位需要补正的全部内容；不予受理的，应当出具不予受理通知书并说明理由。

第十五条 电信管理机构应当自受理之日起20个工作日内完成审查，作出予以许可或者不予许可的决定。20个工作日内不能作出决定的，经电信管理机构负责人批准，可以延长10个工作日，并将延长期限的理由告知申请单位。需要组织专家论证的，论证时间不计入审查期限。

予以许可的，应当颁发相应的许可文件；不予许可的，应当书面通知申请单位并说明理由。

第十六条 域名根服务器运行机构、域名注册管理机构和域名注册服务机构的许可有效期为5年。

第十七条 域名根服务器运行机构、域名注册管理机构和域名注册服务机构的名称、住所、法定代表人等信息发生变更的，应当自变更之日起20日内向原发证机关办理变更手续。

第十八条 在许可有效期内，域名根服务器运行机构、域名注册管理机构、域名注册服务机构拟终止相关服务的，应当提前30日书面通知用户，提出可行的善后处理方案，并向原发证机关提交书面申请。

原发证机关收到申请后，应当向社会公示30日。公示期结束60日内，原发证机关应当完成审查并做出决定。

第十九条 许可有效期届满需要继续从事域名服务的，应当提前90日向原发证机关申请延续；不再继续从事域名服务的，应当提前90日向原发证机关报告并做好善后工作。

第二十条 域名注册服务机构委托域名注册代理机构开展市场销售等工作的，应当对域名注册代理机构的工作进行监督和管理。

域名注册代理机构受委托开展市场销售等工作的过程中，应当主动表明代理关系，并在域名注册服务合同中明示相关域名注册服务机构名称及代理关系。

第二十一条 域名注册管理机构、域名注册服务机构应当在境内设立相应的应急备份系统并定期备份域名注册数据。

第二十二条 域名根服务器运行机构、域名注册管理机构、域名注册服务机构应当在其网站首页和经营场所显著位置标明其许可相关信息。域名注册管理机构还应当标明与其合作的域名注册服务机构名单。

域名注册代理机构应当在其网站首页和经营场所显著位置标明其代理的域名注册服务机构名称。

第三章 域名服务

第二十三条 域名根服务器运行机构、域名注册管理机构和域名注册服务机构应当向用户提供安全、方便、稳定的服务。

第二十四条 域名注册管理机构应当根据本办法制定域名注册实施细则并向社会公开。

第二十五条 域名注册管理机构应当通过电信管理机构许可的域名注

册服务机构开展域名注册服务。

域名注册服务机构应当按照电信管理机构许可的域名注册服务项目提供服务，不得为未经电信管理机构许可的域名注册管理机构提供域名注册服务。

第二十六条 域名注册服务原则上实行"先申请先注册"，相应域名注册实施细则另有规定的，从其规定。

第二十七条 为维护国家利益和社会公众利益，域名注册管理机构应当建立域名注册保留字制度。

第二十八条 任何组织或者个人注册、使用的域名中，不得含有下列内容：

（一）反对宪法所确定的基本原则的；

（二）危害国家安全，泄露国家秘密，颠覆国家政权，破坏国家统一的；

（三）损害国家荣誉和利益的；

（四）煽动民族仇恨、民族歧视，破坏民族团结的；

（五）破坏国家宗教政策，宣扬邪教和封建迷信的；

（六）散布谣言，扰乱社会秩序，破坏社会稳定的；

（七）散布淫秽、色情、赌博、暴力、凶杀、恐怖或者教唆犯罪的；

（八）侮辱或者诽谤他人，侵害他人合法权益的；

（九）含有法律、行政法规禁止的其他内容的。

域名注册管理机构、域名注册服务机构不得为含有前款所列内容的域名提供服务。

第二十九条 域名注册服务机构不得采用欺诈、胁迫等不正当手段要求他人注册域名。

第三十条 域名注册服务机构提供域名注册服务，应当要求域名注册申请者提供域名持有者真实、准确、完整的身份信息等域名注册信息。

域名注册管理机构和域名注册服务机构应当对域名注册信息的真实性、完整性进行核验。

域名注册申请者提供的域名注册信息不准确、不完整的，域名注册服务机构应当要求其予以补正。申请者不补正或者提供不真实的域名注册信息的，域名注册服务机构不得为其提供域名注册服务。

第三十一条 域名注册服务机构应当公布域名注册服务的内容、时限、费用，保证服务质量，提供域名注册信息的公共查询服务。

第三十二条 域名注册管理机构、域名注册服务机构应当依法存储、保护用户个人信息。未经用户同意不得将用户个人信息提供给他人，但法律、行政法规另有规定的除外。

第三十三条 域名持有者的联系方式等信息发生变更的，应当在变更后30日内向域名注册服务机构办理域名注册信息变更手续。

域名持有者将域名转让给他人的，受让人应当遵守域名注册的相关要求。

第三十四条 域名持有者有权选择、变更域名注册服务机构。变更域名注册服务机构的，原域名注册服务机构应当配合域名持有者转移其域名注册相关信息。

无正当理由的，域名注册服务机构不得阻止域名持有者变更域名注册服务机构。

电信管理机构依法要求停止解析的域名，不得变更域名注册服务机构。

第三十五条 域名注册管理机构和域名注册服务机构应当设立投诉受理机制，并在其网站首页和经营场所显著位置公布投诉受理方式。

域名注册管理机构和域名注册服务机构应当及时处理投诉；不能及时处理的，应当说明理由和处理时限。

第三十六条 提供域名解析服务，应当遵守有关法律、法规、标准，具备相应的技术、服务和网络与信息安全保障能力，落实网络与信息安全保障措施，依法记录并留存域名解析日志、维护日志和变更记录，保障解析服务质量和解析系统安全。涉及经营电信业务的，应当依法取得电信业务经营许可。

第三十七条 提供域名解析服务，不得擅自篡改解析信息。

任何组织或者个人不得恶意将域名解析指向他人的IP地址。

第三十八条 提供域名解析服务，不得为含有本办法第二十八条第一款所列内容的域名提供域名跳转。

第三十九条 从事互联网信息服务的，其使用域名应当符合法律法规和电信管理机构的有关规定，不得将域名用于实施违法行为。

第四十条 域名注册管理机构、域名注册服务机构应当配合国家有关部门依法开展的检查工作,并按照电信管理机构的要求对存在违法行为的域名采取停止解析等处置措施。

域名注册管理机构、域名注册服务机构发现其提供服务的域名发布、传输法律和行政法规禁止发布或者传输的信息的,应当立即采取消除、停止解析等处置措施,防止信息扩散,保存有关记录,并向有关部门报告。

第四十一条　域名根服务器运行机构、域名注册管理机构和域名注册服务机构应当遵守国家相关法律、法规和标准,落实网络与信息安全保障措施,配置必要的网络通信应急设备,建立健全网络与信息安全监测技术手段和应急制度。域名系统出现网络与信息安全事件时,应当在24小时内向电信管理机构报告。

因国家安全和处置紧急事件的需要,域名根服务器运行机构、域名注册管理机构和域名注册服务机构应当服从电信管理机构的统一指挥与协调,遵守电信管理机构的管理要求。

第四十二条　任何组织或者个人认为他人注册或者使用的域名侵害其合法权益的,可以向域名争议解决机构申请裁决或者依法向人民法院提起诉讼。

第四十三条　已注册的域名有下列情形之一的,域名注册服务机构应当予以注销,并通知域名持有者:

(一)域名持有者申请注销域名的;
(二)域名持有者提交虚假域名注册信息的;
(三)依据人民法院的判决、域名争议解决机构的裁决,应当注销的;
(四)法律、行政法规规定予以注销的其他情形。

第四章　监督检查

第四十四条　电信管理机构应当加强对域名服务的监督检查。域名根服务器运行机构、域名注册管理机构、域名注册服务机构应当接受、配合电信管理机构的监督检查。

鼓励域名服务行业自律管理,鼓励公众监督域名服务。

第四十五条　域名根服务器运行机构、域名注册管理机构、域名注册服务机构应当按照电信管理机构的要求,定期报送业务开展情况、安全运行情况、网络与信息安全责任落实情况、投诉和争议处理情况等信息。

第四十六条 电信管理机构实施监督检查时，应当对域名根服务器运行机构、域名注册管理机构和域名注册服务机构报送的材料进行审核，并对其执行法律法规和电信管理机构有关规定的情况进行检查。

电信管理机构可以委托第三方专业机构开展有关监督检查活动。

第四十七条 电信管理机构应当建立域名根服务器运行机构、域名注册管理机构和域名注册服务机构的信用记录制度，将其违反本办法并受到行政处罚的行为记入信用档案。

第四十八条 电信管理机构开展监督检查，不得妨碍域名根服务器运行机构、域名注册管理机构和域名注册服务机构正常的经营和服务活动，不得收取任何费用，不得泄露所知悉的域名注册信息。

第五章 罚 则

第四十九条 违反本办法第九条规定，未经许可擅自设立域名根服务器及域名根服务器运行机构、域名注册管理机构、域名注册服务机构的，电信管理机构应当根据《中华人民共和国行政许可法》第八十一条的规定，采取措施予以制止，并视情节轻重，予以警告或者处一万元以上三万元以下罚款。

第五十条 违反本办法规定，域名注册管理机构或者域名注册服务机构有下列行为之一的，由电信管理机构依据职权责令限期改正，并视情节轻重，处一万元以上三万元以下罚款，向社会公告：

（一）为未经许可的域名注册管理机构提供域名注册服务，或者通过未经许可的域名注册服务机构开展域名注册服务的；

（二）未按照许可的域名注册服务项目提供服务的；

（三）未对域名注册信息的真实性、完整性进行核验的；

（四）无正当理由阻止域名持有者变更域名注册服务机构的。

第五十一条 违反本办法规定，提供域名解析服务，有下列行为之一的，由电信管理机构责令限期改正，可以视情节轻重处一万元以上三万元以下罚款，向社会公告：

（一）擅自篡改域名解析信息或者恶意将域名解析指向他人IP地址的；

（二）为含有本办法第二十八条第一款所列内容的域名提供域名跳转的；

（三）未落实网络与信息安全保障措施的；

（四）未依法记录并留存域名解析日志、维护日志和变更记录的；

（五）未按照要求对存在违法行为的域名进行处置的。

第五十二条 违反本办法第十七条、第十八条第一款、第二十一条、第二十二条、第二十八条第二款、第二十九条、第三十一条、第三十二条、第三十五条第一款、第四十条第二款、第四十一条规定的，由电信管理机构依据职权责令限期改正，可以并处一万元以上三万元以下罚款，向社会公告。

第五十三条 法律、行政法规对有关违法行为的处罚另有规定的，依照有关法律、行政法规的规定执行。

第五十四条 任何组织或者个人违反本办法第二十八条第一款规定注册、使用域名，构成犯罪的，依法追究刑事责任；尚不构成犯罪的，由有关部门依法予以处罚。

第六章 附 则

第五十五条 本办法下列用语的含义是：

（一）域名：指互联网上识别和定位计算机的层次结构式的字符标识，与该计算机的 IP 地址相对应。

（二）中文域名：指含有中文文字的域名。

（三）顶级域名：指域名体系中根节点下的第一级域的名称。

（四）域名根服务器：指承担域名体系中根节点功能的服务器（含镜像服务器）。

（五）域名根服务器运行机构：指依法获得许可并承担域名根服务器运行、维护和管理工作的机构。

（六）域名注册管理机构：指依法获得许可并承担顶级域名运行和管理工作的机构。

（七）域名注册服务机构：指依法获得许可、受理域名注册申请并完成域名在顶级域名数据库中注册的机构。

（八）域名注册代理机构：指受域名注册服务机构的委托，受理域名注册申请，间接完成域名在顶级域名数据库中注册的机构。

（九）域名管理系统：指域名注册管理机构在境内开展顶级域名运行和管理所需的主要信息系统，包括注册管理系统、注册数据库、域名解析系统、域名信息查询系统、身份信息核验系统等。

（十）域名跳转：指对某一域名的访问跳转至该域名绑定或者指向的其他域名、IP 地址或者网络信息服务等。

第五十六条 本办法中规定的日期，除明确为工作日以外，均为自然日。

第五十七条 在本办法施行前未取得相应许可开展域名服务的，应当自本办法施行之日起十二个月内，按照本办法规定办理许可手续。

在本办法施行前已取得许可的域名根服务器运行机构、域名注册管理机构和域名注册服务机构，其许可有效期适用本办法第十六条的规定，有效期自本办法施行之日起计算。

第五十八条 本办法自 2017 年 11 月 1 日起施行。2004 年 11 月 5 日公布的《中国互联网络域名管理办法》（原信息产业部令第 30 号）同时废止。本办法施行前公布的有关规定与本办法不一致的，按照本办法执行。

3. 规范性文件

云计算服务安全评估办法

（2019 年 7 月 2 日国家互联网信息办公室、国家发展和改革委员会、工业和信息化部、财政部公告 2019 年第 2 号发布　自 2019 年 9 月 1 日起施行）

第一条 为提高党政机关、关键信息基础设施运营者采购使用云计算服务的安全可控水平，制定本办法。

第二条 云计算服务安全评估坚持事前评估与持续监督相结合，保障安全与促进应用相统一，依据有关法律法规和政策规定，参照国家有关网络安全标准，发挥专业技术机构、专家作用，客观评价、严格监督云计算服务平台（以下简称"云平台"）的安全性、可控性，为党政机关、关键信息基础设施运营者采购云计算服务提供参考。

本办法中的云平台包括云计算服务软硬件设施及其相关管理制度等。

第三条 云计算服务安全评估重点评估以下内容：

（一）云平台管理运营者（以下简称"云服务商"）的征信、经营状况等基本情况；

（二）云服务商人员背景及稳定性，特别是能够访问客户数据、能够收集相关元数据的人员；

（三）云平台技术、产品和服务供应链安全情况；

（四）云服务商安全管理能力及云平台安全防护情况；

（五）客户迁移数据的可行性和便捷性；

（六）云服务商的业务连续性；

（七）其他可能影响云服务安全的因素。

第四条 国家互联网信息办公室会同国家发展和改革委员会、工业和信息化部、财政部建立云计算服务安全评估工作协调机制（以下简称"协调机制"），审议云计算服务安全评估政策文件，批准云计算服务安全评估结果，协调处理云计算服务安全评估有关重要事项。

云计算服务安全评估工作协调机制办公室（以下简称"办公室"）设在国家互联网信息办公室网络安全协调局。

第五条 云服务商可申请对面向党政机关、关键信息基础设施提供云计算服务的云平台进行安全评估。

第六条 申请安全评估的云服务商应向办公室提交以下材料：

（一）申报书；

（二）云计算服务系统安全计划；

（三）业务连续性和供应链安全报告；

（四）客户数据可迁移性分析报告；

（五）安全评估工作需要的其他材料。

第七条 办公室受理云服务商申请后，组织专业技术机构参照国家有关标准对云平台进行安全评价。

第八条 专业技术机构应坚持客观、公正、公平的原则，按照国家有关规定，在办公室指导监督下，参照《云计算服务安全指南》《云计算服务安全能力要求》等国家标准，重点评价本办法第三条所述内容，形成评价报告，并对评价结果负责。

第九条 办公室在专业技术机构安全评价基础上，组织云计算服务安全评估专家组进行综合评价。

第十条 云计算服务安全评估专家组根据云服务商申报材料、评价报告等，综合评价云计算服务的安全性、可控性，提出是否通过安全评估的建议。

第十一条 云计算服务安全评估专家组的建议经协调机制审议通过后，办公室按程序报国家互联网信息办公室核准。

云计算服务安全评估结果由办公室发布。

第十二条 云计算服务安全评估结果有效期3年。有效期届满需要延续保持评估结果的，云服务商应在届满前至少6个月向办公室申请复评。

有效期内，云服务商因股权变更、企业重组等导致实控人或控股权发生变化的，应重新申请安全评估。

第十三条 办公室通过组织抽查、接受举报等形式，对通过评估的云平台开展持续监督，重点监督有关安全控制措施有效性、重大变更、应急响应、风险处置等内容。

通过评估的云平台已不再满足要求的，经协调机制审议、国家互联网信息办公室核准后撤销通过评估的结论。

第十四条 通过评估的云平台停止提供服务时，云服务商应至少提前6个月通知客户和办公室，并配合客户做好迁移工作。

第十五条 云服务商对所提供申报材料的真实性负责。在评估过程中拒绝按要求提供材料或故意提供虚假材料的，按评估不通过处理。

第十六条 未经云服务商同意，参与评估工作的相关机构和人员不得披露云服务商提交的未公开材料以及评估工作中获悉的其他非公开信息，不得将云服务商提供的信息用于评估以外的目的。

第十七条 本办法自2019年9月1日起施行。

三、网络数据和信息安全

（一）数据安全

1. 法　律

中华人民共和国数据安全法

（2021年6月10日第十三届全国人民代表大会常务委员会第二十九次会议通过　2021年6月10日中华人民共和国主席令第84号公布　自2021年9月1日起施行）

第一章　总　　则

第一条　为了规范数据处理活动，保障数据安全，促进数据开发利用，保护个人、组织的合法权益，维护国家主权、安全和发展利益，制定本法。

第二条　在中华人民共和国境内开展数据处理活动及其安全监管，适用本法。

在中华人民共和国境外开展数据处理活动，损害中华人民共和国国家安全、公共利益或者公民、组织合法权益的，依法追究法律责任。

第三条　本法所称数据，是指任何以电子或者其他方式对信息的记录。

数据处理，包括数据的收集、存储、使用、加工、传输、提供、公开等。

数据安全，是指通过采取必要措施，确保数据处于有效保护和合法利用的状态，以及具备保障持续安全状态的能力。

第四条　维护数据安全，应当坚持总体国家安全观，建立健全数据安全治理体系，提高数据安全保障能力。

第五条 中央国家安全领导机构负责国家数据安全工作的决策和议事协调，研究制定、指导实施国家数据安全战略和有关重大方针政策，统筹协调国家数据安全的重大事项和重要工作，建立国家数据安全工作协调机制。

第六条 各地区、各部门对本地区、本部门工作中收集和产生的数据及数据安全负责。

工业、电信、交通、金融、自然资源、卫生健康、教育、科技等主管部门承担本行业、本领域数据安全监管职责。

公安机关、国家安全机关等依照本法和有关法律、行政法规的规定，在各自职责范围内承担数据安全监管职责。

国家网信部门依照本法和有关法律、行政法规的规定，负责统筹协调网络数据安全和相关监管工作。

第七条 国家保护个人、组织与数据有关的权益，鼓励数据依法合理有效利用，保障数据依法有序自由流动，促进以数据为关键要素的数字经济发展。

第八条 开展数据处理活动，应当遵守法律、法规，尊重社会公德和伦理，遵守商业道德和职业道德，诚实守信，履行数据安全保护义务，承担社会责任，不得危害国家安全、公共利益，不得损害个人、组织的合法权益。

第九条 国家支持开展数据安全知识宣传普及，提高全社会的数据安全保护意识和水平，推动有关部门、行业组织、科研机构、企业、个人等共同参与数据安全保护工作，形成全社会共同维护数据安全和促进发展的良好环境。

第十条 相关行业组织按照章程，依法制定数据安全行为规范和团体标准，加强行业自律，指导会员加强数据安全保护，提高数据安全保护水平，促进行业健康发展。

第十一条 国家积极开展数据安全治理、数据开发利用等领域的国际交流与合作，参与数据安全相关国际规则和标准的制定，促进数据跨境安全、自由流动。

第十二条 任何个人、组织都有权对违反本法规定的行为向有关主管部门投诉、举报。收到投诉、举报的部门应当及时依法处理。

有关主管部门应当对投诉、举报人的相关信息予以保密,保护投诉、举报人的合法权益。

第二章　数据安全与发展

第十三条　国家统筹发展和安全,坚持以数据开发利用和产业发展促进数据安全,以数据安全保障数据开发利用和产业发展。

第十四条　国家实施大数据战略,推进数据基础设施建设,鼓励和支持数据在各行业、各领域的创新应用。

省级以上人民政府应当将数字经济发展纳入本级国民经济和社会发展规划,并根据需要制定数字经济发展规划。

第十五条　国家支持开发利用数据提升公共服务的智能化水平。提供智能化公共服务,应当充分考虑老年人、残疾人的需求,避免对老年人、残疾人的日常生活造成障碍。

第十六条　国家支持数据开发利用和数据安全技术研究,鼓励数据开发利用和数据安全等领域的技术推广和商业创新,培育、发展数据开发利用和数据安全产品、产业体系。

第十七条　国家推进数据开发利用技术和数据安全标准体系建设。国务院标准化行政主管部门和国务院有关部门根据各自的职责,组织制定并适时修订有关数据开发利用技术、产品和数据安全相关标准。国家支持企业、社会团体和教育、科研机构等参与标准制定。

第十八条　国家促进数据安全检测评估、认证等服务的发展,支持数据安全检测评估、认证等专业机构依法开展服务活动。

国家支持有关部门、行业组织、企业、教育和科研机构、有关专业机构等在数据安全风险评估、防范、处置等方面开展协作。

第十九条　国家建立健全数据交易管理制度,规范数据交易行为,培育数据交易市场。

第二十条　国家支持教育、科研机构和企业等开展数据开发利用技术和数据安全相关教育和培训,采取多种方式培养数据开发利用技术和数据安全专业人才,促进人才交流。

第三章　数据安全制度

第二十一条　国家建立数据分类分级保护制度，根据数据在经济社会发展中的重要程度，以及一旦遭到篡改、破坏、泄露或者非法获取、非法利用，对国家安全、公共利益或者个人、组织合法权益造成的危害程度，对数据实行分类分级保护。国家数据安全工作协调机制统筹协调有关部门制定重要数据目录，加强对重要数据的保护。

关系国家安全、国民经济命脉、重要民生、重大公共利益等数据属于国家核心数据，实行更加严格的管理制度。

各地区、各部门应当按照数据分类分级保护制度，确定本地区、本部门以及相关行业、领域的重要数据具体目录，对列入目录的数据进行重点保护。

第二十二条　国家建立集中统一、高效权威的数据安全风险评估、报告、信息共享、监测预警机制。国家数据安全工作协调机制统筹协调有关部门加强数据安全风险信息的获取、分析、研判、预警工作。

第二十三条　国家建立数据安全应急处置机制。发生数据安全事件，有关主管部门应当依法启动应急预案，采取相应的应急处置措施，防止危害扩大，消除安全隐患，并及时向社会发布与公众有关的警示信息。

第二十四条　国家建立数据安全审查制度，对影响或者可能影响国家安全的数据处理活动进行国家安全审查。

依法作出的安全审查决定为最终决定。

第二十五条　国家对与维护国家安全和利益、履行国际义务相关的属于管制物项的数据依法实施出口管制。

第二十六条　任何国家或者地区在与数据和数据开发利用技术等有关的投资、贸易等方面对中华人民共和国采取歧视性的禁止、限制或者其他类似措施的，中华人民共和国可以根据实际情况对该国家或者地区对等采取措施。

第四章　数据安全保护义务

第二十七条　开展数据处理活动应当依照法律、法规的规定，建立健全全流程数据安全管理制度，组织开展数据安全教育培训，采取相应的技术措施和其他必要措施，保障数据安全。利用互联网等信息网络开展数据处理活动，应当在网络安全等级保护制度的基础上，履行上述数据安全保护义务。

重要数据的处理者应当明确数据安全负责人和管理机构，落实数据安全保护责任。

第二十八条 开展数据处理活动以及研究开发数据新技术，应当有利于促进经济社会发展，增进人民福祉，符合社会公德和伦理。

第二十九条 开展数据处理活动应当加强风险监测，发现数据安全缺陷、漏洞等风险时，应当立即采取补救措施；发生数据安全事件时，应当立即采取处置措施，按照规定及时告知用户并向有关主管部门报告。

第三十条 重要数据的处理者应当按照规定对其数据处理活动定期开展风险评估，并向有关主管部门报送风险评估报告。

风险评估报告应当包括处理的重要数据的种类、数量，开展数据处理活动的情况，面临的数据安全风险及其应对措施等。

第三十一条 关键信息基础设施的运营者在中华人民共和国境内运营中收集和产生的重要数据的出境安全管理，适用《中华人民共和国网络安全法》的规定；其他数据处理者在中华人民共和国境内运营中收集和产生的重要数据的出境安全管理办法，由国家网信部门会同国务院有关部门制定。

第三十二条 任何组织、个人收集数据，应当采取合法、正当的方式，不得窃取或者以其他非法方式获取数据。

法律、行政法规对收集、使用数据的目的、范围有规定的，应当在法律、行政法规规定的目的和范围内收集、使用数据。

第三十三条 从事数据交易中介服务的机构提供服务，应当要求数据提供方说明数据来源，审核交易双方的身份，并留存审核、交易记录。

第三十四条 法律、行政法规规定提供数据处理相关服务应当取得行政许可的，服务提供者应当依法取得许可。

第三十五条 公安机关、国家安全机关因依法维护国家安全或者侦查犯罪的需要调取数据，应当按照国家有关规定，经过严格的批准手续，依法进行，有关组织、个人应当予以配合。

第三十六条 中华人民共和国主管机关根据有关法律和中华人民共和国缔结或者参加的国际条约、协定，或者按照平等互惠原则，处理外国司法或者执法机构关于提供数据的请求。非经中华人民共和国主管机关批准，境内的组织、个人不得向外国司法或者执法机构提供存储于中华人民共和国境内的数据。

第五章 政务数据安全与开放

第三十七条 国家大力推进电子政务建设，提高政务数据的科学性、准确性、时效性，提升运用数据服务经济社会发展的能力。

第三十八条 国家机关为履行法定职责的需要收集、使用数据，应当在其履行法定职责的范围内依照法律、行政法规规定的条件和程序进行；对在履行职责中知悉的个人隐私、个人信息、商业秘密、保密商务信息等数据应当依法予以保密，不得泄露或者非法向他人提供。

第三十九条 国家机关应当依照法律、行政法规的规定，建立健全数据安全管理制度，落实数据安全保护责任，保障政务数据安全。

第四十条 国家机关委托他人建设、维护电子政务系统，存储、加工政务数据，应当经过严格的批准程序，并应当监督受托方履行相应的数据安全保护义务。受托方应当依照法律、法规的规定和合同约定履行数据安全保护义务，不得擅自留存、使用、泄露或者向他人提供政务数据。

第四十一条 国家机关应当遵循公正、公平、便民的原则，按照规定及时、准确地公开政务数据。依法不予公开的除外。

第四十二条 国家制定政务数据开放目录，构建统一规范、互联互通、安全可控的政务数据开放平台，推动政务数据开放利用。

第四十三条 法律、法规授权的具有管理公共事务职能的组织为履行法定职责开展数据处理活动，适用本章规定。

第六章 法律责任

第四十四条 有关主管部门在履行数据安全监管职责中，发现数据处理活动存在较大安全风险的，可以按照规定的权限和程序对有关组织、个人进行约谈，并要求有关组织、个人采取措施进行整改，消除隐患。

第四十五条 开展数据处理活动的组织、个人不履行本法第二十七条、第二十九条、第三十条规定的数据安全保护义务的，由有关主管部门责令改正，给予警告，可以并处五万元以上五十万元以下罚款，对直接负责的主管人员和其他直接责任人员可以处一万元以上十万元以下罚款；拒不改正或者造成大量数据泄露等严重后果的，处五十万元以上二百万元以下罚款，并可以责令暂停相关业务、停业整顿、吊销相关业务许可证或者吊销营业执照，对直接负责的主管人员和其他直接责任人员处五万元以上二十万元以下罚款。

违反国家核心数据管理制度，危害国家主权、安全和发展利益的，由有关主管部门处二百万元以上一千万元以下罚款，并根据情况责令暂停相关业务、停业整顿、吊销相关业务许可证或者吊销营业执照；构成犯罪的，依法追究刑事责任。

第四十六条 违反本法第三十一条规定，向境外提供重要数据的，由有关主管部门责令改正，给予警告，可以并处十万元以上一百万元以下罚款，对直接负责的主管人员和其他直接责任人员可以处一万元以上十万元以下罚款；情节严重的，处一百万元以上一千万元以下罚款，并可以责令暂停相关业务、停业整顿、吊销相关业务许可证或者吊销营业执照，对直接负责的主管人员和其他直接责任人员处十万元以上一百万元以下罚款。

第四十七条 从事数据交易中介服务的机构未履行本法第三十三条规定的义务的，由有关主管部门责令改正，没收违法所得，处违法所得一倍以上十倍以下罚款，没有违法所得或者违法所得不足十万元的，处十万元以上一百万元以下罚款，并可以责令暂停相关业务、停业整顿、吊销相关业务许可证或者吊销营业执照；对直接负责的主管人员和其他直接责任人员处一万元以上十万元以下罚款。

第四十八条 违反本法第三十五条规定，拒不配合数据调取的，由有关主管部门责令改正，给予警告，并处五万元以上五十万元以下罚款，对直接负责的主管人员和其他直接责任人员处一万元以上十万元以下罚款。

违反本法第三十六条规定，未经主管机关批准向外国司法或者执法机构提供数据的，由有关主管部门给予警告，可以并处十万元以上一百万元以下罚款，对直接负责的主管人员和其他直接责任人员可以处一万元以上十万元以下罚款；造成严重后果的，处一百万元以上五百万元以下罚款，并可以责令暂停相关业务、停业整顿、吊销相关业务许可证或者吊销营业执照，对直接负责的主管人员和其他直接责任人员处五万元以上五十万元以下罚款。

第四十九条　国家机关不履行本法规定的数据安全保护义务的，对直接负责的主管人员和其他直接责任人员依法给予处分。

第五十条　履行数据安全监管职责的国家工作人员玩忽职守、滥用职权、徇私舞弊的，依法给予处分。

第五十一条　窃取或者以其他非法方式获取数据，开展数据处理活动排除、限制竞争，或者损害个人、组织合法权益的，依照有关法律、行政法规的规定处罚。

第五十二条　违反本法规定，给他人造成损害的，依法承担民事责任。

违反本法规定，构成违反治安管理行为的，依法给予治安管理处罚；构成犯罪的，依法追究刑事责任。

第七章　附　则

第五十三条　开展涉及国家秘密的数据处理活动，适用《中华人民共和国保守国家秘密法》等法律、行政法规的规定。

在统计、档案工作中开展数据处理活动，开展涉及个人信息的数据处理活动，还应当遵守有关法律、行政法规的规定。

第五十四条　军事数据安全保护的办法，由中央军事委员会依据本法另行制定。

第五十五条　本法自 2021 年 9 月 1 日起施行。

2. 行政法规

网络数据安全管理条例

（2024 年 8 月 30 日国务院第 40 次常务会议通过　2024 年 9 月 24 日中华人民共和国国务院令第 790 号公布　自 2025 年 1 月 1 日起施行）

第一章　总　则

第一条　为了规范网络数据处理活动，保障网络数据安全，促进网络数据依法合理有效利用，保护个人、组织的合法权益，维护国家安全和公共利益，根据《中华人民共和国网络安全法》、《中华人民共和国数据安全法》、《中华人民共和国个人信息保护法》等法律，制定本条例。

第二条 在中华人民共和国境内开展网络数据处理活动及其安全监督管理，适用本条例。

在中华人民共和国境外处理中华人民共和国境内自然人个人信息的活动，符合《中华人民共和国个人信息保护法》第三条第二款规定情形的，也适用本条例。

在中华人民共和国境外开展网络数据处理活动，损害中华人民共和国国家安全、公共利益或者公民、组织合法权益的，依法追究法律责任。

第三条 网络数据安全管理工作坚持中国共产党的领导，贯彻总体国家安全观，统筹促进网络数据开发利用与保障网络数据安全。

第四条 国家鼓励网络数据在各行业、各领域的创新应用，加强网络数据安全防护能力建设，支持网络数据相关技术、产品、服务创新，开展网络数据安全宣传教育和人才培养，促进网络数据开发利用和产业发展。

第五条 国家根据网络数据在经济社会发展中的重要程度，以及一旦遭到篡改、破坏、泄露或者非法获取、非法利用，对国家安全、公共利益或者个人、组织合法权益造成的危害程度，对网络数据实行分类分级保护。

第六条 国家积极参与网络数据安全相关国际规则和标准的制定，促进国际交流与合作。

第七条 国家支持相关行业组织按照章程，制定网络数据安全行为规范，加强行业自律，指导会员加强网络数据安全保护，提高网络数据安全保护水平，促进行业健康发展。

第二章 一般规定

第八条 任何个人、组织不得利用网络数据从事非法活动，不得从事窃取或者以其他非法方式获取网络数据、非法出售或者非法向他人提供网络数据等非法网络数据处理活动。

任何个人、组织不得提供专门用于从事前款非法活动的程序、工具；明知他人从事前款非法活动的，不得为其提供互联网接入、服务器托管、网络存储、通讯传输等技术支持，或者提供广告推广、支付结算等帮助。

第九条 网络数据处理者应当依照法律、行政法规的规定和国家标准的强制性要求，在网络安全等级保护的基础上，加强网络数据安全防护，建立健全网络数据安全管理制度，采取加密、备份、访问控制、安全认证等技术措施和其他必要措施，保护网络数据免遭篡改、破坏、泄露或者非法获取、非法利用，处置网络数据安全事件，防范针对和利用网络数据实施的违法犯罪活动，并对所处理网络数据的安全承担主体责任。

第十条 网络数据处理者提供的网络产品、服务应当符合相关国家标准的强制性要求；发现网络产品、服务存在安全缺陷、漏洞等风险时，应当立即采取补救措施，按照规定及时告知用户并向有关主管部门报告；涉及危害国家安全、公共利益的，网络数据处理者还应当在24小时内向有关主管部门报告。

第十一条 网络数据处理者应当建立健全网络数据安全事件应急预案，发生网络数据安全事件时，应当立即启动预案，采取措施防止危害扩大，消除安全隐患，并按照规定向有关主管部门报告。

网络数据安全事件对个人、组织合法权益造成危害的，网络数据处理者应当及时将安全事件和风险情况、危害后果、已经采取的补救措施等，以电话、短信、即时通信工具、电子邮件或者公告等方式通知利害关系人；法律、行政法规规定可以不通知的，从其规定。网络数据处理者在处置网络数据安全事件过程中发现涉嫌违法犯罪线索的，应当按照规定向公安机关、国家安全机关报案，并配合开展侦查、调查和处置工作。

第十二条 网络数据处理者向其他网络数据处理者提供、委托处理个人信息和重要数据的，应当通过合同等与网络数据接收方约定处理目的、方式、范围以及安全保护义务等，并对网络数据接收方履行义务的情况进行监督。向其他网络数据处理者提供、委托处理个人信息和重要数据的处理情况记录，应当至少保存3年。

网络数据接收方应当履行网络数据安全保护义务，并按照约定的目的、方式、范围等处理个人信息和重要数据。

两个以上的网络数据处理者共同决定个人信息和重要数据的处理目的和处理方式的，应当约定各自的权利和义务。

第十三条 网络数据处理者开展网络数据处理活动，影响或者可能影响国家安全的，应当按照国家有关规定进行国家安全审查。

第十四条　网络数据处理者因合并、分立、解散、破产等原因需要转移网络数据的，网络数据接收方应当继续履行网络数据安全保护义务。

第十五条　国家机关委托他人建设、运行、维护电子政务系统，存储、加工政务数据，应当按照国家有关规定经过严格的批准程序，明确受托方的网络数据处理权限、保护责任等，监督受托方履行网络数据安全保护义务。

第十六条　网络数据处理者为国家机关、关键信息基础设施运营者提供服务，或者参与其他公共基础设施、公共服务系统建设、运行、维护的，应当依照法律、法规的规定和合同约定履行网络数据安全保护义务，提供安全、稳定、持续的服务。

前款规定的网络数据处理者未经委托方同意，不得访问、获取、留存、使用、泄露或者向他人提供网络数据，不得对网络数据进行关联分析。

第十七条　为国家机关提供服务的信息系统应当参照电子政务系统的管理要求加强网络数据安全管理，保障网络数据安全。

第十八条　网络数据处理者使用自动化工具访问、收集网络数据，应当评估对网络服务带来的影响，不得非法侵入他人网络，不得干扰网络服务正常运行。

第十九条　提供生成式人工智能服务的网络数据处理者应当加强对训练数据和训练数据处理活动的安全管理，采取有效措施防范和处置网络数据安全风险。

第二十条　面向社会提供产品、服务的网络数据处理者应当接受社会监督，建立便捷的网络数据安全投诉、举报渠道，公布投诉、举报方式等信息，及时受理并处理网络数据安全投诉、举报。

第三章　个人信息保护

第二十一条　网络数据处理者在处理个人信息前，通过制定个人信息处理规则的方式依法向个人告知的，个人信息处理规则应当集中公开展示、易于访问并置于醒目位置，内容明确具体、清晰易懂，包括但不限于下列内容：

（一）网络数据处理者的名称或者姓名和联系方式；

（二）处理个人信息的目的、方式、种类，处理敏感个人信息的必要性以及对个人权益的影响；

（三）个人信息保存期限和到期后的处理方式，保存期限难以确定的，应当明确保存期限的确定方法；

（四）个人查阅、复制、转移、更正、补充、删除、限制处理个人信息以及注销账号、撤回同意的方法和途径等。

网络数据处理者按照前款规定向个人告知收集和向其他网络数据处理者提供个人信息的目的、方式、种类以及网络数据接收方信息的，应当以清单等形式予以列明。网络数据处理者处理不满十四周岁未成年人个人信息的，还应当制定专门的个人信息处理规则。

第二十二条　网络数据处理者基于个人同意处理个人信息的，应当遵守下列规定：

（一）收集个人信息为提供产品或者服务所必需，不得超范围收集个人信息，不得通过误导、欺诈、胁迫等方式取得个人同意；

（二）处理生物识别、宗教信仰、特定身份、医疗健康、金融账户、行踪轨迹等敏感个人信息的，应当取得个人的单独同意；

（三）处理不满十四周岁未成年人个人信息的，应当取得未成年人的父母或者其他监护人的同意；

（四）不得超出个人同意的个人信息处理目的、方式、种类、保存期限处理个人信息；

（五）不得在个人明确表示不同意处理其个人信息后，频繁征求同意；

（六）个人信息的处理目的、方式、种类发生变更的，应当重新取得个人同意。

法律、行政法规规定处理敏感个人信息应当取得书面同意的，从其规定。

第二十三条　个人请求查阅、复制、更正、补充、删除、限制处理其个人信息，或者个人注销账号、撤回同意的，网络数据处理者应当及时受理，并提供便捷的支持个人行使权利的方法和途径，不得设置不合理条件限制个人的合理请求。

第二十四条　因使用自动化采集技术等无法避免采集到非必要个人信

息或者未依法取得个人同意的个人信息，以及个人注销账号的，网络数据处理者应当删除个人信息或者进行匿名化处理。法律、行政法规规定的保存期限未届满，或者删除、匿名化处理个人信息从技术上难以实现的，网络数据处理者应当停止除存储和采取必要的安全保护措施之外的处理。

第二十五条　对符合下列条件的个人信息转移请求，网络数据处理者应当为个人指定的其他网络数据处理者访问、获取有关个人信息提供途径：

（一）能够验证请求人的真实身份；

（二）请求转移的是本人同意提供的或者基于合同收集的个人信息；

（三）转移个人信息具备技术可行性；

（四）转移个人信息不损害他人合法权益。

请求转移个人信息次数等明显超出合理范围的，网络数据处理者可以根据转移个人信息的成本收取必要费用。

第二十六条　中华人民共和国境外网络数据处理者处理境内自然人个人信息，依照《中华人民共和国个人信息保护法》第五十三条规定在境内设立专门机构或者指定代表的，应当将有关机构的名称或者代表的姓名、联系方式等报送所在地设区的市级网信部门；网信部门应当及时通报同级有关主管部门。

第二十七条　网络数据处理者应当定期自行或者委托专业机构对其处理个人信息遵守法律、行政法规的情况进行合规审计。

第二十八条　网络数据处理者处理1000万人以上个人信息的，还应当遵守本条例第三十条、第三十二条对处理重要数据的网络数据处理者(以下简称重要数据的处理者）作出的规定。

第四章　重要数据安全

第二十九条　国家数据安全工作协调机制统筹协调有关部门制定重要数据目录，加强对重要数据的保护。各地区、各部门应当按照数据分类分级保护制度，确定本地区、本部门以及相关行业、领域的重要数据具体目录，对列入目录的网络数据进行重点保护。

网络数据处理者应当按照国家有关规定识别、申报重要数据。对确认为重要数据的，相关地区、部门应当及时向网络数据处理者告知或者公开发布。网络数据处理者应当履行网络数据安全保护责任。

国家鼓励网络数据处理者使用数据标签标识等技术和产品，提高重要数据安全管理水平。

第三十条 重要数据的处理者应当明确网络数据安全负责人和网络数据安全管理机构。网络数据安全管理机构应当履行下列网络数据安全保护责任：

（一）制定实施网络数据安全管理制度、操作规程和网络数据安全事件应急预案；

（二）定期组织开展网络数据安全风险监测、风险评估、应急演练、宣传教育培训等活动，及时处置网络数据安全风险和事件；

（三）受理并处理网络数据安全投诉、举报。

网络数据安全负责人应当具备网络数据安全专业知识和相关管理工作经历，由网络数据处理者管理层成员担任，有权直接向有关主管部门报告网络数据安全情况。

掌握有关主管部门规定的特定种类、规模的重要数据的网络数据处理者，应当对网络数据安全负责人和关键岗位的人员进行安全背景审查，加强相关人员培训。审查时，可以申请公安机关、国家安全机关协助。

第三十一条 重要数据的处理者提供、委托处理、共同处理重要数据前，应当进行风险评估，但是属于履行法定职责或者法定义务的除外。

风险评估应当重点评估下列内容：

（一）提供、委托处理、共同处理网络数据，以及网络数据接收方处理网络数据的目的、方式、范围等是否合法、正当、必要；

（二）提供、委托处理、共同处理的网络数据遭到篡改、破坏、泄露或者非法获取、非法利用的风险，以及对国家安全、公共利益或者个人、组织合法权益带来的风险；

（三）网络数据接收方的诚信、守法等情况；

（四）与网络数据接收方订立或者拟订立的相关合同中关于网络数据安全的要求能否有效约束网络数据接收方履行网络数据安全保护义务；

（五）采取或者拟采取的技术和管理措施等能否有效防范网络数据遭到篡改、破坏、泄露或者非法获取、非法利用等风险；

（六）有关主管部门规定的其他评估内容。

第三十二条 重要数据的处理者因合并、分立、解散、破产等可能影响重要数据安全的,应当采取措施保障网络数据安全,并向省级以上有关主管部门报告重要数据处置方案、接收方的名称或者姓名和联系方式等;主管部门不明确的,应当向省级以上数据安全工作协调机制报告。

第三十三条 重要数据的处理者应当每年度对其网络数据处理活动开展风险评估,并向省级以上有关主管部门报送风险评估报告,有关主管部门应当及时通报同级网信部门、公安机关。

风险评估报告应当包括下列内容:

(一)网络数据处理者基本信息、网络数据安全管理机构信息、网络数据安全负责人姓名和联系方式等;

(二)处理重要数据的目的、种类、数量、方式、范围、存储期限、存储地点等,开展网络数据处理活动的情况,不包括网络数据内容本身;

(三)网络数据安全管理制度及实施情况,加密、备份、标签标识、访问控制、安全认证等技术措施和其他必要措施及其有效性;

(四)发现的网络数据安全风险,发生的网络数据安全事件及处置情况;

(五)提供、委托处理、共同处理重要数据的风险评估情况;

(六)网络数据出境情况;

(七)有关主管部门规定的其他报告内容。

处理重要数据的大型网络平台服务提供者报送的风险评估报告,除包括前款规定的内容外,还应当充分说明关键业务和供应链网络数据安全等情况。

重要数据的处理者存在可能危害国家安全的重要数据处理活动的,省级以上有关主管部门应当责令其采取整改或者停止处理重要数据等措施。重要数据的处理者应当按照有关要求立即采取措施。

第五章 网络数据跨境安全管理

第三十四条 国家网信部门统筹协调有关部门建立国家数据出境安全管理专项工作机制,研究制定国家网络数据出境安全管理相关政策,协调处理网络数据出境安全重大事项。

第三十五条 符合下列条件之一的,网络数据处理者可以向境外提供个人信息：

（一）通过国家网信部门组织的数据出境安全评估；

（二）按照国家网信部门的规定经专业机构进行个人信息保护认证；

（三）符合国家网信部门制定的关于个人信息出境标准合同的规定；

（四）为订立、履行个人作为一方当事人的合同，确需向境外提供个人信息；

（五）按照依法制定的劳动规章制度和依法签订的集体合同实施跨境人力资源管理，确需向境外提供员工个人信息；

（六）为履行法定职责或者法定义务，确需向境外提供个人信息；

（七）紧急情况下为保护自然人的生命健康和财产安全，确需向境外提供个人信息；

（八）法律、行政法规或者国家网信部门规定的其他条件。

第三十六条 中华人民共和国缔结或者参加的国际条约、协定对向中华人民共和国境外提供个人信息的条件等有规定的，可以按照其规定执行。

第三十七条 网络数据处理者在中华人民共和国境内运营中收集和产生的重要数据确需向境外提供的，应当通过国家网信部门组织的数据出境安全评估。网络数据处理者按照国家有关规定识别、申报重要数据，但未被相关地区、部门告知或者公开发布为重要数据的，不需要将其作为重要数据申报数据出境安全评估。

第三十八条 通过数据出境安全评估后，网络数据处理者向境外提供个人信息和重要数据的，不得超出评估时明确的数据出境目的、方式、范围和种类、规模等。

第三十九条 国家采取措施，防范、处置网络数据跨境安全风险和威胁。任何个人、组织不得提供专门用于破坏、避开技术措施的程序、工具等；明知他人从事破坏、避开技术措施等活动的，不得为其提供技术支持或者帮助。

第六章 网络平台服务提供者义务

第四十条 网络平台服务提供者应当通过平台规则或者合同等明确接入其平台的第三方产品和服务提供者的网络数据安全保护义务，督促第三方产品和服务提供者加强网络数据安全管理。

预装应用程序的智能终端等设备生产者,适用前款规定。

第三方产品和服务提供者违反法律、行政法规的规定或者平台规则、合同约定开展网络数据处理活动,对用户造成损害的,网络平台服务提供者、第三方产品和服务提供者、预装应用程序的智能终端等设备生产者应当依法承担相应责任。

国家鼓励保险公司开发网络数据损害赔偿责任险种,鼓励网络平台服务提供者、预装应用程序的智能终端等设备生产者投保。

第四十一条 提供应用程序分发服务的网络平台服务提供者,应当建立应用程序核验规则并开展网络数据安全相关核验。发现待分发或者已分发的应用程序不符合法律、行政法规的规定或者国家标准的强制性要求的,应当采取警示、不予分发、暂停分发或者终止分发等措施。

第四十二条 网络平台服务提供者通过自动化决策方式向个人进行信息推送的,应当设置易于理解、便于访问和操作的个性化推荐关闭选项,为用户提供拒绝接收推送信息、删除针对其个人特征的用户标签等功能。

第四十三条 国家推进网络身份认证公共服务建设,按照政府引导、用户自愿原则进行推广应用。

鼓励网络平台服务提供者支持用户使用国家网络身份认证公共服务登记、核验真实身份信息。

第四十四条 大型网络平台服务提供者应当每年度发布个人信息保护社会责任报告,报告内容包括但不限于个人信息保护措施和成效、个人行使权利的申请受理情况、主要由外部成员组成的个人信息保护监督机构履行职责情况等。

第四十五条 大型网络平台服务提供者跨境提供网络数据,应当遵守国家数据跨境安全管理要求,健全相关技术和管理措施,防范网络数据跨境安全风险。

第四十六条 大型网络平台服务提供者不得利用网络数据、算法以及平台规则等从事下列活动:

(一)通过误导、欺诈、胁迫等方式处理用户在平台上产生的网络数据;

(二)无正当理由限制用户访问、使用其在平台上产生的网络数据;

（三）对用户实施不合理的差别待遇，损害用户合法权益；

（四）法律、行政法规禁止的其他活动。

第七章 监督管理

第四十七条 国家网信部门负责统筹协调网络数据安全和相关监督管理工作。

公安机关、国家安全机关依照有关法律、行政法规和本条例的规定，在各自职责范围内承担网络数据安全监督管理职责，依法防范和打击危害网络数据安全的违法犯罪活动。

国家数据管理部门在具体承担数据管理工作中履行相应的网络数据安全职责。

各地区、各部门对本地区、本部门工作中收集和产生的网络数据及网络数据安全负责。

第四十八条 各有关主管部门承担本行业、本领域网络数据安全监督管理职责，应当明确本行业、本领域网络数据安全保护工作机构，统筹制定并组织实施本行业、本领域网络数据安全事件应急预案，定期组织开展本行业、本领域网络数据安全风险评估，对网络数据处理者履行网络数据安全保护义务情况进行监督检查，指导督促网络数据处理者及时对存在的风险隐患进行整改。

第四十九条 国家网信部门统筹协调有关主管部门及时汇总、研判、共享、发布网络数据安全风险相关信息，加强网络数据安全信息共享、网络数据安全风险和威胁监测预警以及网络数据安全事件应急处置工作。

第五十条 有关主管部门可以采取下列措施对网络数据安全进行监督检查：

（一）要求网络数据处理者及其相关人员就监督检查事项作出说明；

（二）查阅、复制与网络数据安全有关的文件、记录；

（三）检查网络数据安全措施运行情况；

（四）检查与网络数据处理活动有关的设备、物品；

（五）法律、行政法规规定的其他必要措施。

网络数据处理者应当对有关主管部门依法开展的网络数据安全监督检查予以配合。

第五十一条　有关主管部门开展网络数据安全监督检查，应当客观公正，不得向被检查单位收取费用。

有关主管部门在网络数据安全监督检查中不得访问、收集与网络数据安全无关的业务信息，获取的信息只能用于维护网络数据安全的需要，不得用于其他用途。

有关主管部门发现网络数据处理者的网络数据处理活动存在较大安全风险的，可以按照规定的权限和程序要求网络数据处理者暂停相关服务、修改平台规则、完善技术措施等，消除网络数据安全隐患。

第五十二条　有关主管部门在开展网络数据安全监督检查时，应当加强协同配合、信息沟通，合理确定检查频次和检查方式，避免不必要的检查和交叉重复检查。

个人信息保护合规审计、重要数据风险评估、重要数据出境安全评估等应当加强衔接，避免重复评估、审计。重要数据风险评估和网络安全等级测评的内容重合的，相关结果可以互相采信。

第五十三条　有关主管部门及其工作人员对在履行职责中知悉的个人隐私、个人信息、商业秘密、保密商务信息等网络数据应当依法予以保密，不得泄露或者非法向他人提供。

第五十四条　境外的组织、个人从事危害中华人民共和国国家安全、公共利益，或者侵害中华人民共和国公民的个人信息权益的网络数据处理活动的，国家网信部门会同有关主管部门可以依法采取相应的必要措施。

第八章　法 律 责 任

第五十五条　违反本条例第十二条、第十六条至第二十条、第二十二条、第四十条第一款和第二款、第四十一条、第四十二条规定的，由网信、电信、公安等主管部门依据各自职责责令改正，给予警告，没收违法所得；拒不改正或者情节严重的，处100万元以下罚款，并可以责令暂停相关业务、停业整顿、吊销相关业务许可证或者吊销营业执照，对直接负责的主管人员和其他直接责任人员可以处1万元以上10万元以下罚款。

第五十六条　违反本条例第十三条规定的，由网信、电信、公安、国家安全等主管部门依据各自职责责令改正，给予警告，可以并处10万元以上100万元以下罚款，对直接负责的主管人员和其他直接责任人员可以处 1 万元以上 10 万元以下罚款；拒不改正或者情节严重的，处 100 万元以上 1000 万元以下罚款，并可以责令暂停相关业务、停业整顿、吊销相关业务许可证或者吊销营业执照，对直接负责的主管人员和其他直接责任人员处 10 万元以上 100 万元以下罚款。

第五十七条　违反本条例第二十九条第二款、第三十条第二款和第三款、第三十一条、第三十二条规定的，由网信、电信、公安等主管部门依据各自职责责令改正，给予警告，可以并处 5 万元以上 50 万元以下罚款，对直接负责的主管人员和其他直接责任人员可以处 1 万元以上 10 万元以下罚款；拒不改正或者造成大量数据泄露等严重后果的，处 50 万元以上 200 万元以下罚款，并可以责令暂停相关业务、停业整顿、吊销相关业务许可证或者吊销营业执照，对直接负责的主管人员和其他直接责任人员处 5 万元以上 20 万元以下罚款。

第五十八条　违反本条例其他有关规定的，由有关主管部门依照《中华人民共和国网络安全法》、《中华人民共和国数据安全法》、《中华人民共和国个人信息保护法》等法律的有关规定追究法律责任。

第五十九条　网络数据处理者存在主动消除或者减轻违法行为危害后果、违法行为轻微并及时改正且没有造成危害后果或者初次违法且危害后果轻微并及时改正等情形的，依照《中华人民共和国行政处罚法》的规定从轻、减轻或者不予行政处罚。

第六十条　国家机关不履行本条例规定的网络数据安全保护义务的，由其上级机关或者有关主管部门责令改正；对直接负责的主管人员和其他直接责任人员依法给予处分。

第六十一条　违反本条例规定，给他人造成损害的，依法承担民事责任；构成违反治安管理行为的，依法给予治安管理处罚；构成犯罪的，依法追究刑事责任。

第九章　附　　则

第六十二条　本条例下列用语的含义：

（一）网络数据，是指通过网络处理和产生的各种电子数据。

（二）网络数据处理活动，是指网络数据的收集、存储、使用、加工、传输、提供、公开、删除等活动。

（三）网络数据处理者，是指在网络数据处理活动中自主决定处理目的和处理方式的个人、组织。

（四）重要数据，是指特定领域、特定群体、特定区域或者达到一定精度和规模，一旦遭到篡改、破坏、泄露或者非法获取、非法利用，可能直接危害国家安全、经济运行、社会稳定、公共健康和安全的数据。

（五）委托处理，是指网络数据处理者委托个人、组织按照约定的目的和方式开展的网络数据处理活动。

（六）共同处理，是指两个以上的网络数据处理者共同决定网络数据的处理目的和处理方式的网络数据处理活动。

（七）单独同意，是指个人针对其个人信息进行特定处理而专门作出具体、明确的同意。

（八）大型网络平台，是指注册用户 5000 万以上或者月活跃用户 1000 万以上，业务类型复杂，网络数据处理活动对国家安全、经济运行、国计民生等具有重要影响的网络平台。

第六十三条　开展核心数据的网络数据处理活动，按照国家有关规定执行。

自然人因个人或者家庭事务处理个人信息的，不适用本条例。

开展涉及国家秘密、工作秘密的网络数据处理活动，适用《中华人民共和国保守国家秘密法》等法律、行政法规的规定。

第六十四条　本条例自 2025 年 1 月 1 日起施行。

3. 部门规章

<h2 style="text-align:center">数据出境安全评估办法</h2>

（2022 年 5 月 19 日国家互联网信息办公室 2022 年第 10 次室务会议审议通过　2022 年 7 月 7 日国家互联网信息办公室令第 11 号公布　自 2022 年 9 月 1 日起施行）

第一条　为了规范数据出境活动，保护个人信息权益，维护国家安全和社会公共利益，促进数据跨境安全、自由流动，根据《中华人民共和国网络安全法》、《中华人民共和国数据安全法》、《中华人民共和国个人信息保护法》等法律法规，制定本办法。

第二条 数据处理者向境外提供在中华人民共和国境内运营中收集和产生的重要数据和个人信息的安全评估，适用本办法。法律、行政法规另有规定的，依照其规定。

第三条 数据出境安全评估坚持事前评估和持续监督相结合、风险自评估与安全评估相结合，防范数据出境安全风险，保障数据依法有序自由流动。

第四条 数据处理者向境外提供数据，有下列情形之一的，应当通过所在地省级网信部门向国家网信部门申报数据出境安全评估：

（一）数据处理者向境外提供重要数据；

（二）关键信息基础设施运营者和处理100万人以上个人信息的数据处理者向境外提供个人信息；

（三）自上年1月1日起累计向境外提供10万人个人信息或者1万人敏感个人信息的数据处理者向境外提供个人信息；

（四）国家网信部门规定的其他需要申报数据出境安全评估的情形。

第五条 数据处理者在申报数据出境安全评估前，应当开展数据出境风险自评估，重点评估以下事项：

（一）数据出境和境外接收方处理数据的目的、范围、方式等的合法性、正当性、必要性；

（二）出境数据的规模、范围、种类、敏感程度，数据出境可能对国家安全、公共利益、个人或者组织合法权益带来的风险；

（三）境外接收方承诺承担的责任义务，以及履行责任义务的管理和技术措施、能力等能否保障出境数据的安全；

（四）数据出境中和出境后遭到篡改、破坏、泄露、丢失、转移或者被非法获取、非法利用等的风险，个人信息权益维护的渠道是否通畅等；

（五）与境外接收方拟订立的数据出境相关合同或者其他具有法律效力的文件等（以下统称法律文件）是否充分约定了数据安全保护责任义务；

（六）其他可能影响数据出境安全的事项。

第六条 申报数据出境安全评估，应当提交以下材料：

（一）申报书；

（二）数据出境风险自评估报告；

（三）数据处理者与境外接收方拟订立的法律文件；

（四）安全评估工作需要的其他材料。

第七条 省级网信部门应当自收到申报材料之日起 5 个工作日内完成完备性查验。申报材料齐全的，将申报材料报送国家网信部门；申报材料不齐全的，应当退回数据处理者并一次性告知需要补充的材料。

国家网信部门应当自收到申报材料之日起 7 个工作日内，确定是否受理并书面通知数据处理者。

第八条 数据出境安全评估重点评估数据出境活动可能对国家安全、公共利益、个人或者组织合法权益带来的风险，主要包括以下事项：

（一）数据出境的目的、范围、方式等的合法性、正当性、必要性；

（二）境外接收方所在国家或者地区的数据安全保护政策法规和网络安全环境对出境数据安全的影响；境外接收方的数据保护水平是否达到中华人民共和国法律、行政法规的规定和强制性国家标准的要求；

（三）出境数据的规模、范围、种类、敏感程度，出境中和出境后遭到篡改、破坏、泄露、丢失、转移或者被非法获取、非法利用等的风险；

（四）数据安全和个人信息权益是否能够得到充分有效保障；

（五）数据处理者与境外接收方拟订立的法律文件中是否充分约定了数据安全保护责任义务；

（六）遵守中国法律、行政法规、部门规章情况；

（七）国家网信部门认为需要评估的其他事项。

第九条 数据处理者应当在与境外接收方订立的法律文件中明确约定数据安全保护责任义务，至少包括以下内容：

（一）数据出境的目的、方式和数据范围，境外接收方处理数据的用途、方式等；

（二）数据在境外保存地点、期限，以及达到保存期限、完成约定目的或者法律文件终止后出境数据的处理措施；

（三）对于境外接收方将出境数据再转移给其他组织、个人的约束性要求；

（四）境外接收方在实际控制权或者经营范围发生实质性变化，或者所在国家、地区数据安全保护政策法规和网络安全环境发生变化以及发生

97

其他不可抗力情形导致难以保障数据安全时，应当采取的安全措施；

（五）违反法律文件约定的数据安全保护义务的补救措施、违约责任和争议解决方式；

（六）出境数据遭到篡改、破坏、泄露、丢失、转移或者被非法获取、非法利用等风险时，妥善开展应急处置的要求和保障个人维护其个人信息权益的途径和方式。

第十条　国家网信部门受理申报后，根据申报情况组织国务院有关部门、省级网信部门、专门机构等进行安全评估。

第十一条　安全评估过程中，发现数据处理者提交的申报材料不符合要求的，国家网信部门可以要求其补充或者更正。数据处理者无正当理由不补充或者更正的，国家网信部门可以终止安全评估。

数据处理者对所提交材料的真实性负责，故意提交虚假材料的，按照评估不通过处理，并依法追究相应法律责任。

第十二条　国家网信部门应当自向数据处理者发出书面受理通知书之日起45个工作日内完成数据出境安全评估；情况复杂或者需要补充、更正材料的，可以适当延长并告知数据处理者预计延长的时间。

评估结果应当书面通知数据处理者。

第十三条　数据处理者对评估结果有异议的，可以在收到评估结果15个工作日内向国家网信部门申请复评，复评结果为最终结论。

第十四条　通过数据出境安全评估的结果有效期为2年，自评估结果出具之日起计算。在有效期内出现以下情形之一的，数据处理者应当重新申报评估：

（一）向境外提供数据的目的、方式、范围、种类和境外接收方处理数据的用途、方式发生变化影响出境数据安全的，或者延长个人信息和重要数据境外保存期限的；

（二）境外接收方所在国家或者地区数据安全保护政策法规和网络安全环境发生变化以及发生其他不可抗力情形、数据处理者或者境外接收方实际控制权发生变化、数据处理者与境外接收方法律文件变更等影响出境数据安全的；

（三）出现影响出境数据安全的其他情形。

有效期届满，需要继续开展数据出境活动的，数据处理者应当在有效期届满 60 个工作日前重新申报评估。

第十五条 参与安全评估工作的相关机构和人员对在履行职责中知悉的国家秘密、个人隐私、个人信息、商业秘密、保密商务信息等数据应当依法予以保密，不得泄露或者非法向他人提供、非法使用。

第十六条 任何组织和个人发现数据处理者违反本办法向境外提供数据的，可以向省级以上网信部门举报。

第十七条 国家网信部门发现已经通过评估的数据出境活动在实际处理过程中不再符合数据出境安全管理要求的，应当书面通知数据处理者终止数据出境活动。数据处理者需要继续开展数据出境活动的，应当按照要求整改，整改完成后重新申报评估。

第十八条 违反本办法规定的，依据《中华人民共和国网络安全法》、《中华人民共和国数据安全法》、《中华人民共和国个人信息保护法》等法律法规处理；构成犯罪的，依法追究刑事责任。

第十九条 本办法所称重要数据，是指一旦遭到篡改、破坏、泄露或者非法获取、非法利用等，可能危害国家安全、经济运行、社会稳定、公共健康和安全等的数据。

第二十条 本办法自 2022 年 9 月 1 日起施行。本办法施行前已经开展的数据出境活动，不符合本办法规定的，应当自本办法施行之日起 6 个月内完成整改。

汽车数据安全管理若干规定（试行）

（2021 年 7 月 5 日国家互联网信息办公室 2021 年第 10 次室务会议审议通过 2021 年 8 月 16 日国家互联网信息办公室、中华人民共和国国家发展和改革委员会、中华人民共和国工业和信息化部、中华人民共和国公安部、中华人民共和国交通运输部令第 7 号公布 自 2021 年 10 月 1 日起施行）

第一条 为了规范汽车数据处理活动，保护个人、组织的合法权益，维护国家安全和社会公共利益，促进汽车数据合理开发利用，根据《中华人民共和国网络安全法》、《中华人民共和国数据安全法》等法律、行政法规,制定本规定。

第二条 在中华人民共和国境内开展汽车数据处理活动及其安全监管,应当遵守相关法律、行政法规和本规定的要求。

第三条 本规定所称汽车数据,包括汽车设计、生产、销售、使用、运维等过程中的涉及个人信息数据和重要数据。

汽车数据处理,包括汽车数据的收集、存储、使用、加工、传输、提供、公开等。

汽车数据处理者,是指开展汽车数据处理活动的组织,包括汽车制造商、零部件和软件供应商、经销商、维修机构以及出行服务企业等。

个人信息,是指以电子或者其他方式记录的与已识别或者可识别的车主、驾驶人、乘车人、车外人员等有关的各种信息,不包括匿名化处理后的信息。

敏感个人信息,是指一旦泄露或者非法使用,可能导致车主、驾驶人、乘车人、车外人员等受到歧视或者人身、财产安全受到严重危害的个人信息,包括车辆行踪轨迹、音频、视频、图像和生物识别特征等信息。

重要数据是指一旦遭到篡改、破坏、泄露或者非法获取、非法利用,可能危害国家安全、公共利益或者个人、组织合法权益的数据,包括:

(一)军事管理区、国防科工单位以及县级以上党政机关等重要敏感区域的地理信息、人员流量、车辆流量等数据;

(二)车辆流量、物流等反映经济运行情况的数据;

(三)汽车充电网的运行数据;

(四)包含人脸信息、车牌信息等的车外视频、图像数据;

(五)涉及个人信息主体超过 10 万人的个人信息;

(六)国家网信部门和国务院发展改革、工业和信息化、公安、交通运输等有关部门确定的其他可能危害国家安全、公共利益或者个人、组织合法权益的数据。

第四条 汽车数据处理者处理汽车数据应当合法、正当、具体、明确,与汽车的设计、生产、销售、使用、运维等直接相关。

第五条 利用互联网等信息网络开展汽车数据处理活动,应当落实网络安全等级保护等制度,加强汽车数据保护,依法履行数据安全义务。

第六条 国家鼓励汽车数据依法合理有效利用，倡导汽车数据处理者在开展汽车数据处理活动中坚持：

（一）车内处理原则，除非确有必要不向车外提供；

（二）默认不收集原则，除非驾驶人自主设定，每次驾驶时默认设定为不收集状态；

（三）精度范围适用原则，根据所提供功能服务对数据精度的要求确定摄像头、雷达等的覆盖范围、分辨率；

（四）脱敏处理原则，尽可能进行匿名化、去标识化等处理。

第七条 汽车数据处理者处理个人信息应当通过用户手册、车载显示面板、语音、汽车使用相关应用程序等显著方式，告知个人以下事项：

（一）处理个人信息的种类，包括车辆行踪轨迹、驾驶习惯、音频、视频、图像和生物识别特征等；

（二）收集各类个人信息的具体情境以及停止收集的方式和途径；

（三）处理各类个人信息的目的、用途、方式；

（四）个人信息保存地点、保存期限，或者确定保存地点、保存期限的规则；

（五）查阅、复制其个人信息以及删除车内、请求删除已经提供给车外的个人信息的方式和途径；

（六）用户权益事务联系人的姓名和联系方式；

（七）法律、行政法规规定的应当告知的其他事项。

第八条 汽车数据处理者处理个人信息应当取得个人同意或者符合法律、行政法规规定的其他情形。

因保证行车安全需要，无法征得个人同意采集到车外个人信息且向车外提供的，应当进行匿名化处理，包括删除含有能够识别自然人的画面，或者对画面中的人脸信息等进行局部轮廓化处理等。

第九条 汽车数据处理者处理敏感个人信息，应当符合以下要求或者符合法律、行政法规和强制性国家标准等其他要求：

（一）具有直接服务于个人的目的，包括增强行车安全、智能驾驶、导航等；

（二）通过用户手册、车载显示面板、语音以及汽车使用相关应用程序等显著方式告知必要性以及对个人的影响；

（三）应当取得个人单独同意，个人可以自主设定同意期限；

（四）在保证行车安全的前提下，以适当方式提示收集状态，为个人终止收集提供便利；

（五）个人要求删除的，汽车数据处理者应当在十个工作日内删除。

汽车数据处理者具有增强行车安全的目的和充分的必要性，方可收集指纹、声纹、人脸、心律等生物识别特征信息。

第十条 汽车数据处理者开展重要数据处理活动，应当按照规定开展风险评估，并向省、自治区、直辖市网信部门和有关部门报送风险评估报告。

风险评估报告应当包括处理的重要数据的种类、数量、范围、保存地点与期限、使用方式，开展数据处理活动情况以及是否向第三方提供，面临的数据安全风险及其应对措施等。

第十一条 重要数据应当依法在境内存储，因业务需要确需向境外提供的，应当通过国家网信部门会同国务院有关部门组织的安全评估。未列入重要数据的涉及个人信息数据的出境安全管理，适用法律、行政法规的有关规定。

我国缔结或者参加的国际条约、协定有不同规定的，适用该国际条约、协定，但我国声明保留的条款除外。

第十二条 汽车数据处理者向境外提供重要数据，不得超出出境安全评估时明确的目的、范围、方式和数据种类、规模等。

国家网信部门会同国务院有关部门以抽查等方式核验前款规定事项，汽车数据处理者应当予以配合，并以可读等便利方式予以展示。

第十三条 汽车数据处理者开展重要数据处理活动，应当在每年十二月十五日前向省、自治区、直辖市网信部门和有关部门报送以下年度汽车数据安全管理情况：

（一）汽车数据安全管理负责人、用户权益事务联系人的姓名和联系方式；

（二）处理汽车数据的种类、规模、目的和必要性；

（三）汽车数据的安全防护和管理措施，包括保存地点、期限等；

（四）向境内第三方提供汽车数据情况；

（五）汽车数据安全事件和处置情况；

（六）汽车数据相关的用户投诉和处理情况；

（七）国家网信部门会同国务院工业和信息化、公安、交通运输等有关部门明确的其他汽车数据安全管理情况。

第十四条 向境外提供重要数据的汽车数据处理者应当在本规定第十三条要求的基础上，补充报告以下情况：

（一）接收者的基本情况；

（二）出境汽车数据的种类、规模、目的和必要性；

（三）汽车数据在境外的保存地点、期限、范围和方式；

（四）涉及向境外提供汽车数据的用户投诉和处理情况；

（五）国家网信部门会同国务院工业和信息化、公安、交通运输等有关部门明确的向境外提供汽车数据需要报告的其他情况。

第十五条 国家网信部门和国务院发展改革、工业和信息化、公安、交通运输等有关部门依据职责，根据处理数据情况对汽车数据处理者进行数据安全评估，汽车数据处理者应当予以配合。

参与安全评估的机构和人员不得披露评估中获悉的汽车数据处理者商业秘密、未公开信息，不得将评估中获悉的信息用于评估以外目的。

第十六条 国家加强智能（网联）汽车网络平台建设，开展智能（网联）汽车入网运行和安全保障服务等，协同汽车数据处理者加强智能（网联）汽车网络和汽车数据安全防护。

第十七条 汽车数据处理者开展汽车数据处理活动，应当建立投诉举报渠道，设置便捷的投诉举报入口，及时处理用户投诉举报。

开展汽车数据处理活动造成用户合法权益或者公共利益受到损害的，汽车数据处理者应当依法承担相应责任。

第十八条 汽车数据处理者违反本规定的，由省级以上网信、工业和信息化、公安、交通运输等有关部门依照《中华人民共和国网络安全法》、《中华人民共和国数据安全法》等法律、行政法规的规定进行处罚；构成犯罪的，依法追究刑事责任。

第十九条 本规定自2021年10月1日起施行。

外国机构在中国境内提供金融信息服务管理规定

（2009年4月30日中华人民共和国国务院新闻办公室、中华人民共和国商务部、中华人民共和国国家工商行政管理总局令第7号公布 自2009年6月1日起施行）

第一章 总 则

第一条 为便于外国机构在中国境内依法提供金融信息服务，满足国内用户对金融信息的需求，促进金融信息服务业健康、有序发展，根据《国务院关于修改〈国务院对确需保留的行政审批项目设定行政许可的决定〉的决定》（国务院第548号令），制定本规定。

第二条 外国机构在中国境内提供金融信息服务，适用本规定。

本规定所称外国机构，是指外国金融信息服务提供者。

本规定所称金融信息服务，是指向从事金融分析、金融交易、金融决策或者其他金融活动的用户提供可能影响金融市场的信息和/或者金融数据的服务。该服务不同于通讯社服务。

第三条 中国依法保障外国机构在中国境内提供金融信息服务的合法权益，为其依法提供金融信息服务提供便利。

外国机构在中国境内提供金融信息服务，应当遵守中国法律、法规和规章。

第二章 审 批

第四条 国务院新闻办公室为外国机构在中国境内提供金融信息服务的监督管理机关。外国机构在中国境内提供金融信息服务，必须经国务院新闻办公室批准。

未经国务院新闻办公室批准的外国机构，不得在中国境内提供金融信息服务。

第五条 外国机构申请在中国境内提供金融信息服务，应当具备以下条件：

三、网络数据和信息安全

（一）在所在国家（地区）有相应的合法资质；
（二）在金融信息服务领域有良好信誉；
（三）有确定的金融信息服务业务；
（四）有良好的传播手段和技术服务；
（五）中国法律、法规规定的其他条件。

第六条 外国机构在中国境内提供金融信息服务，需向国务院新闻办公室申请，提交下列材料：
（一）该机构主要负责人签署的书面申请；
（二）该机构情况介绍；
（三）该机构在所在国家（地区）设立的证明文本副本；
（四）拟提供金融信息服务的产品、栏目、说明、信息来源和样品的概述；
（五）传播手段及技术服务说明材料。

第七条 国务院新闻办公室应当自受理申请之日起 20 个工作日内作出批准或者不批准决定。予以批准的，发给批准文件；不予批准的，书面通知申请人并说明理由。

第八条 外国机构在中国境内提供金融信息服务，应当与用户签订书面合同。

外国机构应当在首次收到本规定第七条所述批准文件后 30 日内，就获得批准文件前与国内用户签订的任何合同，向国务院新闻办公室备案。获得批准的外国机构与国内用户签订、终止任何合同，应当在该合同签订、终止后 30 日内，向国务院新闻办公室备案。备案内容包括：合同所涉信息产品、提供方式、用户相关身份信息、合同期限等。已备案内容发生变更的，外国机构应当在变更后 30 日内向国务院新闻办公室变更备案。

第九条 外国机构在中国境内提供金融信息服务，拟变更机构名称、产品种类或者传播手段的，应当至少提前 30 日向国务院新闻办公室办理变更手续。

第十条 外国机构拟终止在中国境内提供金融信息服务的，应当在终止业务前书面告知国务院新闻办公室，并自终止业务之日起 7 日内到国务院新闻办公室办理注销手续。

第十一条 外国机构在中国境内提供金融信息服务批准文件有效期为

2年。批准文件到期并拟继续提供服务的，应当在批准文件到期前至少 30 日，持原批准文件和本规定第六条所述材料向国务院新闻办公室申请更新批准文件。国务院新闻办公室将依照本规定第七条的规定办理。

第十二条 国务院新闻办公室依法保护外国机构依照本规定提交材料中包含的具有商业价值的信息，上述信息将仅用于监管。

第三章 投资设立企业

第十三条 外国机构在中国境内投资设立金融信息服务企业，应当依照中国有关法律向国务院商务主管部门提出申请，并提交下列材料：

（一）国务院新闻办公室的批准文件；

（二）该机构主要负责人签署的在中国境内投资设立金融信息服务企业的书面申请；

（三）由各方投资者法定代表人或者其授权的代表签署的金融信息服务企业的合同、章程；

（四）拟投资设立金融信息服务企业的董事会成员名单及证明文件；

（五）工商行政管理部门出具的企业名称预先核准通知书；

（六）中国法律、法规规定的其他文件。

第十四条 国务院商务主管部门应当自受理申请之日起 30 个工作日内作出批准或者不批准决定。予以批准的，发给《外商投资企业批准证书》；不予批准的，书面通知申请人并说明理由。

第十五条 获得批准投资设立金融信息服务企业的外国机构应当自收到《外商投资企业批准证书》之日起 30 日内，依法向工商行政管理部门申请设立登记。

外商投资的金融信息服务企业变更登记事项或者终止的，应当依法办理变更登记或者注销登记。

第四章 监督管理

第十六条 外国机构应当严格按照批准的经营范围提供金融信息服务。国务院新闻办公室对外国机构提供金融信息服务进行监督检查，外国机构应当予以配合。

第十七条 外国机构在中国境内向用户提供的金融信息，不得含有下列内容：

（一）违反中华人民共和国宪法基本原则的；

（二）破坏中国国家统一、主权和领土完整的；

（三）危害中国国家安全和损害国家利益的；

（四）违反中国的民族、宗教政策，破坏民族团结，宣扬邪教的；

（五）散布虚假金融信息，扰乱经济秩序，破坏经济、金融、资本市场和社会稳定的；

（六）宣扬淫秽、色情、暴力、恐怖或者教唆犯罪的；

（七）侮辱或者诽谤他人，侵害他人合法权益的；

（八）中国法律、法规和规章禁止的其他内容。

第十八条 国务院新闻办公室对外国机构在中国境内提供的金融信息进行同步审视，发现含有本规定第十七条所列内容的，予以调查、处理。外国机构应当向国务院新闻办公室无偿提供同步审视其所提供金融信息的必要条件。

第十九条 在中国境内设立的外商投资金融信息服务企业应当严格按照登记注册的经营范围从事业务活动，不得开展新闻采集业务，不得从事通讯社业务。

第二十条 国内金融信息用户发现外国机构提供的金融信息中含有本规定第十七条所列内容的，应当向国务院新闻办公室举报，并不得使用和传播。

第五章 法律责任

第二十一条 外国机构在中国境内提供金融信息服务违反本规定的，由国务院新闻办公室和有关部门责令改正，给予警告，并处罚款。违反其他法律法规的，由相关行政、司法机关依法处理。

第二十二条 国内金融信息用户向社会传播外国机构提供的金融信息中含有本规定第十七条所列内容的，由国务院新闻办公室和有关部门依法处罚。

第二十三条 国务院新闻办公室工作人员，因玩忽职守、滥用职权、徇私舞弊或者收受贿赂，造成严重后果并构成犯罪的，依法追究刑事责任；尚不构成犯罪的，依法给予处分。

第六章　附　则

第二十四条　香港特别行政区、澳门特别行政区、台湾地区有关机构，在内地提供金融信息服务，参照适用本规定。

第二十五条　本规定自 2009 年 6 月 1 日起施行。本规定发布前，有关部门发布的关于金融信息服务的规定与本规定不一致的，以本规定为准。

本规定施行前已获得批准在中国境内提供金融信息服务的外国机构，拟继续在中国境内提供金融信息服务的，应当在本规定施行之日起 30 日内持本规定第六条所述材料向国务院新闻办公室提出申请。在国务院新闻办公室根据本规定第七条做出决定之日前，允许其继续提供该服务。

4. 规范性文件

金融信息服务管理规定

（2018 年 12 月 26 日国家互联网信息办公室公布　自 2019 年 2 月 1 日起施行）

第一条　为加强金融信息服务内容管理，提高金融信息服务质量，促进金融信息服务健康有序发展，保护自然人、法人和非法人组织的合法权益，维护国家安全和公共利益，根据《中华人民共和国网络安全法》《互联网信息服务管理办法》《国务院关于授权国家互联网信息办公室负责互联网信息内容管理工作的通知》，制定本规定。

第二条　在中华人民共和国境内从事金融信息服务，应当遵守本规定。

本规定所称金融信息服务，是指向从事金融分析、金融交易、金融决策或者其他金融活动的用户提供可能影响金融市场的信息和/或者金融数据的服务。该服务不同于通讯社服务。

第三条　国家互联网信息办公室负责全国金融信息服务的监督管理执法工作，地方互联网信息办公室依据职责负责本行政区域内的金融信息服务的监督管理执法工作。

第四条　金融信息服务提供者从事互联网新闻信息服务、法定特许或者应予以备案的金融业务应当取得相应资质，并接受有关主管部门的监督管理。

第五条 金融信息服务提供者应当履行主体责任，配备与服务规模相适应的管理人员，建立信息内容审核、信息数据保存、信息安全保障、个人信息保护、知识产权保护等服务规范。

第六条 金融信息服务提供者应当在显著位置准确无误注明信息来源，并确保文字、图像、视频、音频等形式的金融信息来源可追溯。

第七条 金融信息服务提供者应当配备相关专业人员，负责金融信息内容的审核，确保金融信息真实、客观、合法。

第八条 金融信息服务提供者不得制作、复制、发布、传播含有下列内容的信息：

（一）散布虚假金融信息，危害国家金融安全以及社会稳定的；

（二）歪曲国家财政货币政策、金融管理政策，扰乱经济秩序、损害国家利益的；

（三）教唆他人商业欺诈或经济犯罪，造成社会影响的；

（四）虚构证券、基金、期货、外汇等金融市场事件或新闻的；

（五）宣传有关主管部门禁止的金融产品与服务的；

（六）法律、法规和规章禁止的其他内容。

第九条 金融信息服务提供者应当自觉接受用户监督，设置便捷投诉窗口，及时妥善处理投诉事宜，并保存有关记录。

第十条 金融信息服务使用者发现金融信息服务提供者所提供的金融信息含有本规定第八条所列内容的，可以向国家或地方互联网信息办公室举报。

第十一条 金融信息服务提供者发现含有本规定第八条所列信息内容的，应当立即终止传输、禁止使用和停止传播该信息内容，及时采取处置措施，消除相关信息内容，保存完整记录并向国家或地方互联网信息办公室报告。

第十二条 国家和地方互联网信息办公室应当建立日常检查和定期检查相结合的监督管理制度，依法对金融信息服务活动实施监督检查，有关单位、个人应当予以配合。

第十三条 金融信息服务使用者向社会传播金融信息服务提供者提供

的金融信息中含有本规定第八条所列内容的,由国家或地方互联网信息办公室以及有关主管部门依法处罚。

第十四条 金融信息服务提供者违反本规定第五条、第六条、第七条、第八条、第九条规定的,由国家或地方互联网信息办公室依据职责进行约谈、公开谴责、责令改正、列入失信名单;依法应当予以行政处罚的,由国家或地方互联网信息办公室等有关主管部门给予行政处罚;构成犯罪的,依法追究刑事责任。

第十五条 国家和地方互联网信息办公室根据工作需要,与有关主管部门建立金融信息服务情况通报、信息共享等工作机制,对违法违规行为实施联合惩戒。

第十六条 鼓励金融信息服务提供者建立行业自律组织,制定服务规范,推动行业信用体系建设,促进行业健康有序发展。

第十七条 本规定自 2019 年 2 月 1 日起施行。

(二) 信息安全

1. 法 律

中华人民共和国个人信息保护法

(2021 年 8 月 20 日第十三届全国人民代表大会常务委员会第三十次会议通过 2021 年 8 月 20 日中华人民共和国主席令第 91 号公布 自 2021 年 11 月 1 日起施行)

第一章 总 则

第一条 为了保护个人信息权益,规范个人信息处理活动,促进个人信息合理利用,根据宪法,制定本法。

第二条 自然人的个人信息受法律保护,任何组织、个人不得侵害自然人的个人信息权益。

第三条 在中华人民共和国境内处理自然人个人信息的活动,适用本法。

在中华人民共和国境外处理中华人民共和国境内自然人个人信息的活动，有下列情形之一的，也适用本法：

（一）以向境内自然人提供产品或者服务为目的；

（二）分析、评估境内自然人的行为；

（三）法律、行政法规规定的其他情形。

第四条 个人信息是以电子或者其他方式记录的与已识别或者可识别的自然人有关的各种信息，不包括匿名化处理后的信息。

个人信息的处理包括个人信息的收集、存储、使用、加工、传输、提供、公开、删除等。

第五条 处理个人信息应当遵循合法、正当、必要和诚信原则，不得通过误导、欺诈、胁迫等方式处理个人信息。

第六条 处理个人信息应当具有明确、合理的目的，并应当与处理目的直接相关，采取对个人权益影响最小的方式。

收集个人信息，应当限于实现处理目的的最小范围，不得过度收集个人信息。

第七条 处理个人信息应当遵循公开、透明原则，公开个人信息处理规则，明示处理的目的、方式和范围。

第八条 处理个人信息应当保证个人信息的质量，避免因个人信息不准确、不完整对个人权益造成不利影响。

第九条 个人信息处理者应当对其个人信息处理活动负责，并采取必要措施保障所处理的个人信息的安全。

第十条 任何组织、个人不得非法收集、使用、加工、传输他人个人信息，不得非法买卖、提供或者公开他人个人信息；不得从事危害国家安全、公共利益的个人信息处理活动。

第十一条 国家建立健全个人信息保护制度，预防和惩治侵害个人信息权益的行为，加强个人信息保护宣传教育，推动形成政府、企业、相关社会组织、公众共同参与个人信息保护的良好环境。

第十二条 国家积极参与个人信息保护国际规则的制定，促进个人信息保护方面的国际交流与合作，推动与其他国家、地区、国际组织之间的个人信息保护规则、标准等互认。

第二章 个人信息处理规则

第一节 一般规定

第十三条 符合下列情形之一的,个人信息处理者方可处理个人信息:

(一)取得个人的同意;

(二)为订立、履行个人作为一方当事人的合同所必需,或者按照依法制定的劳动规章制度和依法签订的集体合同实施人力资源管理所必需;

(三)为履行法定职责或者法定义务所必需;

(四)为应对突发公共卫生事件,或者紧急情况下为保护自然人的生命健康和财产安全所必需;

(五)为公共利益实施新闻报道、舆论监督等行为,在合理的范围内处理个人信息;

(六)依照本法规定在合理的范围内处理个人自行公开或者其他已经合法公开的个人信息;

(七)法律、行政法规规定的其他情形。

依照本法其他有关规定,处理个人信息应当取得个人同意,但是有前款第二项至第七项规定情形的,不需取得个人同意。

第十四条 基于个人同意处理个人信息的,该同意应当由个人在充分知情的前提下自愿、明确作出。法律、行政法规规定处理个人信息应当取得个人单独同意或者书面同意的,从其规定。

个人信息的处理目的、处理方式和处理的个人信息种类发生变更的,应当重新取得个人同意。

第十五条 基于个人同意处理个人信息的,个人有权撤回其同意。个人信息处理者应当提供便捷的撤回同意的方式。

个人撤回同意,不影响撤回前基于个人同意已进行的个人信息处理活动的效力。

第十六条 个人信息处理者不得以个人不同意处理其个人信息或者撤回同意为由,拒绝提供产品或者服务;处理个人信息属于提供产品或者服务所必需的除外。

第十七条 个人信息处理者在处理个人信息前,应当以显著方式、清晰易懂的语言真实、准确、完整地向个人告知下列事项：

（一）个人信息处理者的名称或者姓名和联系方式；

（二）个人信息的处理目的、处理方式，处理的个人信息种类、保存期限；

（三）个人行使本法规定权利的方式和程序；

（四）法律、行政法规规定应当告知的其他事项。

前款规定事项发生变更的，应当将变更部分告知个人。

个人信息处理者通过制定个人信息处理规则的方式告知第一款规定事项的，处理规则应当公开，并且便于查阅和保存。

第十八条 个人信息处理者处理个人信息，有法律、行政法规规定应当保密或者不需要告知的情形的，可以不向个人告知前条第一款规定的事项。

紧急情况下为保护自然人的生命健康和财产安全无法及时向个人告知的，个人信息处理者应当在紧急情况消除后及时告知。

第十九条 除法律、行政法规另有规定外，个人信息的保存期限应当为实现处理目的所必要的最短时间。

第二十条 两个以上的个人信息处理者共同决定个人信息的处理目的和处理方式的，应当约定各自的权利和义务。但是，该约定不影响个人向其中任何一个个人信息处理者要求行使本法规定的权利。

个人信息处理者共同处理个人信息，侵害个人信息权益造成损害的，应当依法承担连带责任。

第二十一条 个人信息处理者委托处理个人信息的，应当与受托人约定委托处理的目的、期限、处理方式、个人信息的种类、保护措施以及双方的权利和义务等，并对受托人的个人信息处理活动进行监督。

受托人应当按照约定处理个人信息，不得超出约定的处理目的、处理方式等处理个人信息；委托合同不生效、无效、被撤销或者终止的，受托人应当将个人信息返还个人信息处理者或者予以删除，不得保留。

未经个人信息处理者同意，受托人不得转委托他人处理个人信息。

第二十二条 个人信息处理者因合并、分立、解散、被宣告破产等原因需要转移个人信息的，应当向个人告知接收方的名称或者姓名和联系方式。接收方应当继续履行个人信息处理者的义务。接收方变更原先的处理

113

目的、处理方式的,应当依照本法规定重新取得个人同意。

第二十三条 个人信息处理者向其他个人信息处理者提供其处理的个人信息的,应当向个人告知接收方的名称或者姓名、联系方式、处理目的、处理方式和个人信息的种类,并取得个人的单独同意。接收方应当在上述处理目的、处理方式和个人信息的种类等范围内处理个人信息。接收方变更原先的处理目的、处理方式的,应当依照本法规定重新取得个人同意。

第二十四条 个人信息处理者利用个人信息进行自动化决策,应当保证决策的透明度和结果公平、公正,不得对个人在交易价格等交易条件上实行不合理的差别待遇。

通过自动化决策方式向个人进行信息推送、商业营销,应当同时提供不针对其个人特征的选项,或者向个人提供便捷的拒绝方式。

通过自动化决策方式作出对个人权益有重大影响的决定,个人有权要求个人信息处理者予以说明,并有权拒绝个人信息处理者仅通过自动化决策的方式作出决定。

第二十五条 个人信息处理者不得公开其处理的个人信息,取得个人单独同意的除外。

第二十六条 在公共场所安装图像采集、个人身份识别设备,应当为维护公共安全所必需,遵守国家有关规定,并设置显著的提示标识。所收集的个人图像、身份识别信息只能用于维护公共安全的目的,不得用于其他目的;取得个人单独同意的除外。

第二十七条 个人信息处理者可以在合理的范围内处理个人自行公开或者其他已经合法公开的个人信息;个人明确拒绝的除外。个人信息处理者处理已公开的个人信息,对个人权益有重大影响的,应当依照本法规定取得个人同意。

第二节 敏感个人信息的处理规则

第二十八条 敏感个人信息是一旦泄露或者非法使用,容易导致自然人的人格尊严受到侵害或者人身、财产安全受到危害的个人信息,包括生物识别、宗教信仰、特定身份、医疗健康、金融账户、行踪轨迹等信息,以及不满十四周岁未成年人的个人信息。

只有在具有特定的目的和充分的必要性，并采取严格保护措施的情形下，个人信息处理者方可处理敏感个人信息。

第二十九条 处理敏感个人信息应当取得个人的单独同意；法律、行政法规规定处理敏感个人信息应当取得书面同意的，从其规定。

第三十条 个人信息处理者处理敏感个人信息的，除本法第十七条第一款规定的事项外，还应当向个人告知处理敏感个人信息的必要性以及对个人权益的影响；依照本法规定可以不向个人告知的除外。

第三十一条 个人信息处理者处理不满十四周岁未成年人个人信息的，应当取得未成年人的父母或者其他监护人的同意。

个人信息处理者处理不满十四周岁未成年人个人信息的，应当制定专门的个人信息处理规则。

第三十二条 法律、行政法规对处理敏感个人信息规定应当取得相关行政许可或者作出其他限制的，从其规定。

第三节 国家机关处理个人信息的特别规定

第三十三条 国家机关处理个人信息的活动，适用本法；本节有特别规定的，适用本节规定。

第三十四条 国家机关为履行法定职责处理个人信息，应当依照法律、行政法规规定的权限、程序进行，不得超出履行法定职责所必需的范围和限度。

第三十五条 国家机关为履行法定职责处理个人信息，应当依照本法规定履行告知义务；有本法第十八条第一款规定的情形，或者告知将妨碍国家机关履行法定职责的除外。

第三十六条 国家机关处理的个人信息应当在中华人民共和国境内存储；确需向境外提供的，应当进行安全评估。安全评估可以要求有关部门提供支持与协助。

第三十七条 法律、法规授权的具有管理公共事务职能的组织为履行法定职责处理个人信息，适用本法关于国家机关处理个人信息的规定。

第三章 个人信息跨境提供的规则

第三十八条 个人信息处理者因业务等需要，确需向中华人民共和国境外提供个人信息的，应当具备下列条件之一：

（一）依照本法第四十条的规定通过国家网信部门组织的安全评估；

（二）按照国家网信部门的规定经专业机构进行个人信息保护认证；

（三）按照国家网信部门制定的标准合同与境外接收方订立合同，约定双方的权利和义务；

（四）法律、行政法规或者国家网信部门规定的其他条件。

中华人民共和国缔结或者参加的国际条约、协定对向中华人民共和国境外提供个人信息的条件等有规定的，可以按照其规定执行。

个人信息处理者应当采取必要措施，保障境外接收方处理个人信息的活动达到本法规定的个人信息保护标准。

第三十九条　个人信息处理者向中华人民共和国境外提供个人信息的，应当向个人告知境外接收方的名称或者姓名、联系方式、处理目的、处理方式、个人信息的种类以及个人向境外接收方行使本法规定权利的方式和程序等事项，并取得个人的单独同意。

第四十条　关键信息基础设施运营者和处理个人信息达到国家网信部门规定数量的个人信息处理者，应当将在中华人民共和国境内收集和产生的个人信息存储在境内。确需向境外提供的，应当通过国家网信部门组织的安全评估；法律、行政法规和国家网信部门规定可以不进行安全评估的，从其规定。

第四十一条　中华人民共和国主管机关根据有关法律和中华人民共和国缔结或者参加的国际条约、协定，或者按照平等互惠原则，处理外国司法或者执法机构关于提供存储于境内个人信息的请求。非经中华人民共和国主管机关批准，个人信息处理者不得向外国司法或者执法机构提供存储于中华人民共和国境内的个人信息。

第四十二条　境外的组织、个人从事侵害中华人民共和国公民的个人信息权益，或者危害中华人民共和国国家安全、公共利益的个人信息处理活动的，国家网信部门可以将其列入限制或者禁止个人信息提供清单，予以公告，并采取限制或者禁止向其提供个人信息等措施。

第四十三条　任何国家或者地区在个人信息保护方面对中华人民共和国采取歧视性的禁止、限制或者其他类似措施的，中华人民共和国可以根据实际情况对该国家或者地区对等采取措施。

第四章 个人在个人信息处理活动中的权利

第四十四条 个人对其个人信息的处理享有知情权、决定权,有权限制或者拒绝他人对其个人信息进行处理;法律、行政法规另有规定的除外。

第四十五条 个人有权向个人信息处理者查阅、复制其个人信息;有本法第十八条第一款、第三十五条规定情形的除外。

个人请求查阅、复制其个人信息的,个人信息处理者应当及时提供。

个人请求将个人信息转移至其指定的个人信息处理者,符合国家网信部门规定条件的,个人信息处理者应当提供转移的途径。

第四十六条 个人发现其个人信息不准确或者不完整的,有权请求个人信息处理者更正、补充。

个人请求更正、补充其个人信息的,个人信息处理者应当对其个人信息予以核实,并及时更正、补充。

第四十七条 有下列情形之一的,个人信息处理者应当主动删除个人信息;个人信息处理者未删除的,个人有权请求删除:

(一)处理目的已实现、无法实现或者为实现处理目的不再必要;

(二)个人信息处理者停止提供产品或者服务,或者保存期限已届满;

(三)个人撤回同意;

(四)个人信息处理者违反法律、行政法规或者违反约定处理个人信息;

(五)法律、行政法规规定的其他情形。

法律、行政法规规定的保存期限未届满,或者删除个人信息从技术上难以实现的,个人信息处理者应当停止除存储和采取必要的安全保护措施之外的处理。

第四十八条 个人有权要求个人信息处理者对其个人信息处理规则进行解释说明。

第四十九条 自然人死亡的,其近亲属为了自身的合法、正当利益,可以对死者的相关个人信息行使本章规定的查阅、复制、更正、删除等权利;死者生前另有安排的除外。

第五十条 个人信息处理者应当建立便捷的个人行使权利的申请受理和处理机制。拒绝个人行使权利的请求的,应当说明理由。

个人信息处理者拒绝个人行使权利的请求的，个人可以依法向人民法院提起诉讼。

第五章　个人信息处理者的义务

第五十一条　个人信息处理者应当根据个人信息的处理目的、处理方式、个人信息的种类以及对个人权益的影响、可能存在的安全风险等，采取下列措施确保个人信息处理活动符合法律、行政法规的规定，并防止未经授权的访问以及个人信息泄露、篡改、丢失：

（一）制定内部管理制度和操作规程；

（二）对个人信息实行分类管理；

（三）采取相应的加密、去标识化等安全技术措施；

（四）合理确定个人信息处理的操作权限，并定期对从业人员进行安全教育和培训；

（五）制定并组织实施个人信息安全事件应急预案；

（六）法律、行政法规规定的其他措施。

第五十二条　处理个人信息达到国家网信部门规定数量的个人信息处理者应当指定个人信息保护负责人，负责对个人信息处理活动以及采取的保护措施等进行监督。

个人信息处理者应当公开个人信息保护负责人的联系方式，并将个人信息保护负责人的姓名、联系方式等报送履行个人信息保护职责的部门。

第五十三条　本法第三条第二款规定的中华人民共和国境外的个人信息处理者，应当在中华人民共和国境内设立专门机构或者指定代表，负责处理个人信息保护相关事务，并将有关机构的名称或者代表的姓名、联系方式等报送履行个人信息保护职责的部门。

第五十四条　个人信息处理者应当定期对其处理个人信息遵守法律、行政法规的情况进行合规审计。

第五十五条　有下列情形之一的，个人信息处理者应当事前进行个人信息保护影响评估，并对处理情况进行记录：

（一）处理敏感个人信息；

（二）利用个人信息进行自动化决策；

（三）委托处理个人信息、向其他个人信息处理者提供个人信息、公开个人信息；

（四）向境外提供个人信息；

（五）其他对个人权益有重大影响的个人信息处理活动。

第五十六条 个人信息保护影响评估应当包括下列内容：

（一）个人信息的处理目的、处理方式等是否合法、正当、必要；

（二）对个人权益的影响及安全风险；

（三）所采取的保护措施是否合法、有效并与风险程度相适应。

个人信息保护影响评估报告和处理情况记录应当至少保存三年。

第五十七条 发生或者可能发生个人信息泄露、篡改、丢失的，个人信息处理者应当立即采取补救措施，并通知履行个人信息保护职责的部门和个人。通知应当包括下列事项：

（一）发生或者可能发生个人信息泄露、篡改、丢失的信息种类、原因和可能造成的危害；

（二）个人信息处理者采取的补救措施和个人可以采取的减轻危害的措施；

（三）个人信息处理者的联系方式。

个人信息处理者采取措施能够有效避免信息泄露、篡改、丢失造成危害的，个人信息处理者可以不通知个人；履行个人信息保护职责的部门认为可能造成危害的，有权要求个人信息处理者通知个人。

第五十八条 提供重要互联网平台服务、用户数量巨大、业务类型复杂的个人信息处理者，应当履行下列义务：

（一）按照国家规定建立健全个人信息保护合规制度体系，成立主要由外部成员组成的独立机构对个人信息保护情况进行监督；

（二）遵循公开、公平、公正的原则，制定平台规则，明确平台内产品或者服务提供者处理个人信息的规范和保护个人信息的义务；

（三）对严重违反法律、行政法规处理个人信息的平台内的产品或者服务提供者，停止提供服务；

（四）定期发布个人信息保护社会责任报告，接受社会监督。

第五十九条 接受委托处理个人信息的受托人，应当依照本法和有关法律、行政法规的规定，采取必要措施保障所处理的个人信息的安全，并协助个人信息处理者履行本法规定的义务。

第六章 履行个人信息保护职责的部门

第六十条 国家网信部门负责统筹协调个人信息保护工作和相关监督管理工作。国务院有关部门依照本法和有关法律、行政法规的规定，在各自职责范围内负责个人信息保护和监督管理工作。

县级以上地方人民政府有关部门的个人信息保护和监督管理职责，按照国家有关规定确定。

前两款规定的部门统称为履行个人信息保护职责的部门。

第六十一条 履行个人信息保护职责的部门履行下列个人信息保护职责：

（一）开展个人信息保护宣传教育，指导、监督个人信息处理者开展个人信息保护工作；

（二）接受、处理与个人信息保护有关的投诉、举报；

（三）组织对应用程序等个人信息保护情况进行测评，并公布测评结果；

（四）调查、处理违法个人信息处理活动；

（五）法律、行政法规规定的其他职责。

第六十二条 国家网信部门统筹协调有关部门依据本法推进下列个人信息保护工作：

（一）制定个人信息保护具体规则、标准；

（二）针对小型个人信息处理者、处理敏感个人信息以及人脸识别、人工智能等新技术、新应用，制定专门的个人信息保护规则、标准；

（三）支持研究开发和推广应用安全、方便的电子身份认证技术，推进网络身份认证公共服务建设；

（四）推进个人信息保护社会化服务体系建设，支持有关机构开展个人信息保护评估、认证服务；

（五）完善个人信息保护投诉、举报工作机制。

第六十三条 履行个人信息保护职责的部门履行个人信息保护职责，可以采取下列措施：

（一）询问有关当事人，调查与个人信息处理活动有关的情况；

（二）查阅、复制当事人与个人信息处理活动有关的合同、记录、账簿以及其他有关资料；

（三）实施现场检查，对涉嫌违法的个人信息处理活动进行调查；

（四）检查与个人信息处理活动有关的设备、物品；对有证据证明是用于违法个人信息处理活动的设备、物品，向本部门主要负责人书面报告并经批准，可以查封或者扣押。

履行个人信息保护职责的部门依法履行职责，当事人应当予以协助、配合，不得拒绝、阻挠。

第六十四条 履行个人信息保护职责的部门在履行职责中，发现个人信息处理活动存在较大风险或者发生个人信息安全事件的，可以按照规定的权限和程序对该个人信息处理者的法定代表人或者主要负责人进行约谈，或者要求个人信息处理者委托专业机构对其个人信息处理活动进行合规审计。个人信息处理者应当按照要求采取措施，进行整改，消除隐患。

履行个人信息保护职责的部门在履行职责中，发现违法处理个人信息涉嫌犯罪的，应当及时移送公安机关依法处理。

第六十五条 任何组织、个人有权对违法个人信息处理活动向履行个人信息保护职责的部门进行投诉、举报。收到投诉、举报的部门应当依法及时处理，并将处理结果告知投诉、举报人。

履行个人信息保护职责的部门应当公布接受投诉、举报的联系方式。

第七章　法　律　责　任

第六十六条 违反本法规定处理个人信息，或者处理个人信息未履行本法规定的个人信息保护义务的，由履行个人信息保护职责的部门责令改正，给予警告，没收违法所得，对违法处理个人信息的应用程序，责令暂停或者终止提供服务；拒不改正的，并处一百万元以下罚款；对直接负责的主管人员和其他直接责任人员处一万元以上十万元以下罚款。

有前款规定的违法行为，情节严重的，由省级以上履行个人信息保护职责的部门责令改正，没收违法所得，并处五千万元以下或者上一年度营业额百分之五以下罚款，并可以责令暂停相关业务或者停业整顿、通报有关主管部门吊销相关业务许可或者吊销营业执照；对直接负责的主管人员和其他直接责任人员处十万元以上一百万元以下罚款，并可以决定禁止其在一定期限内担任相关企业的董事、监事、高级管理人员和个人信息保护负责人。

第六十七条 有本法规定的违法行为的，依照有关法律、行政法规的规定记入信用档案，并予以公示。

第六十八条 国家机关不履行本法规定的个人信息保护义务的，由其上级机关或者履行个人信息保护职责的部门责令改正；对直接负责的主管人员和其他直接责任人员依法给予处分。

履行个人信息保护职责的部门的工作人员玩忽职守、滥用职权、徇私舞弊，尚不构成犯罪的，依法给予处分。

第六十九条 处理个人信息侵害个人信息权益造成损害，个人信息处理者不能证明自己没有过错的，应当承担损害赔偿等侵权责任。

前款规定的损害赔偿责任按照个人因此受到的损失或者个人信息处理者因此获得的利益确定；个人因此受到的损失和个人信息处理者因此获得的利益难以确定的，根据实际情况确定赔偿数额。

第七十条 个人信息处理者违反本法规定处理个人信息，侵害众多个人的权益的，人民检察院、法律规定的消费者组织和由国家网信部门确定的组织可以依法向人民法院提起诉讼。

第七十一条 违反本法规定，构成违反治安管理行为的，依法给予治安管理处罚；构成犯罪的，依法追究刑事责任。

第八章 附 则

第七十二条 自然人因个人或者家庭事务处理个人信息的，不适用本法。

法律对各级人民政府及其有关部门组织实施的统计、档案管理活动中的个人信息处理有规定的，适用其规定。

第七十三条 本法下列用语的含义：

（一）个人信息处理者，是指在个人信息处理活动中自主决定处理目的、处理方式的组织、个人。

（二）自动化决策，是指通过计算机程序自动分析、评估个人的行为习惯、兴趣爱好或者经济、健康、信用状况等，并进行决策的活动。

（三）去标识化，是指个人信息经过处理，使其在不借助额外信息的情况下无法识别特定自然人的过程。

（四）匿名化，是指个人信息经过处理无法识别特定自然人且不能复原的过程。

第七十四条 本法自 2021 年 11 月 1 日起施行。

中华人民共和国民法典（节录）

（2020 年 5 月 28 日第十三届全国人民代表大会第三次会议通过 2020 年 5 月 28 日中华人民共和国主席令第 45 号公布 自 2021 年 1 月 1 日起施行）

……

第一百一十一条 自然人的个人信息受法律保护。任何组织或者个人需要获取他人个人信息的，应当依法取得并确保信息安全，不得非法收集、使用、加工、传输他人个人信息，不得非法买卖、提供或者公开他人个人信息。

……

第一千零三十条 民事主体与征信机构等信用信息处理者之间的关系，适用本编有关个人信息保护的规定和其他法律、行政法规的有关规定。

……

第一千零三十四条 自然人的个人信息受法律保护。

个人信息是以电子或者其他方式记录的能够单独或者与其他信息结合识别特定自然人的各种信息，包括自然人的姓名、出生日期、身份证件号码、生物识别信息、住址、电话号码、电子邮箱、健康信息、行踪信息等。

个人信息中的私密信息，适用有关隐私权的规定；没有规定的，适用有关个人信息保护的规定。

第一千零三十五条 处理个人信息的，应当遵循合法、正当、必要原则，不得过度处理，并符合下列条件：

（一）征得该自然人或者其监护人同意，但是法律、行政法规另有规定的除外；

（二）公开处理信息的规则；

（三）明示处理信息的目的、方式和范围；

（四）不违反法律、行政法规的规定和双方的约定。

个人信息的处理包括个人信息的收集、存储、使用、加工、传输、提供、公开等。

第一千零三十六条 处理个人信息，有下列情形之一的，行为人不承担民事责任：

（一）在该自然人或者其监护人同意的范围内合理实施的行为；

（二）合理处理该自然人自行公开的或者其他已经合法公开的信息，但是该自然人明确拒绝或者处理该信息侵害其重大利益的除外；

（三）为维护公共利益或者该自然人合法权益，合理实施的其他行为。

第一千零三十七条 自然人可以依法向信息处理者查阅或者复制其个人信息；发现信息有错误的，有权提出异议并请求及时采取更正等必要措施。

自然人发现信息处理者违反法律、行政法规的规定或者双方的约定处理其个人信息的，有权请求信息处理者及时删除。

第一千零三十八条 信息处理者不得泄露或者篡改其收集、存储的个人信息；未经自然人同意，不得向他人非法提供其个人信息，但是经过加工无法识别特定个人且不能复原的除外。

信息处理者应当采取技术措施和其他必要措施，确保其收集、存储的个人信息安全，防止信息泄露、篡改、丢失；发生或者可能发生个人信息泄露、篡改、丢失的，应当及时采取补救措施，按照规定告知自然人并向有关主管部门报告。

第一千零三十九条 国家机关、承担行政职能的法定机构及其工作人员对于履行职责过程中知悉的自然人的隐私和个人信息，应当予以保密，不得泄露或者向他人非法提供。

……

中华人民共和国刑法（节录）

（1979年7月1日第五届全国人民代表大会第二次会议通过　1997年3月14日第八届全国人民代表大会第五次会议修订　根据1998年12月29日第九届全国人民代表大会常务委员会第六次会议通过的《全国人民代表大会常务委员会关于惩治骗购外汇、逃汇和非法买卖外汇犯罪的决定》、1999年12月25日第九届全国人民代表大会常务委员会第十三次会议通过的《中华人民共和国刑法修正案》、2001年8月31日第九届全国人民代表大会常务委员会第二十三次会议通过的《中华人民共和国刑法修正案（二）》、2001年12月29日第九届全国人民代表大会常务委员会第二十五次会议通过的《中华人民共和国刑法修正案（三）》、2002年12月28日第九届全国人民代表大会常务委员会第三十一次会议通过的《中华人民共和国刑法修正案（四）》、2005年2月28日第十届全国人民代表大会常务委员会第十四次会议通过的《中华人民共和国刑法修正案（五）》、2006年6月29日第十届全国人民代表大会常务委员会第二十二次会议通过的《中华人民共和国刑法修正案（六）》、2009年2月28日第十一届全国人民代表大会常务委员会第七次会议通过的《中华人民共和国刑法修正案（七）》、2009年8月27日第十一届全国人民代表大会常务委员会第十次会议通过的《全国人民代表大会常务委员会关于修改部分法律的决定》、2011年2月25日第十一届全国人民代表大会常务委员会第十九次会议通过的《中华人民共和国刑法修正案（八）》、2015年8月29日第十二届全国人民代表大会常务委员会第十六次会议通过的《中华人民共和国刑法修正案（九）》、2017年11月4日第十二届全国人民代表大会常务委员会第三十次会议通过的《中华人民共和国刑法修正案（十）》、2020年12月26日第十三届全国人民代表大会常务委员会第二十四次会议通过的《中华人民共和国刑法修正案（十一）》和 2023 年 12 月 29 日第十四届全国人民代表大会常务委员会第七次会议通过的《中华人民共和国刑法修正案（十二）》修正）*

……

第二百五十三条之一　【侵犯公民个人信息罪】违反国家有关规定，向他人出售或者提供公民个人信息，情节严重的，处三年以下有期徒刑或者拘役，并处或者单处罚金；情节特别严重的，处三年以上七年以下有期徒刑，并处罚金。

违反国家有关规定，将在履行职责或者提供服务过程中获得的公民个人信息，出售或者提供给他人的，依照前款的规定从重处罚。

窃取或者以其他方法非法获取公民个人信息的，依照第一款的规定处罚。

单位犯前三款罪的，对单位判处罚金，并对其直接负责的主管人员和其他直接责任人员，依照各该款的规定处罚。

……

全国人民代表大会常务委员会关于加强网络信息保护的决定

（2012 年 12 月 28 日第十一届全国人民代表大会常务委员会第三十次会议通过）

为了保护网络信息安全，保障公民、法人和其他组织的合法权益，维护国家安全和社会公共利益，特作如下决定：

一、国家保护能够识别公民个人身份和涉及公民个人隐私的电子信息。

---

* 刑法、历次刑法修正案、涉及修改刑法的决定的施行日期，分别依据各法律所规定的施行日期确定。分则部分条文主旨是根据司法解释确定罪名所加。

三、网络数据和信息安全

任何组织和个人不得窃取或者以其他非法方式获取公民个人电子信息，不得出售或者非法向他人提供公民个人电子信息。

二、网络服务提供者和其他企业事业单位在业务活动中收集、使用公民个人电子信息，应当遵循合法、正当、必要的原则，明示收集、使用信息的目的、方式和范围，并经被收集者同意，不得违反法律、法规的规定和双方的约定收集、使用信息。

网络服务提供者和其他企业事业单位收集、使用公民个人电子信息，应当公开其收集、使用规则。

三、网络服务提供者和其他企业事业单位及其工作人员对在业务活动中收集的公民个人电子信息必须严格保密，不得泄露、篡改、毁损，不得出售或者非法向他人提供。

四、网络服务提供者和其他企业事业单位应当采取技术措施和其他必要措施，确保信息安全，防止在业务活动中收集的公民个人电子信息泄露、毁损、丢失。在发生或者可能发生信息泄露、毁损、丢失的情况时，应当立即采取补救措施。

五、网络服务提供者应当加强对其用户发布的信息的管理，发现法律、法规禁止发布或者传输的信息的，应当立即停止传输该信息，采取消除等处置措施，保存有关记录，并向有关主管部门报告。

六、网络服务提供者为用户办理网站接入服务，办理固定电话、移动电话等入网手续，或者为用户提供信息发布服务，应当在与用户签订协议或者确认提供服务时，要求用户提供真实身份信息。

七、任何组织和个人未经电子信息接收者同意或者请求，或者电子信息接收者明确表示拒绝的，不得向其固定电话、移动电话或者个人电子邮箱发送商业性电子信息。

八、公民发现泄露个人身份、散布个人隐私等侵害其合法权益的网络信息，或者受到商业性电子信息侵扰的，有权要求网络服务提供者删除有关信息或者采取其他必要措施予以制止。

九、任何组织和个人对窃取或者以其他非法方式获取、出售或者非法向他人提供公民个人电子信息的违法犯罪行为以及其他网络信息违法犯罪行为，有权向有关主管部门举报、控告；接到举报、控告的部门应当依法及时处理。被侵权人可以依法提起诉讼。

十、有关主管部门应当在各自职权范围内依法履行职责，采取技术措施和其他必要措施，防范、制止和查处窃取或者以其他非法方式获取、出售或者非法向他人提供公民个人电子信息的违法犯罪行为以及其他网络信息违法犯罪行为。有关主管部门依法履行职责时，网络服务提供者应当予以配合，提供技术支持。

国家机关及其工作人员对在履行职责中知悉的公民个人电子信息应当予以保密，不得泄露、篡改、毁损，不得出售或者非法向他人提供。

十一、对有违反本决定行为的，依法给予警告、罚款、没收违法所得、吊销许可证或者取消备案、关闭网站、禁止有关责任人员从事网络服务业务等处罚，记入社会信用档案并予以公布；构成违反治安管理行为的，依法给予治安管理处罚。构成犯罪的，依法追究刑事责任。侵害他人民事权益的，依法承担民事责任。

十二、本决定自公布之日起施行。

2. 部门规章

网络暴力信息治理规定

（2024年6月12日国家互联网信息办公室、中华人民共和国公安部、中华人民共和国文化和旅游部、国家广播电视总局令第17号公布 自2024年8月1日起施行）

第一章 总 则

第一条 为了治理网络暴力信息，营造良好网络生态，保障公民合法权益，维护社会公共利益，根据《中华人民共和国网络安全法》、《中华人民共和国个人信息保护法》、《中华人民共和国治安管理处罚法》、《互联网信息服务管理办法》等法律、行政法规，制定本规定。

第二条 中华人民共和国境内的网络暴力信息治理活动，适用本规定。

第三条 网络暴力信息治理坚持源头防范、防控结合、标本兼治、协同共治的原则。

第四条 国家网信部门负责统筹协调全国网络暴力信息治理和相关监督管理工作。国务院公安、文化和旅游、广播电视等有关部门依据各自职责开展网络暴力信息的监督管理工作。

地方网信部门负责统筹协调本行政区域内网络暴力信息治理和相关监督管理工作。地方公安、文化和旅游、广播电视等有关部门依据各自职责开展本行政区域内网络暴力信息的监督管理工作。

第五条 鼓励网络相关行业组织加强行业自律，开展网络暴力信息治理普法宣传，督促指导网络信息服务提供者加强网络暴力信息治理并接受社会监督，为遭受网络暴力信息侵害的用户提供帮扶救助等支持。

第二章 一般规定

第六条 网络信息服务提供者和用户应当坚持社会主义核心价值观，遵守法律法规，尊重社会公德和伦理道德，促进形成积极健康、向上向善的网络文化，维护良好网络生态。

第七条 网络信息服务提供者应当履行网络信息内容管理主体责任，建立完善网络暴力信息治理机制，健全用户注册、账号管理、个人信息保护、信息发布审核、监测预警、识别处置等制度。

第八条 网络信息服务提供者为用户提供信息发布、即时通讯等服务的，应当依法对用户进行真实身份信息认证。用户不提供真实身份信息的，网络信息服务提供者不得为其提供相关服务。

网络信息服务提供者应当加强用户账号信息管理，为遭受网络暴力信息侵害的相关主体提供账号信息认证协助，防范和制止假冒、仿冒、恶意关联相关主体进行违规注册或者发布信息。

第九条 网络信息服务提供者应当制定和公开管理规则、平台公约，与用户签订服务协议，明确网络暴力信息治理相关权利义务，并依法依约履行治理责任。

第十条 任何组织和个人不得制作、复制、发布、传播涉网络暴力违法信息，应当防范和抵制制作、复制、发布、传播涉网络暴力不良信息。

任何组织和个人不得利用网络暴力事件实施蹭炒热度、推广引流等营销炒作行为，不得通过批量注册或者操纵用户账号等形式组织制作、复制、发布、传播网络暴力信息。

明知他人从事涉网络暴力信息违法犯罪活动的，任何组织和个人不得为其提供数据、技术、流量、资金等支持和协助。

第十一条 网络信息服务提供者应当定期发布网络暴力信息治理公告，并将相关工作情况列入网络信息内容生态治理工作年度报告。

第三章 预防预警

第十二条 网络信息服务提供者应当在国家网信部门和国务院有关部门指导下细化网络暴力信息分类标准规则，建立健全网络暴力信息特征库和典型案例样本库，采用人工智能、大数据等技术手段和人工审核相结合的方式加强对网络暴力信息的识别监测。

第十三条 网络信息服务提供者应当建立健全网络暴力信息预警模型，综合事件类别、针对主体、参与人数、信息内容、发布频次、环节场景、举报投诉等因素，及时发现预警网络暴力信息风险。

网络信息服务提供者发现存在网络暴力信息风险的，应当及时回应社会关切，引导用户文明互动、理性表达，并对异常账号及时采取真实身份信息动态核验、弹窗提示、违规警示、限制流量等措施；发现相关信息内容浏览、搜索、评论、举报量显著增长等情形的，还应当及时向有关部门报告。

第十四条 网络信息服务提供者应当建立健全用户账号信用管理体系，将涉网络暴力信息违法违规情形记入用户信用记录，依法依约降低账号信用等级或者列入黑名单，并据以限制账号功能或者停止提供相关服务。

第四章 信息和账号处置

第十五条 网络信息服务提供者发现涉网络暴力违法信息的，或者在其服务的醒目位置、易引起用户关注的重点环节发现涉网络暴力不良信息的，应当立即停止传输，采取删除、屏蔽、断开链接等处置措施，保存有关记录，向有关部门报告。发现涉嫌违法犯罪的，应当及时向公安机关报案，并提供相关线索，依法配合开展侦查、调查和处置等工作。

第十六条 互联网新闻信息服务提供者应当坚持正确政治方向、舆论导向、价值取向，加强网络暴力信息治理的公益宣传。

互联网新闻信息服务提供者不得通过夸大事实、过度渲染、片面报道等方式采编发布、转载涉网络暴力新闻信息。对互联网新闻信息提供跟帖评论服务的，应当实行先审后发。

互联网新闻信息服务提供者采编发布、转载涉网络暴力新闻信息不真实或者不公正的，应当立即公开更正，消除影响。

第十七条 网络信息服务提供者应当加强网络视听节目、网络表演等服务内容的管理，发现含有网络暴力信息的网络视听节目、网络表演等服务的，应当及时删除信息或者停止提供相关服务；应当加强对网络直播、短视频等服务的内容审核，及时阻断含有网络暴力信息的网络直播，处置含有网络暴力信息的短视频。

第十八条 网络信息服务提供者应当加强对跟帖评论信息内容的管理，对以评论、回复、留言、弹幕、点赞等方式制作、复制、发布、传播网络暴力信息的，应当及时采取删除、屏蔽、关闭评论、停止提供相关服务等处置措施。

第十九条 网络信息服务提供者应当加强对网络论坛社区和网络群组的管理，禁止用户在版块、词条、超话、群组等环节制作、复制、发布、传播网络暴力信息，禁止以匿名投稿、隔空喊话等方式创建含有网络暴力信息的论坛社区和群组账号。

网络论坛社区、网络群组的建立者和管理者应当履行管理责任，发现用户制作、复制、发布、传播网络暴力信息的，应当依法依约采取限制发言、移出群组等管理措施。

第二十条 公众账号生产运营者应当建立健全发布推广、互动评论等全过程信息内容安全审核机制，发现账号跟帖评论等环节存在网络暴力信息的，应当及时采取举报、处置等措施。

第二十一条 对违反本规定第十条的用户，网络信息服务提供者应当依法依约采取警示、删除信息、限制账号功能、关闭账号等处置措施，并保存相关记录；对组织、煽动、多次发布网络暴力信息的，网络信息服务提供者还应当依法依约采取列入黑名单、禁止重新注册等处置措施。

对借网络暴力事件实施营销炒作等行为的，除前款规定外，还应当依法依约采取清理订阅关注账号、暂停营利权限等处置措施。

第二十二条 对组织、煽动制作、复制、发布、传播网络暴力信息的网络信息内容多渠道分发服务机构，网络信息服务提供者应当依法依约对该机构及其管理的账号采取警示、暂停营利权限、限制提供服务、入驻清退等处置措施。

第五章 保护机制

第二十三条 网络信息服务提供者应当建立健全网络暴力信息防护功能，提供便利用户设置屏蔽陌生用户或者特定用户、本人发布信息可见范围、禁止转载或者评论本人发布信息等网络暴力信息防护选项。

网络信息服务提供者应当完善私信规则，提供便利用户设置仅接收好友私信或者拒绝接收所有私信等网络暴力信息防护选项，鼓励提供智能屏蔽私信或者自定义私信屏蔽词等功能。

第二十四条 网络信息服务提供者发现用户面临网络暴力信息风险的，应当及时通过显著方式提示用户，告知用户可以采取的防护措施。

网络信息服务提供者发现网络暴力信息风险涉及以下情形的，还应当为用户提供网络暴力信息防护指导和保护救助服务，协助启动防护措施，并向网信、公安等有关部门报告：

（一）网络暴力信息侵害未成年人、老年人、残疾人等用户合法权益的；

（二）网络暴力信息侵犯用户个人隐私的；

（三）若不及时采取措施，可能造成用户人身、财产损害等严重后果的其他情形。

第二十五条 网络信息服务提供者发现、处置网络暴力信息的，应当及时保存信息内容、浏览评论转发数量等数据。网络信息服务提供者应当向用户提供网络暴力信息快捷取证等功能，依法依约为用户维权提供便利。

公安、网信等有关部门依法调取证据的，网络信息服务提供者应当及时提供必要的技术支持和协助。

第二十六条 网络信息服务提供者应当自觉接受社会监督，优化投诉、举报程序，在服务显著位置设置专门的网络暴力信息快捷投诉、举报入口，公布处理流程，及时受理、处理公众投诉、举报并反馈处理结果。

网络信息服务提供者应当结合投诉、举报内容以及相关证明材料及时研判。对属于网络暴力信息的投诉、举报，应当依法处理并反馈结果；对因证明材料不充分难以准确判断的，应当及时告知用户补充证明材料；对不属于网络暴力信息的投诉、举报，应当按照其他类型投诉、举报的受理要求予以处理并反馈结果。

第二十七条 网络信息服务提供者应当优先处理涉未成年人网络暴力信息的投诉、举报。发现涉及侵害未成年人用户合法权益的网络暴力信息风险的，应当按照法律法规和本规定要求及时采取措施，提供相应保护救助服务，并向有关部门报告。

网络信息服务提供者应当设置便利未成年人及其监护人行使通知删除网络暴力信息权利的功能、渠道，接到相关通知后，应当及时采取删除、屏蔽、断开链接等必要的措施，防止信息扩散。

第六章 监督管理和法律责任

第二十八条 网信部门会同公安、文化和旅游、广播电视等有关部门依法对网络信息服务提供者的网络暴力信息治理情况进行监督检查。

网络信息服务提供者对网信部门和有关部门依法实施的监督检查应当予以配合。

第二十九条 网信部门会同公安、文化和旅游、广播电视等有关部门建立健全信息共享、会商通报、取证调证、案件督办等工作机制，协同治理网络暴力信息。

公安机关对于网信、文化和旅游、广播电视等部门移送的涉网络暴力信息违法犯罪线索，应当及时进行审查，并对符合立案条件的及时立案侦查、调查。

第三十条 违反本规定的，依照《中华人民共和国网络安全法》、《中华人民共和国个人信息保护法》、《中华人民共和国治安管理处罚法》、《互联网信息服务管理办法》等法律、行政法规的规定予以处罚。

法律、行政法规没有规定的，由网信、公安、文化和旅游、广播电视等有关部门依据职责给予警告、通报批评，责令限期改正，可以并处一万元以上十万元以下罚款；涉及危害公民生命健康安全且有严重后果的，并处十万元以上二十万元以下罚款。

对组织、煽动制作、复制、发布、传播网络暴力信息或者利用网络暴力事件实施恶意营销炒作等行为的组织和个人，应当依法从重处罚。

第三十一条 违反本规定，给他人造成损害的，依法承担民事责任；构成违反治安管理行为的，依法给予治安管理处罚；构成犯罪的，依法追究刑事责任。

第七章 附　　则

第三十二条 本规定所称网络暴力信息，是指通过网络以文本、图像、音频、视频等形式对个人集中发布的，含有侮辱谩骂、造谣诽谤、煽动仇恨、威逼胁迫、侵犯隐私，以及影响身心健康的指责嘲讽、贬低歧视等内容的违法和不良信息。

第三十三条 依法通过网络检举、揭发他人违法犯罪，或者依法实施舆论监督的，不适用本规定。

第三十四条 本规定自 2024 年 8 月 1 日起施行。

个人信息出境标准合同办法

（2023 年 2 月 3 日国家互联网信息办公室 2023 年第 2 次室务会议审议通过　2023 年 2 月 22 日国家互联网信息办公室令第 13 号公布　自 2023 年 6 月 1 日起施行）

第一条 为了保护个人信息权益，规范个人信息出境活动，根据《中华人民共和国个人信息保护法》等法律法规，制定本办法。

第二条 个人信息处理者通过与境外接收方订立个人信息出境标准合同（以下简称标准合同）的方式向中华人民共和国境外提供个人信息，适用本办法。

第三条 通过订立标准合同的方式开展个人信息出境活动，应当坚持自主缔约与备案管理相结合、保护权益与防范风险相结合，保障个人信息跨境安全、自由流动。

第四条 个人信息处理者通过订立标准合同的方式向境外提供个人信息的，应当同时符合下列情形：

（一）非关键信息基础设施运营者；

（二）处理个人信息不满100万人的；

（三）自上年1月1日起累计向境外提供个人信息不满10万人的；

（四）自上年1月1日起累计向境外提供敏感个人信息不满1万人的。

法律、行政法规或者国家网信部门另有规定的，从其规定。

个人信息处理者不得采取数量拆分等手段，将依法应当通过出境安全评估的个人信息通过订立标准合同的方式向境外提供。

第五条 个人信息处理者向境外提供个人信息前，应当开展个人信息保护影响评估，重点评估以下内容：

（一）个人信息处理者和境外接收方处理个人信息的目的、范围、方式等的合法性、正当性、必要性；

（二）出境个人信息的规模、范围、种类、敏感程度，个人信息出境可能对个人信息权益带来的风险；

（三）境外接收方承诺承担的义务，以及履行义务的管理和技术措施、能力等能否保障出境个人信息的安全；

（四）个人信息出境后遭到篡改、破坏、泄露、丢失、非法利用等的风险，个人信息权益维护的渠道是否通畅等；

（五）境外接收方所在国家或者地区的个人信息保护政策和法规对标准合同履行的影响；

（六）其他可能影响个人信息出境安全的事项。

第六条 标准合同应当严格按照本办法附件订立。国家网信部门可以根据实际情况对附件进行调整。

个人信息处理者可以与境外接收方约定其他条款，但不得与标准合同相冲突。

标准合同生效后方可开展个人信息出境活动。

第七条 个人信息处理者应当在标准合同生效之日起10个工作日内向所在地省级网信部门备案。备案应当提交以下材料：

（一）标准合同；

（二）个人信息保护影响评估报告。

个人信息处理者应当对所备案材料的真实性负责。

第八条 在标准合同有效期内出现下列情形之一的，个人信息处理者应当重新开展个人信息保护影响评估，补充或者重新订立标准合同，并履行相应备案手续：

（一）向境外提供个人信息的目的、范围、种类、敏感程度、方式、保存地点或者境外接收方处理个人信息的用途、方式发生变化，或者延长个人信息境外保存期限的；

（二）境外接收方所在国家或者地区的个人信息保护政策和法规发生变化等可能影响个人信息权益的；

（三）可能影响个人信息权益的其他情形。

第九条 网信部门及其工作人员对在履行职责中知悉的个人隐私、个人信息、商业秘密、保密商务信息等应当依法予以保密，不得泄露或者非法向他人提供、非法使用。

第十条 任何组织和个人发现个人信息处理者违反本办法向境外提供个人信息的，可以向省级以上网信部门举报。

第十一条 省级以上网信部门发现个人信息出境活动存在较大风险或者发生个人信息安全事件的，可以依法对个人信息处理者进行约谈。个人信息处理者应当按照要求整改，消除隐患。

第十二条 违反本办法规定的，依据《中华人民共和国个人信息保护法》等法律法规处理；构成犯罪的，依法追究刑事责任。

第十三条 本办法自 2023 年 6 月 1 日起施行。本办法施行前已经开展的个人信息出境活动，不符合本办法规定的，应当自本办法施行之日起 6 个月内完成整改。

附件：个人信息出境标准合同

个人信息出境标准合同
国家互联网信息办公室　制定

为了确保境外接收方处理个人信息的活动达到中华人民共和国相关法律法规规定的个人信息保护标准，明确个人信息处理者和境外接收方个人信息保护的权利和义务，经双方协商一致，订立本合同。

个人信息处理者：_____
地址：_____
联系方式：_____
联系人：_____ 职务：_____

境外接收方：_____
地址：_____
联系方式：_____
联系人：_____ 职务：_____

个人信息处理者与境外接收方依据本合同约定开展个人信息出境活动，与此活动相关的商业行为，双方【已】/【约定】于_____年___月___日订立（商业合同，如有）。

本合同正文根据《个人信息出境标准合同办法》的要求拟定，在不与本合同正文内容相冲突的前提下，双方如有其他约定可在附录二中详述，附录构成本合同的组成部分。

第一条　定义

在本合同中，除上下文另有规定外：

（一）"个人信息处理者"是指在个人信息处理活动中自主决定处理目的、处理方式的，向中华人民共和国境外提供个人信息的组织、个人。

（二）"境外接收方"是指在中华人民共和国境外自个人信息处理者处接收个人信息的组织、个人。

（三）个人信息处理者或者境外接收方单称"一方"，合称"双方"。

（四）"个人信息主体"是指个人信息所识别或者关联的自然人。

（五）"个人信息"是指以电子或者其他方式记录的与已识别或者可识别的自然人有关的各种信息，不包括匿名化处理后的信息。

（六）"敏感个人信息"是指一旦泄露或者非法使用，容易导致自然人的人格尊严受到侵害或者人身、财产安全受到危害的个人信息，包括生物识别、宗教信仰、特定身份、医疗健康、金融账户、行踪轨迹等信息，以及不满十四周岁未成年人的个人信息。

（七）"监管机构"是指中华人民共和国省级以上网信部门。

（八）"相关法律法规"是指《中华人民共和国网络安全法》《中华人民共和国数据安全法》《中华人民共和国个人信息保护法》《中华人民共和国民法典》《中华人民共和国民事诉讼法》《个人信息出境标准合同办法》等中华人民共和国法律法规。

（九）本合同其他未定义术语的含义与相关法律法规规定的含义一致。

第二条 个人信息处理者的义务

个人信息处理者应当履行下列义务：

（一）按照相关法律法规规定处理个人信息，向境外提供的个人信息仅限于实现处理目的所需的最小范围。

（二）向个人信息主体告知境外接收方的名称或者姓名、联系方式、附录一"个人信息出境说明"中处理目的、处理方式、个人信息的种类、保存期限，以及行使个人信息主体权利的方式和程序等事项。向境外提供敏感个人信息的，还应当向个人信息主体告知提供敏感个人信息的必要性以及对个人权益的影响。但是法律、行政法规规定不需要告知的除外。

（三）基于个人同意向境外提供个人信息的，应当取得个人信息主体的单独同意。涉及不满十四周岁未成年人个人信息的，应当取得未成年人的父母或者其他监护人的单独同意。法律、行政法规规定应当取得书面同意的，应当取得书面同意。

（四）向个人信息主体告知其与境外接收方通过本合同约定个人信息主体为第三方受益人，如个人信息主体未在 30 日内明确拒绝，则可以依据本合同享有第三方受益人的权利。

（五）尽合理地努力确保境外接收方采取如下技术和管理措施（综合考虑个人信息处理目的、个人信息的种类、规模、范围及敏感程度、传输的数量和频率、个人信息传输及境外接收方的保存期限等可能带来的个人信息安全风险），以履行本合同约定的义务：

（如加密、匿名化、去标识化、访问控制等技术和管理措施）

_____

_____

（六）根据境外接收方的要求向境外接收方提供相关法律规定和技术标准的副本。

（七）答复监管机构关于境外接收方的个人信息处理活动的询问。

（八）按照相关法律法规对拟向境外接收方提供个人信息的活动开展个人信息保护影响评估。重点评估以下内容：

1. 个人信息处理者和境外接收方处理个人信息的目的、范围、方式等的合法性、正当性、必要性。

2. 出境个人信息的规模、范围、种类、敏感程度，个人信息出境可能对个人信息权益带来的风险。

3. 境外接收方承诺承担的义务，以及履行义务的管理和技术措施、能力等能否保障出境个人信息的安全。

4. 个人信息出境后遭到篡改、破坏、泄露、丢失、非法利用等的风险，个人信息权益维护的渠道是否通畅等。

5. 按照本合同第四条评估当地个人信息保护政策和法规对合同履行的影响。

6. 其他可能影响个人信息出境安全的事项。保存个人信息保护影响评估报告至少 3 年。

（九）根据个人信息主体的要求向个人信息主体提供本合同的副本。如涉及商业秘密或者保密商务信息，在不影响个人信息主体理解的前提下，可对本合同副本相关内容进行适当处理。

（十）对本合同义务的履行承担举证责任。

（十一）根据相关法律法规要求，向监管机构提供本合同第三条第十一项所述的信息，包括所有合规审计结果。

第三条　境外接收方的义务

境外接收方应当履行下列义务：

（一）按照附录一"个人信息出境说明"所列约定处理个人信息。如超出约定的处理目的、处理方式和处理的个人信息种类，基于个人同意处理个人信息的，应当事先取得个人信息主体的单独同意；涉及不满十四周岁未成年人个人信息的，应当取得未成年人的父母或者其他监护人的单独同意。

（二）受个人信息处理者委托处理个人信息的，应当按照与个人信息处理者的约定处理个人信息，不得超出与个人信息处理者约定的处理目的、处理方式等处理个人信息。

（三）根据个人信息主体的要求向个人信息主体提供本合同的副本。如涉及商业秘密或者保密商务信息，在不影响个人信息主体理解的前提下，可对本合同副本相关内容进行适当处理。

（四）采取对个人权益影响最小的方式处理个人信息。

（五）个人信息的保存期限为实现处理目的所必要的最短时间，保存期限届满的，应当删除个人信息（包括所有备份）。受个人信息处理者委托处理个人信息，委托合同未生效、无效、被撤销或者终止的，应当将个人信息返还个人信息处理者或者予以删除，并向个人信息处理者提供书面说明。删除个人信息从技术上难以实现的，应当停止除存储和采取必要的安全保护措施之外的处理。

（六）按下列方式保障个人信息处理安全：

1. 采取包括但不限于本合同第二条第五项的技术和管理措施，并定期进行检查，确保个人信息安全。

2. 确保授权处理个人信息的人员履行保密义务，并建立最小授权的访问控制权限。

（七）如处理的个人信息发生或者可能发生篡改、破坏、泄露、丢失、非法利用、未经授权提供或者访问，应当开展下列工作：

1. 及时采取适当补救措施，减轻对个人信息主体造成的不利影响。

2. 立即通知个人信息处理者，并根据相关法律法规要求报告监管机构。通知应当包含下列事项：

（1）发生或者可能发生篡改、破坏、泄露、丢失、非法利用、未经授权提供或者访问的个人信息种类、原因和可能造成的危害。

（2）已采取的补救措施。

（3）个人信息主体可以采取的减轻危害的措施。

（4）负责处理相关情况的负责人或者负责团队的联系方式。

3. 相关法律法规要求通知个人信息主体的，通知的内容包含本项第2目的事项。受个人信息处理者委托处理个人信息的，由个人信息处理者通知个人信息主体。

4. 记录并留存所有与发生或者可能发生篡改、破坏、泄露、丢失、非法利用、未经授权提供或者访问有关的情况，包括采取的所有补救措施。

(八) 同时符合下列条件的,方可向中华人民共和国境外的第三方提供个人信息：

1. 确有业务需要。

2. 已告知个人信息主体该第三方的名称或者姓名、联系方式、处理目的、处理方式、个人信息种类、保存期限以及行使个人信息主体权利的方式和程序等事项。向第三方提供敏感个人信息的,还应当向个人信息主体告知提供敏感个人信息的必要性以及对个人权益的影响。但是法律、行政法规规定不需要告知的除外。

3. 基于个人同意处理个人信息的,应当取得个人信息主体的单独同意。涉及不满十四周岁未成年人个人信息的,应当取得未成年人的父母或者其他监护人的单独同意。法律、行政法规规定应当取得书面同意的,应当取得书面同意。

4. 与第三方达成书面协议,确保第三方的个人信息处理活动达到中华人民共和国相关法律法规规定的个人信息保护标准,并承担因向中华人民共和国境外的第三方提供个人信息而侵害个人信息主体享有权利的法律责任。

5. 根据个人信息主体的要求向个人信息主体提供该书面协议的副本。如涉及商业秘密或者保密商务信息,在不影响个人信息主体理解的前提下,可对该书面协议相关内容进行适当处理。

(九) 受个人信息处理者委托处理个人信息,转委托第三方处理的,应当事先征得个人信息处理者同意,要求该第三方不得超出本合同附录一"个人信息出境说明"中约定的处理目的、处理方式等处理个人信息,并对该第三方的个人信息处理活动进行监督。

(十) 利用个人信息进行自动化决策的,应当保证决策的透明度和结果公平、公正,不得对个人信息主体在交易价格等交易条件上实行不合理的差别待遇。通过自动化决策方式向个人信息主体进行信息推送、商业营销的,应当同时提供不针对其个人特征的选项,或者向个人信息主体提供便捷的拒绝方式。

(十一) 承诺向个人信息处理者提供已遵守本合同义务所需的必要信息,允许个人信息处理者对必要数据文件和文档进行查阅,或者对本合同涵盖的处理活动进行合规审计,并为个人信息处理者开展合规审计提供便利。

（十二）对开展的个人信息处理活动进行客观记录，保存记录至少3年，并按照相关法律法规要求直接或者通过个人信息处理者向监管机构提供相关记录文件。

（十三）同意在监督本合同实施的相关程序中接受监管机构的监督管理，包括但不限于答复监管机构询问、配合监管机构检查、服从监管机构采取的措施或者作出的决定、提供已采取必要行动的书面证明等。

第四条　境外接收方所在国家或者地区个人信息保护政策和法规对合同履行的影响

（一）双方应当保证在本合同订立时已尽到合理注意义务，未发现境外接收方所在国家或者地区的个人信息保护政策和法规（包括任何提供个人信息的要求或者授权公共机关访问个人信息的规定）影响境外接收方履行本合同约定的义务。

（二）双方声明，在作出本条第一项的保证时，已经结合下列情形进行评估：

1. 出境的具体情况，包括个人信息处理目的、传输个人信息的种类、规模、范围及敏感程度、传输的规模和频率、个人信息传输及境外接收方的保存期限、境外接收方此前类似的个人信息跨境传输和处理相关经验、境外接收方是否曾发生个人信息安全相关事件及是否进行了及时有效地处置、境外接收方是否曾收到其所在国家或者地区公共机关要求其提供个人信息的请求及境外接收方应对的情况。

2. 境外接收方所在国家或者地区的个人信息保护政策和法规，包括下列要素：

（1）该国家或者地区现行的个人信息保护法律法规及普遍适用的标准。

（2）该国家或者地区加入的区域性或者全球性的个人信息保护方面的组织，以及所作出的具有约束力的国际承诺。

（3）该国家或者地区落实个人信息保护的机制，如是否具备个人信息保护的监督执法机构和相关司法机构等。

3. 境外接收方安全管理制度和技术手段保障能力。

（三）境外接收方保证，在根据本条第二项进行评估时，已尽最大努力为个人信息处理者提供了必要的相关信息。

（四）双方应当记录根据本条第二项进行评估的过程和结果。

（五）因境外接收方所在国家或者地区的个人信息保护政策和法规发生变化（包括境外接收方所在国家或者地区更改法律，或者采取强制性措施）导致境外接收方无法履行本合同的，境外接收方应当在知道该变化后立即通知个人信息处理者。

（六）境外接收方接到所在国家或者地区的政府部门、司法机构关于提供本合同项下的个人信息要求的，应当立即通知个人信息处理者。

第五条　个人信息主体的权利

双方约定个人信息主体作为本合同第三方受益人享有以下权利：

（一）个人信息主体依据相关法律法规，对其个人信息的处理享有知情权、决定权，有权限制或者拒绝他人对其个人信息进行处理，有权要求查阅、复制、更正、补充、删除其个人信息，有权要求对其个人信息处理规则进行解释说明。

（二）当个人信息主体要求对已经出境的个人信息行使上述权利时，个人信息主体可以请求个人信息处理者采取适当措施实现，或者直接向境外接收方提出请求。个人信息处理者无法实现的，应当通知并要求境外接收方协助实现。

（三）境外接收方应当按照个人信息处理者的通知，或者根据个人信息主体的请求，在合理期限内实现个人信息主体依照相关法律法规所享有的权利。

境外接收方应当以显著的方式、清晰易懂的语言真实、准确、完整地告知个人信息主体相关信息。

（四）境外接收方拒绝个人信息主体的请求的，应当告知个人信息主体其拒绝的原因，以及个人信息主体向相关监管机构提出投诉和寻求司法救济的途径。

（五）个人信息主体作为本合同第三方受益人有权根据本合同条款向个人信息处理者和境外接收方的一方或者双方主张并要求履行本合同项下与个人信息主体权利相关的下列条款：

1. 第二条，但第二条第五项、第六项、第七项、第十一项除外。
2. 第三条，但第三条第七项第 2 目和第 4 目、第九项、第十一项、第十二项、第十三项除外。

3. 第四条，但第四条第五项、第六项除外。

4. 第五条。

5. 第六条。

6. 第八条第二项、第三项。

7. 第九条第五项。上述约定不影响个人信息主体依据《中华人民共和国个人信息保护法》享有的权益。

第六条　救济

（一）境外接收方应当确定一个联系人，授权其答复有关个人信息处理的询问或者投诉，并应当及时处理个人信息主体的询问或者投诉。境外接收方应当将联系人信息告知个人信息处理者，并以简洁易懂的方式，通过单独通知或者在其网站公告，告知个人信息主体该联系人信息，具体为：

联系人及联系方式（办公电话或电子邮箱）

（二）一方因履行本合同与个人信息主体发生争议的，应当通知另一方，双方应当合作解决争议。

（三）争议未能友好解决，个人信息主体根据第五条行使第三方受益人的权利的，境外接收方接受个人信息主体通过下列形式维护权利：

1. 向监管机构投诉。

2. 向本条第五项约定的法院提起诉讼。

（四）双方同意个人信息主体就本合同争议行使第三方受益人权利，个人信息主体选择适用中华人民共和国相关法律法规的，从其选择。

（五）双方同意个人信息主体就本合同争议行使第三方受益人权利的，个人信息主体可以依据《中华人民共和国民事诉讼法》向有管辖权的人民法院提起诉讼。

（六）双方同意个人信息主体所作的维权选择不会减损个人信息主体根据其他法律法规寻求救济的权利。

第七条　合同解除

（一）境外接收方违反本合同约定的义务，或者境外接收方所在国家或者地区的个人信息保护政策和法规发生变化（包括境外接收方所在国家或者地区更改法律，或者采取强制性措施）导致境外接收方无法履行本合同的，个人信息处理者可以暂停向境外接收方提供个人信息，直到违约行为被改正或者合同被解除。

（二）有下列情形之一的，个人信息处理者有权解除本合同，并在必要时通知监管机构：

1. 个人信息处理者根据本条第一项的规定暂停向境外接收方提供个人信息的时间超过 1 个月。

2. 境外接收方遵守本合同将违反其所在国家或者地区的法律规定。

3. 境外接收方严重或者持续违反本合同约定的义务。

4. 根据境外接收方的主管法院或者监管机构作出的终局决定，境外接收方或者个人信息处理者违反了本合同约定的义务。在本项第 1 目、第 2 目、第 4 目的情况下，境外接收方可以解除本合同。

（三）经双方同意解除本合同的，合同解除不免除其在个人信息处理过程中的个人信息保护义务。

（四）合同解除时，境外接收方应当及时返还或者删除其根据本合同所接收到的个人信息（包括所有备份），并向个人信息处理者提供书面说明。删除个人信息从技术上难以实现的，应当停止除存储和采取必要的安全保护措施之外的处理。

第八条 违约责任

（一）双方应就其违反本合同而给对方造成的损失承担责任。

（二）任何一方因违反本合同而侵害个人信息主体享有的权利，应当对个人信息主体承担民事法律责任，且不影响相关法律法规规定个人信息处理者应当承担的行政、刑事等法律责任。

（三）双方依法承担连带责任的，个人信息主体有权请求任何一方或者双方承担责任。一方承担的责任超过其应当承担的责任份额时，有权向另一方追偿。

第九条 其他

（一）如本合同与双方订立的任何其他法律文件发生冲突，本合同的条款优先适用。

（二）本合同的成立、效力、履行、解释、因本合同引起的双方间的任何争议，适用中华人民共和国相关法律法规。

（三）发出的通知应当以电子邮件、电报、电传、传真（以航空信件寄送确认副本）或者航空挂号信发往（具体地址）_____或者书面通知取代该地址的其他地址。如以航空挂号信寄出本合同项下的通知，在邮戳日期后的____天应当视为收讫；如以电子邮件、电报、电传或者传真发出，在发出以后的____个工作日应当视为收讫。

（四）双方因本合同产生的争议以及任何一方因先行赔偿个人信息主体损害赔偿责任而向另一方的追偿，双方应当协商解决；协商解决不成的，任何一方可以采取下列第种方式加以解决（如选择仲裁，请勾选仲裁机构）：

1. 仲裁。将该争议提交

□中国国际经济贸易仲裁委员会

□中国海事仲裁委员会

□北京仲裁委员会（北京国际仲裁中心）

□上海国际仲裁中心

□其他《承认及执行外国仲裁裁决公约》成员的仲裁机构_____ _____按其届时有效的仲裁规则在（仲裁地点）_____进行仲裁；

2. 诉讼。依法向中华人民共和国有管辖权的人民法院提起诉讼。

（五）本合同应当按照相关法律法规的规定进行解释，不得以与相关法律法规规定的权利、义务相抵触的方式解释本合同。

（六）本合同正本一式____份，双方各执____份，其法律效力相同。本合同在（地点）_____签订

个人信息处理者：_____
_____年____月____日
境外接收方：_____
_____年____月____日

附录一

个人信息出境说明

根据本合同向境外提供个人信息的详情约定如下：

（一）处理目的：

（二）处理方式：

（三）出境个人信息的规模：

（四）出境个人信息种类（参考 GB/T35273《信息安全技术个人信息安全规范》和相关标准）：

（五）出境敏感个人信息种类（如适用，参考 GB/T35273《信息安全技术个人信息安全规范》和相关标准）：

（六）境外接收方只向以下中华人民共和国境外第三方提供个人信息（如适用）：

（七）传输方式：

（八）出境后保存期限：
（   年 月 日至   年 月 日）

（九）出境后保存地点：

（十）其他事项（视情况填写）：

附录二

双方约定的其他条款（如需要）

互联网用户账号信息管理规定

(2022年6月9日国家互联网信息办公室2022年第11次室务会议审议通过 2022年6月27日国家互联网信息办公室令第10号公布 自2022年8月1日起施行)

第一章 总 则

第一条 为了加强对互联网用户账号信息的管理,弘扬社会主义核心价值观,维护国家安全和社会公共利益,保护公民、法人和其他组织的合法权益,根据《中华人民共和国网络安全法》、《中华人民共和国个人信息保护法》、《互联网信息服务管理办法》等法律、行政法规,制定本规定。

第二条 互联网用户在中华人民共和国境内的互联网信息服务提供者注册、使用互联网用户账号信息及其管理工作,适用本规定。法律、行政法规另有规定的,依照其规定。

第三条 国家网信部门负责全国互联网用户账号信息的监督管理工作。

地方网信部门依据职责负责本行政区域内的互联网用户账号信息的监督管理工作。

第四条 互联网用户注册、使用和互联网信息服务提供者管理互联网用户账号信息,应当遵守法律法规,遵循公序良俗,诚实信用,不得损害国家安全、社会公共利益或者他人合法权益。

第五条 鼓励相关行业组织加强行业自律,建立健全行业标准、行业准则和自律管理制度,督促指导互联网信息服务提供者制定完善服务规范、加强互联网用户账号信息安全管理、依法提供服务并接受社会监督。

第二章 账号信息注册和使用

第六条 互联网信息服务提供者应当依照法律、行政法规和国家有关规定,制定和公开互联网用户账号管理规则、平台公约,与互联网用户签订服务协议，明确账号信息注册、使用和管理相关权利义务。

第七条　互联网个人用户注册、使用账号信息，含有职业信息的，应当与个人真实职业信息相一致。

互联网机构用户注册、使用账号信息，应当与机构名称、标识等相一致，与机构性质、经营范围和所属行业类型等相符合。

第八条　互联网用户注册、使用账号信息，不得有下列情形：

（一）违反《网络信息内容生态治理规定》第六条、第七条规定；

（二）假冒、仿冒、捏造政党、党政军机关、企事业单位、人民团体和社会组织的名称、标识等；

（三）假冒、仿冒、捏造国家（地区）、国际组织的名称、标识等；

（四）假冒、仿冒、捏造新闻网站、报刊社、广播电视机构、通讯社等新闻媒体的名称、标识等，或者擅自使用"新闻"、"报道"等具有新闻属性的名称、标识等；

（五）假冒、仿冒、恶意关联国家行政区域、机构所在地、标志性建筑物等重要空间的地理名称、标识等；

（六）以损害公共利益或者谋取不正当利益等为目的，故意夹带二维码、网址、邮箱、联系方式等，或者使用同音、谐音、相近的文字、数字、符号和字母等；

（七）含有名不副实、夸大其词等可能使公众受骗或者产生误解的内容；

（八）含有法律、行政法规和国家有关规定禁止的其他内容。

第九条　互联网信息服务提供者为互联网用户提供信息发布、即时通讯等服务的，应当对申请注册相关账号信息的用户进行基于移动电话号码、身份证件号码或者统一社会信用代码等方式的真实身份信息认证。用户不提供真实身份信息，或者冒用组织机构、他人身份信息进行虚假注册的，不得为其提供相关服务。

第十条　互联网信息服务提供者应当对互联网用户在注册时提交的和使用中拟变更的账号信息进行核验，发现违反本规定第七条、第八条规定的，应当不予注册或者变更账号信息。

对账号信息中含有"中国"、"中华"、"中央"、"全国"、"国家"等内容，或者含有党旗、党徽、国旗、国歌、国徽等党和国家象征和标志的，应当依照法律、行政法规和国家有关规定从严核验。

互联网信息服务提供者应当采取必要措施，防止被依法依约关闭的账号重新注册；对注册与其关联度高的账号信息，应当对相关信息从严核验。

第十一条 对于互联网用户申请注册提供互联网新闻信息服务、网络出版服务等依法需要取得行政许可的互联网信息服务的账号，或者申请注册从事经济、教育、医疗卫生、司法等领域信息内容生产的账号，互联网信息服务提供者应当要求其提供服务资质、职业资格、专业背景等相关材料，予以核验并在账号信息中加注专门标识。

第十二条 互联网信息服务提供者应当在互联网用户账号信息页面展示合理范围内的互联网用户账号的互联网协议（IP）地址归属地信息，便于公众为公共利益实施监督。

第十三条 互联网信息服务提供者应当在互联网用户公众账号信息页面，展示公众账号的运营主体、注册运营地址、内容生产类别、统一社会信用代码、有效联系方式、互联网协议（IP）地址归属地等信息。

第三章 账号信息管理

第十四条 互联网信息服务提供者应当履行互联网用户账号信息管理主体责任，配备与服务规模相适应的专业人员和技术能力，建立健全并严格落实真实身份信息认证、账号信息核验、信息内容安全、生态治理、应急处置、个人信息保护等管理制度。

第十五条 互联网信息服务提供者应当建立账号信息动态核验制度，适时核验存量账号信息，发现不符合本规定要求的，应当暂停提供服务并通知用户限期改正；拒不改正的，应当终止提供服务。

第十六条 互联网信息服务提供者应当依法保护和处理互联网用户账号信息中的个人信息，并采取措施防止未经授权的访问以及个人信息泄露、篡改、丢失。

第十七条 互联网信息服务提供者发现互联网用户注册、使用账号信息违反法律、行政法规和本规定的，应当依法依约采取警示提醒、限期改正、限制账号功能、暂停使用、关闭账号、禁止重新注册等处置措施，保存有关记录，并及时向网信等有关主管部门报告。

第十八条　互联网信息服务提供者应当建立健全互联网用户账号信用管理体系,将账号信息相关信用评价作为账号信用管理的重要参考指标,并据以提供相应服务。

第十九条　互联网信息服务提供者应当在显著位置设置便捷的投诉举报入口,公布投诉举报方式,健全受理、甄别、处置、反馈等机制,明确处理流程和反馈时限,及时处理用户和公众投诉举报。

第四章　监督检查与法律责任

第二十条　网信部门会同有关主管部门,建立健全信息共享、会商通报、联合执法、案件督办等工作机制,协同开展互联网用户账号信息监督管理工作。

第二十一条　网信部门依法对互联网信息服务提供者管理互联网用户注册、使用账号信息情况实施监督检查。互联网信息服务提供者应当予以配合,并提供必要的技术、数据等支持和协助。

发现互联网信息服务提供者存在较大网络信息安全风险的,省级以上网信部门可以要求其采取暂停信息更新、用户账号注册或者其他相关服务等措施。互联网信息服务提供者应当按照要求采取措施,进行整改,消除隐患。

第二十二条　互联网信息服务提供者违反本规定的,依照有关法律、行政法规的规定处罚。法律、行政法规没有规定的,由省级以上网信部门依据职责给予警告、通报批评,责令限期改正,并可以处一万元以上十万元以下罚款。构成违反治安管理行为的,移交公安机关处理;构成犯罪的,移交司法机关处理。

第五章　附　　则

第二十三条　本规定下列用语的含义是:

(一)互联网用户账号信息,是指互联网用户在互联网信息服务中注册、使用的名称、头像、封面、简介、签名、认证信息等用于标识用户账号的信息。

(二)互联网信息服务提供者,是指向用户提供互联网信息发布和应用平台服务,包括但不限于互联网新闻信息服务、网络出版服务、搜索引擎、即时通讯、交互式信息服务、网络直播、应用软件下载等互联网服务的主体。

第二十四条 本规定自 2022 年 8 月 1 日施行。本规定施行之前颁布的有关规定与本规定不一致的，按照本规定执行。

儿童个人信息网络保护规定

（2019 年 8 月 22 日国家互联网信息办公室令第 4 号公布 自 2019 年 10 月 1 日起施行）

第一条 为了保护儿童个人信息安全，促进儿童健康成长，根据《中华人民共和国网络安全法》《中华人民共和国未成年人保护法》等法律法规，制定本规定。

第二条 本规定所称儿童，是指不满十四周岁的未成年人。

第三条 在中华人民共和国境内通过网络从事收集、存储、使用、转移、披露儿童个人信息等活动，适用本规定。

第四条 任何组织和个人不得制作、发布、传播侵害儿童个人信息安全的信息。

第五条 儿童监护人应当正确履行监护职责，教育引导儿童增强个人信息保护意识和能力，保护儿童个人信息安全。

第六条 鼓励互联网行业组织指导推动网络运营者制定儿童个人信息保护的行业规范、行为准则等，加强行业自律，履行社会责任。

第七条 网络运营者收集、存储、使用、转移、披露儿童个人信息的，应当遵循正当必要、知情同意、目的明确、安全保障、依法利用的原则。

第八条 网络运营者应当设置专门的儿童个人信息保护规则和用户协议，并指定专人负责儿童个人信息保护。

第九条 网络运营者收集、使用、转移、披露儿童个人信息的，应当以显著、清晰的方式告知儿童监护人，并应当征得儿童监护人的同意。

第十条 网络运营者征得同意时，应当同时提供拒绝选项，并明确告知以下事项：

（一）收集、存储、使用、转移、披露儿童个人信息的目的、方式和范围；

（二）儿童个人信息存储的地点、期限和到期后的处理方式；

（三）儿童个人信息的安全保障措施；

（四）拒绝的后果；

（五）投诉、举报的渠道和方式；

（六）更正、删除儿童个人信息的途径和方法；

（七）其他应当告知的事项。

前款规定的告知事项发生实质性变化的，应当再次征得儿童监护人的同意。

第十一条　网络运营者不得收集与其提供的服务无关的儿童个人信息，不得违反法律、行政法规的规定和双方的约定收集儿童个人信息。

第十二条　网络运营者存储儿童个人信息，不得超过实现其收集、使用目的所必需的期限。

第十三条　网络运营者应当采取加密等措施存储儿童个人信息，确保信息安全。

第十四条　网络运营者使用儿童个人信息，不得违反法律、行政法规的规定和双方约定的目的、范围。因业务需要，确需超出约定的目的、范围使用的，应当再次征得儿童监护人的同意。

第十五条　网络运营者对其工作人员应当以最小授权为原则，严格设定信息访问权限，控制儿童个人信息知悉范围。工作人员访问儿童个人信息的，应当经过儿童个人信息保护负责人或者其授权的管理人员审批，记录访问情况，并采取技术措施，避免违法复制、下载儿童个人信息。

第十六条　网络运营者委托第三方处理儿童个人信息的，应当对受委托方及委托行为等进行安全评估，签署委托协议，明确双方责任、处理事项、处理期限、处理性质和目的等，委托行为不得超出授权范围。

前款规定的受委托方，应当履行以下义务：

（一）按照法律、行政法规的规定和网络运营者的要求处理儿童个人信息；

（二）协助网络运营者回应儿童监护人提出的申请；

（三）采取措施保障信息安全，并在发生儿童个人信息泄露安全事件

时,及时向网络运营者反馈;

(四)委托关系解除时及时删除儿童个人信息;

(五)不得转委托;

(六)其他依法应当履行的儿童个人信息保护义务。

第十七条 网络运营者向第三方转移儿童个人信息的,应当自行或者委托第三方机构进行安全评估。

第十八条 网络运营者不得披露儿童个人信息,但法律、行政法规规定应当披露或者根据与儿童监护人的约定可以披露的除外。

第十九条 儿童或者其监护人发现网络运营者收集、存储、使用、披露的儿童个人信息有错误的,有权要求网络运营者予以更正。网络运营者应当及时采取措施予以更正。

第二十条 儿童或者其监护人要求网络运营者删除其收集、存储、使用、披露的儿童个人信息的,网络运营者应当及时采取措施予以删除,包括但不限于以下情形:

(一)网络运营者违反法律、行政法规的规定或者双方的约定收集、存储、使用、转移、披露儿童个人信息的;

(二)超出目的范围或者必要期限收集、存储、使用、转移、披露儿童个人信息的;

(三)儿童监护人撤回同意的;

(四)儿童或者其监护人通过注销等方式终止使用产品或者服务的。

第二十一条 网络运营者发现儿童个人信息发生或者可能发生泄露、毁损、丢失的,应当立即启动应急预案,采取补救措施;造成或者可能造成严重后果的,应当立即向有关主管部门报告,并将事件相关情况以邮件、信函、电话、推送通知等方式告知受影响的儿童及其监护人,难以逐一告知的,应当采取合理、有效的方式发布相关警示信息。

第二十二条 网络运营者应当对网信部门和其他有关部门依法开展的监督检查予以配合。

第二十三条 网络运营者停止运营产品或者服务的,应当立即停止收集儿童个人信息的活动,删除其持有的儿童个人信息,并将停止运营的通知及时告知儿童监护人。

第二十四条 任何组织和个人发现有违反本规定行为的,可以向网信部门和其他有关部门举报。

网信部门和其他有关部门收到相关举报的，应当依据职责及时进行处理。

第二十五条 网络运营者落实儿童个人信息安全管理责任不到位，存在较大安全风险或者发生安全事件的，由网信部门依据职责进行约谈，网络运营者应当及时采取措施进行整改，消除隐患。

第二十六条 违反本规定的，由网信部门和其他有关部门依据职责，根据《中华人民共和国网络安全法》《互联网信息服务管理办法》等相关法律法规规定处理；构成犯罪的，依法追究刑事责任。

第二十七条 违反本规定被追究法律责任的，依照有关法律、行政法规的规定记入信用档案，并予以公示。

第二十八条 通过计算机信息系统自动留存处理信息且无法识别所留存处理的信息属于儿童个人信息的，依照其他有关规定执行。

第二十九条 本规定自 2019 年 10 月 1 日起施行。

电信和互联网用户个人信息保护规定

（2013 年 6 月 28 日中华人民共和国工业和信息化部第 2 次部务会议审议通过　2013 年 7 月 16 日中华人民共和国工业和信息化部令第 24 号公布　自 2013 年 9 月 1 日起施行）

第一章　总　　则

第一条 为了保护电信和互联网用户的合法权益，维护网络信息安全，根据《全国人民代表大会常务委员会关于加强网络信息保护的决定》、《中华人民共和国电信条例》和《互联网信息服务管理办法》等法律、行政法规，制定本规定。

第二条 在中华人民共和国境内提供电信服务和互联网信息服务过程中收集、使用用户个人信息的活动，适用本规定。

第三条 工业和信息化部和各省、自治区、直辖市通信管理局（以下统称电信管理机构）依法对电信和互联网用户个人信息保护工作实施监督管理。

第四条 本规定所称用户个人信息，是指电信业务经营者和互联网信息服务提供者在提供服务的过程中收集的用户姓名、出生日期、身份证件号码、住址、电话号码、账号和密码等能够单独或者与其他信息结合识别用户的信息以及用户使用服务的时间、地点等信息。

第五条 电信业务经营者、互联网信息服务提供者在提供服务的过程中收集、使用用户个人信息，应当遵循合法、正当、必要的原则。

第六条 电信业务经营者、互联网信息服务提供者对其在提供服务过程中收集、使用的用户个人信息的安全负责。

第七条 国家鼓励电信和互联网行业开展用户个人信息保护自律工作。

第二章　信息收集和使用规范

第八条 电信业务经营者、互联网信息服务提供者应当制定用户个人信息收集、使用规则，并在其经营或者服务场所、网站等予以公布。

第九条 未经用户同意，电信业务经营者、互联网信息服务提供者不得收集、使用用户个人信息。

电信业务经营者、互联网信息服务提供者收集、使用用户个人信息的，应当明确告知用户收集、使用信息的目的、方式和范围，查询、更正信息的渠道以及拒绝提供信息的后果等事项。

电信业务经营者、互联网信息服务提供者不得收集其提供服务所必需以外的用户个人信息或者将信息用于提供服务之外的目的，不得以欺骗、误导或者强迫等方式或者违反法律、行政法规以及双方的约定收集、使用信息。

电信业务经营者、互联网信息服务提供者在用户终止使用电信服务或者互联网信息服务后，应当停止对用户个人信息的收集和使用，并为用户提供注销号码或者账号的服务。

法律、行政法规对本条第一款至第四款规定的情形另有规定的，从其规定。

第十条 电信业务经营者、互联网信息服务提供者及其工作人员对在提供服务过程中收集、使用的用户个人信息应当严格保密，不得泄露、篡改或者毁损，不得出售或者非法向他人提供。

第十一条　电信业务经营者、互联网信息服务提供者委托他人代理市场销售和技术服务等直接面向用户的服务性工作，涉及收集、使用用户个人信息的，应当对代理人的用户个人信息保护工作进行监督和管理，不得委托不符合本规定有关用户个人信息保护要求的代理人代办相关服务。

第十二条　电信业务经营者、互联网信息服务提供者应当建立用户投诉处理机制，公布有效的联系方式，接受与用户个人信息保护有关的投诉，并自接到投诉之日起十五日内答复投诉人。

第三章　安全保障措施

第十三条　电信业务经营者、互联网信息服务提供者应当采取以下措施防止用户个人信息泄露、毁损、篡改或者丢失：

（一）确定各部门、岗位和分支机构的用户个人信息安全管理责任；

（二）建立用户个人信息收集、使用及其相关活动的工作流程和安全管理制度；

（三）对工作人员及代理人实行权限管理，对批量导出、复制、销毁信息实行审查，并采取防泄密措施；

（四）妥善保管记录用户个人信息的纸介质、光介质、电磁介质等载体，并采取相应的安全储存措施；

（五）对储存用户个人信息的信息系统实行接入审查，并采取防入侵、防病毒等措施；

（六）记录对用户个人信息进行操作的人员、时间、地点、事项等信息；

（七）按照电信管理机构的规定开展通信网络安全防护工作；

（八）电信管理机构规定的其他必要措施。

第十四条　电信业务经营者、互联网信息服务提供者保管的用户个人信息发生或者可能发生泄露、毁损、丢失的，应当立即采取补救措施；造成或者可能造成严重后果的，应当立即向准予其许可或者备案的电信管理机构报告，配合相关部门进行的调查处理。

电信管理机构应当对报告或者发现的可能违反本规定的行为的影响进行评估；影响特别重大的，相关省、自治区、直辖市通信管理局应当向工业和信息化部报告。电信管理机构在依据本规定作出处理决定前，可以要求电信业务经营者和互联网信息服务提供者暂停有关行为，电信业务经营者和互联网信息服务提供者应当执行。

第十五条 电信业务经营者、互联网信息服务提供者应当对其工作人员进行用户个人信息保护相关知识、技能和安全责任培训。

第十六条 电信业务经营者、互联网信息服务提供者应当对用户个人信息保护情况每年至少进行一次自查，记录自查情况，及时消除自查中发现的安全隐患。

第四章 监督检查

第十七条 电信管理机构应当对电信业务经营者、互联网信息服务提供者保护用户个人信息的情况实施监督检查。

电信管理机构实施监督检查时，可以要求电信业务经营者、互联网信息服务提供者提供相关材料，进入其生产经营场所调查情况，电信业务经营者、互联网信息服务提供者应当予以配合。

电信管理机构实施监督检查，应当记录监督检查的情况，不得妨碍电信业务经营者、互联网信息服务提供者正常的经营或者服务活动，不得收取任何费用。

第十八条 电信管理机构及其工作人员对在履行职责中知悉的用户个人信息应当予以保密，不得泄露、篡改或者毁损，不得出售或者非法向他人提供。

第十九条 电信管理机构实施电信业务经营许可及经营许可证年检时，应当对用户个人信息保护情况进行审查。

第二十条 电信管理机构应当将电信业务经营者、互联网信息服务提供者违反本规定的行为记入其社会信用档案并予以公布。

第二十一条 鼓励电信和互联网行业协会依法制定有关用户个人信息保护的自律性管理制度，引导会员加强自律管理，提高用户个人信息保护水平。

第五章 法律责任

第二十二条 电信业务经营者、互联网信息服务提供者违反本规定第八条、第十二条规定的，由电信管理机构依据职权责令限期改正，予以警告，可以并处一万元以下的罚款。

第二十三条　电信业务经营者、互联网信息服务提供者违反本规定第九条至第十一条、第十三条至第十六条、第十七条第二款规定的，由电信管理机构依据职权责令限期改正，予以警告，可以并处一万元以上三万元以下的罚款，向社会公告；构成犯罪的，依法追究刑事责任。

第二十四条　电信管理机构工作人员在对用户个人信息保护工作实施监督管理的过程中玩忽职守、滥用职权、徇私舞弊的，依法给予处理；构成犯罪的，依法追究刑事责任。

第六章　附　　则

第二十五条　本规定自 2013 年 9 月 1 日起施行。

3. 规范性文件

个人信息保护认证实施规则

（2022 年 11 月 4 日国家市场监督管理总局、国家互联网信息办公室公告第 37 号公布）

1　适用范围

本规则依据《中华人民共和国认证认可条例》制定，规定了对个人信息处理者开展个人信息收集、存储、使用、加工、传输、提供、公开、删除以及跨境等处理活动进行认证的基本原则和要求。

2　认证依据

个人信息处理者应当符合 GB/T 35273《信息安全技术　个人信息安全规范》的要求。

对于开展跨境处理活动的个人信息处理者，还应当符合 TC260-PG-20222A《个人信息跨境处理活动安全认证规范》的要求。

上述标准、规范原则上应当执行最新版本。

3　认证模式

个人信息保护认证的认证模式为：

技术验证 + 现场审核 + 获证后监督

4 认证实施程序

4.1 认证委托

认证机构应当明确认证委托资料要求,包括但不限于认证委托人基本材料、认证委托书、相关证明文档等。

认证委托人应当按认证机构要求提交认证委托资料,认证机构在对认证委托资料审查后及时反馈是否受理。

认证机构应当根据认证委托资料确定认证方案,包括个人信息类型和数量、涉及的个人信息处理活动范围、技术验证机构信息等,并通知认证委托人。

4.2 技术验证

技术验证机构应当按照认证方案实施技术验证,并向认证机构和认证委托人出具技术验证报告。

4.3 现场审核

认证机构实施现场审核,并向认证委托人出具现场审核报告。

4.4 认证结果评价和批准

认证机构根据认证委托资料、技术验证报告、现场审核报告和其他相关资料信息进行综合评价,作出认证决定。对符合认证要求的,颁发认证证书;对暂不符合认证要求的,可要求认证委托人限期整改,整改后仍不符合的,以书面形式通知认证委托人终止认证。

如发现认证委托人、个人信息处理者存在欺骗、隐瞒信息、故意违反认证要求等严重影响认证实施的行为时,认证不予通过。

4.5 获证后监督

4.5.1 监督的频次

认证机构应当在认证有效期内,对获得认证的个人信息处理者进行持续监督,并合理确定监督频次。

4.5.2 监督的内容

认证机构应当采取适当的方式实施获证后监督,确保获得认证的个人信息处理者持续符合认证要求。

4.5.3 获证后监督结果的评价

认证机构对获证后监督结论和其他相关资料信息进行综合评价,评价通过的,可继续保持认证证书;不通过的,认证机构应当根据相应情形作出暂停直至撤销认证证书的处理。

4.6 认证时限

认证机构应当对认证各环节的时限作出明确规定，并确保相关工作按时限要求完成。认证委托人应当对认证活动予以积极配合。

5 认证证书和认证标志

5.1 认证证书

5.1.1 认证证书的保持

认证证书有效期为 3 年。在有效期内，通过认证机构的获证后监督，保持认证证书的有效性。

证书到期需延续使用的，认证委托人应当在有效期届满前 6 个月内提出认证委托。认证机构应当采用获证后监督的方式，对符合认证要求的委托换发新证书。

5.1.2 认证证书的变更

认证证书有效期内，若获得认证的个人信息处理者名称、注册地址，或认证要求、认证范围等发生变化时，认证委托人应当向认证机构提出变更委托。认证机构根据变更的内容，对变更委托资料进行评价，确定是否可以批准变更。如需进行技术验证和/或现场审核，还应当在批准变更前进行技术验证和/或现场审核。

5.1.3 认证证书的注销、暂停和撤销

当获得认证的个人信息处理者不再符合认证要求时，认证机构应当及时对认证证书予以暂停直至撤销。认证委托人在认证证书有效期内可申请认证证书暂停、注销。

5.1.4 认证证书的公布

认证机构应当采用适当方式对外公布认证证书颁发、变更、暂停、注销和撤销等相关信息。

5.2 认证标志

不含跨境处理活动的个人信息保护认证标志如下：

包含跨境处理活动的个人信息保护认证标志如下：

```
    PIP
    CB
   ABCD
```

"ABCD"代表认证机构识别信息。

5.3 认证证书和认证标志的使用

在认证证书有效期内，获得认证的个人信息处理者应当按照有关规定在广告等宣传中正确使用认证证书和认证标志，不得对公众产生误导。

6 认证实施细则

认证机构应当依据本规则有关要求，细化认证实施程序，制定科学、合理、可操作的认证实施细则，并对外公布实施。

7 认证责任

认证机构应当对现场审核结论、认证结论负责。

技术验证机构应当对技术验证结论负责。

认证委托人应当对认证委托资料的真实性、合法性负责。

常见类型移动互联网应用程序必要个人信息范围规定

（2021年3月12日国家互联网信息办公室秘书局、工业和信息化部办公厅、公安部办公厅、国家市场监督管理总局办公厅联合印发 国信办秘字〔2021〕14号 自2021年5月1日起施行）

第一条 为了规范移动互联网应用程序（App）收集个人信息行为，保障公民个人信息安全，根据《中华人民共和国网络安全法》，制定本规定。

第二条 移动智能终端上运行的App存在收集用户个人信息行为的，应当遵守本规定。法律、行政法规、部门规章和规范性文件另有规定的，依照其规定。

App 包括移动智能终端预置、下载安装的应用软件，基于应用软件开放平台接口开发的、用户无需安装即可使用的小程序。

第三条 本规定所称必要个人信息，是指保障 App 基本功能服务正常运行所必需的个人信息，缺少该信息 App 即无法实现基本功能服务。具体是指消费侧用户个人信息，不包括服务供给侧用户个人信息。

第四条 App 不得因为用户不同意提供非必要个人信息，而拒绝用户使用其基本功能服务。

第五条 常见类型 App 的必要个人信息范围：

（一）地图导航类，基本功能服务为"定位和导航"，必要个人信息为：位置信息、出发地、到达地。

（二）网络约车类，基本功能服务为"网络预约出租汽车服务、巡游出租汽车电召服务"，必要个人信息包括：

1. 注册用户移动电话号码；

2. 乘车人出发地、到达地、位置信息、行踪轨迹；

3. 支付时间、支付金额、支付渠道等支付信息（网络预约出租汽车服务）。

（三）即时通信类，基本功能服务为"提供文字、图片、语音、视频等网络即时通信服务"，必要个人信息包括：

1. 注册用户移动电话号码；

2. 账号信息：账号、即时通信联系人账号列表。

（四）网络社区类，基本功能服务为"博客、论坛、社区等话题讨论、信息分享和关注互动"，必要个人信息为：注册用户移动电话号码。

（五）网络支付类，基本功能服务为"网络支付、提现、转账等功能"，必要个人信息包括：

1. 注册用户移动电话号码；

2. 注册用户姓名、证件类型和号码、证件有效期限、银行卡号码。

（六）网上购物类，基本功能服务为"购买商品"，必要个人信息包括：

1. 注册用户移动电话号码；

2. 收货人姓名（名称）、地址、联系电话；

3. 支付时间、支付金额、支付渠道等支付信息。

（七）餐饮外卖类，基本功能服务为"餐饮购买及外送"，必要个人信息包括：

1. 注册用户移动电话号码；

2. 收货人姓名（名称）、地址、联系电话；

3. 支付时间、支付金额、支付渠道等支付信息。

（八）邮件快件寄递类，基本功能服务为"信件、包裹、印刷品等物品寄递服务"，必要个人信息包括：

1. 寄件人姓名、证件类型和号码等身份信息；

2. 寄件人地址、联系电话；

3. 收件人姓名（名称）、地址、联系电话；

4. 寄递物品的名称、性质、数量。

（九）交通票务类，基本功能服务为"交通相关的票务服务及行程管理（如票务购买、改签、退票、行程管理等）"，必要个人信息包括：

1. 注册用户移动电话号码；

2. 旅客姓名、证件类型和号码、旅客类型。旅客类型通常包括儿童、成人、学生等；

3. 旅客出发地、目的地、出发时间、车次/船次/航班号、席别/舱位等级、座位号（如有）、车牌号及车牌颜色（ETC服务）；

4. 支付时间、支付金额、支付渠道等支付信息。

（十）婚恋相亲类，基本功能服务为"婚恋相亲"，必要个人信息包括：

1. 注册用户移动电话号码；

2. 婚恋相亲人的性别、年龄、婚姻状况。

（十一）求职招聘类，基本功能服务为"求职招聘信息交换"，必要个人信息包括：

1. 注册用户移动电话号码；

2. 求职者提供的简历。

（十二）网络借贷类，基本功能服务为"通过互联网平台实现的用于消费、日常生产经营周转等的个人申贷服务"，必要个人信息包括：

1. 注册用户移动电话号码；

2. 借款人姓名、证件类型和号码、证件有效期限、银行卡号码。

（十三）房屋租售类，基本功能服务为"个人房源信息发布、房屋出租或买卖"，必要个人信息包括：

1. 注册用户移动电话号码；

2. 房源基本信息：房屋地址、面积/户型、期望售价或租金。

（十四）二手车交易类，基本功能服务为"二手车买卖信息交换"，必要个人信息包括：

1. 注册用户移动电话号码；

2. 购买方姓名、证件类型和号码；

3. 出售方姓名、证件类型和号码、车辆行驶证号、车辆识别号码。

（十五）问诊挂号类，基本功能服务为"在线咨询问诊、预约挂号"，必要个人信息包括：

1. 注册用户移动电话号码；

2. 挂号时需提供患者姓名、证件类型和号码、预约挂号的医院和科室；

3. 问诊时需提供病情描述。

（十六）旅游服务类，基本功能服务为"旅游服务产品信息的发布与订购"，必要个人信息包括：

1. 注册用户移动电话号码；

2. 出行人旅游目的地、旅游时间；

3. 出行人姓名、证件类型和号码、联系方式。

（十七）酒店服务类，基本功能服务为"酒店预订"，必要个人信息包括：

1. 注册用户移动电话号码；

2. 住宿人姓名和联系方式、入住和退房时间、入住酒店名称。

（十八）网络游戏类，基本功能服务为"提供网络游戏产品和服务"，必要个人信息为：注册用户移动电话号码。

（十九）学习教育类，基本功能服务为"在线辅导、网络课堂等"，必要个人信息为：注册用户移动电话号码。

（二十）本地生活类，基本功能服务为"家政维修、家居装修、二手闲置物品交易等日常生活服务"，必要个人信息为：注册用户移动电话号码。

（二十一）女性健康类，基本功能服务为"女性经期管理、备孕育儿、美容美体等健康管理服务"，无须个人信息，即可使用基本功能服务。

（二十二）用车服务类，基本功能服务为"共享单车、共享汽车、租赁汽车等服务"，必要个人信息包括：

1. 注册用户移动电话号码；

2. 使用共享汽车、租赁汽车服务用户的证件类型和号码，驾驶证件信息；

3. 支付时间、支付金额、支付渠道等支付信息；

4. 使用共享单车、分时租赁汽车服务用户的位置信息。

（二十三）投资理财类，基本功能服务为"股票、期货、基金、债券等相关投资理财服务"，必要个人信息包括：

1. 注册用户移动电话号码；

2. 投资理财用户姓名、证件类型和号码、证件有效期限、证件影印件；

3. 投资理财用户资金账户、银行卡号码或支付账号。

（二十四）手机银行类，基本功能服务为"通过手机等移动智能终端设备进行银行账户管理、信息查询、转账汇款等服务"，必要个人信息包括：

1. 注册用户移动电话号码；

2. 用户姓名、证件类型和号码、证件有效期限、证件影印件、银行卡号码、银行预留移动电话号码；

3. 转账时需提供收款人姓名、银行卡号码、开户银行信息。

（二十五）邮箱云盘类，基本功能服务为"邮箱、云盘等"，必要个人信息为：注册用户移动电话号码。

（二十六）远程会议类，基本功能服务为"通过网络提供音频或视频会议"，必要个人信息为：注册用户移动电话号码。

（二十七）网络直播类，基本功能服务为"向公众持续提供实时视频、音频、图文等形式信息浏览服务"，无须个人信息，即可使用基本功能服务。

（二十八）在线影音类，基本功能服务为"影视、音乐搜索和播放"，无须个人信息，即可使用基本功能服务。

（二十九）短视频类，基本功能服务为"不超过一定时长的视频搜索、播放"，无须个人信息，即可使用基本功能服务。

（三十）新闻资讯类，基本功能服务为"新闻资讯的浏览、搜索"，无须个人信息，即可使用基本功能服务。

（三十一）运动健身类，基本功能服务为"运动健身训练"，无须个人信息，即可使用基本功能服务。

（三十二）浏览器类，基本功能服务为"浏览互联网信息资源"，无须个人信息，即可使用基本功能服务。

（三十三）输入法类，基本功能服务为"文字、符号等输入"，无须个人信息，即可使用基本功能服务。

（三十四）安全管理类，基本功能服务为"查杀病毒、清理恶意插件、修复漏洞等"，无须个人信息，即可使用基本功能服务。

（三十五）电子图书类，基本功能服务为"电子图书搜索、阅读"，无须个人信息，即可使用基本功能服务。

（三十六）拍摄美化类，基本功能服务为"拍摄、美颜、滤镜等"，无须个人信息，即可使用基本功能服务。

（三十七）应用商店类，基本功能服务为"App 搜索、下载"，无须个人信息，即可使用基本功能服务。

（三十八）实用工具类，基本功能服务为"日历、天气、词典翻译、计算器、遥控器、手电筒、指南针、时钟闹钟、文件传输、文件管理、壁纸铃声、截图录屏、录音、文档处理、智能家居助手、星座性格测试等"，无须个人信息，即可使用基本功能服务。

（三十九）演出票务类，基本功能服务为"演出购票"，必要个人信息包括：

1. 注册用户移动电话号码；

2. 观演场次、座位号（如有）；

3. 支付时间、支付金额、支付渠道等支付信息。

第六条 任何组织和个人发现违反本规定行为的，可以向相关部门举报。

相关部门收到举报后，应当依法予以处理。

第七条 本规定自 2021 年 5 月 1 日起施行。

App 违法违规收集使用个人信息行为认定方法

（2019年11月28日国家互联网信息办公室秘书局、工业和信息化部办公厅、公安部办公厅、国家市场监督管理总局办公厅联合印发　国信办秘字〔2019〕191号）

根据《关于开展 App 违法违规收集使用个人信息专项治理的公告》，为监督管理部门认定 App 违法违规收集使用个人信息行为提供参考，为 App 运营者自查自纠和网民社会监督提供指引，落实《网络安全法》等法律法规，制定本方法。

一、以下行为可被认定为"未公开收集使用规则"

1. 在 App 中没有隐私政策，或者隐私政策中没有收集使用个人信息规则；

2. 在 App 首次运行时未通过弹窗等明显方式提示用户阅读隐私政策等收集使用规则；

3. 隐私政策等收集使用规则难以访问，如进入 App 主界面后，需多于 4 次点击等操作才能访问到；

4. 隐私政策等收集使用规则难以阅读，如文字过小过密、颜色过淡、模糊不清，或未提供简体中文版等。

二、以下行为可被认定为"未明示收集使用个人信息的目的、方式和范围"

1. 未逐一列出 App（包括委托的第三方或嵌入的第三方代码、插件）收集使用个人信息的目的、方式、范围等；

2. 收集使用个人信息的目的、方式、范围发生变化时，未以适当方式通知用户，适当方式包括更新隐私政策等收集使用规则并提醒用户阅读等；

3. 在申请打开可收集个人信息的权限，或申请收集用户身份证号、银行账号、行踪轨迹等个人敏感信息时，未同步告知用户其目的，或者目的不明确、难以理解；

4. 有关收集使用规则的内容晦涩难懂、冗长繁琐，用户难以理解，如使用大量专业术语等。

三、以下行为可被认定为"未经用户同意收集使用个人信息"

1. 征得用户同意前就开始收集个人信息或打开可收集个人信息的权限；

2. 用户明确表示不同意后，仍收集个人信息或打开可收集个人信息的权限，或频繁征求用户同意、干扰用户正常使用；

3. 实际收集的个人信息或打开的可收集个人信息权限超出用户授权范围；

4. 以默认选择同意隐私政策等非明示方式征求用户同意；

5. 未经用户同意更改其设置的可收集个人信息权限状态，如 App 更新时自动将用户设置的权限恢复到默认状态；

6. 利用用户个人信息和算法定向推送信息，未提供非定向推送信息的选项；

7. 以欺诈、诱骗等不正当方式误导用户同意收集个人信息或打开可收集个人信息的权限，如故意欺瞒、掩饰收集使用个人信息的真实目的；

8. 未向用户提供撤回同意收集个人信息的途径、方式；

9. 违反其所声明的收集使用规则，收集使用个人信息。

四、以下行为可被认定为"违反必要原则，收集与其提供的服务无关的个人信息"

1. 收集的个人信息类型或打开的可收集个人信息权限与现有业务功能无关；

2. 因用户不同意收集非必要个人信息或打开非必要权限，拒绝提供业务功能；

3. App 新增业务功能申请收集的个人信息超出用户原有同意范围，若用户不同意，则拒绝提供原有业务功能，新增业务功能取代原有业务功能的除外；

4. 收集个人信息的频度等超出业务功能实际需要；

5. 仅以改善服务质量、提升用户体验、定向推送信息、研发新产品等为由，强制要求用户同意收集个人信息；

6. 要求用户一次性同意打开多个可收集个人信息的权限，用户不同意则无法使用。

五、以下行为可被认定为"未经同意向他人提供个人信息"

1. 既未经用户同意，也未做匿名化处理，App 客户端直接向第三方提供个人信息，包括通过客户端嵌入的第三方代码、插件等方式向第三方提供个人信息；

2. 既未经用户同意，也未做匿名化处理，数据传输至 App 后台服务器后，向第三方提供其收集的个人信息；

3. App 接入第三方应用，未经用户同意，向第三方应用提供个人信息。

六、以下行为可被认定为"未按法律规定提供删除或更正个人信息功能"或"未公布投诉、举报方式等信息"

1. 未提供有效的更正、删除个人信息及注销用户账号功能；

2. 为更正、删除个人信息或注销用户账号设置不必要或不合理条件；

3. 虽提供了更正、删除个人信息及注销用户账号功能，但未及时响应用户相应操作，需人工处理的，未在承诺时限内（承诺时限不得超过 15 个工作日，无承诺时限的，以 15 个工作日为限）完成核查和处理；

4. 更正、删除个人信息或注销用户账号等用户操作已执行完毕，但 App 后台并未完成的；

5. 未建立并公布个人信息安全投诉、举报渠道，或未在承诺时限内（承诺时限不得超过 15 个工作日，无承诺时限的，以 15 个工作日为限）受理并处理的。

四、网络产品和服务安全

1. 行政法规

互联网信息服务管理办法

(2000 年 9 月 25 日中华人民共和国国务院令第 292 号公布 根据 2011 年 1 月 8 日《国务院关于废止和修改部分行政法规的决定》修订)

第一条 为了规范互联网信息服务活动,促进互联网信息服务健康有序发展,制定本办法。

第二条 在中华人民共和国境内从事互联网信息服务活动,必须遵守本办法。

本办法所称互联网信息服务,是指通过互联网向上网用户提供信息的服务活动。

第三条 互联网信息服务分为经营性和非经营性两类。

经营性互联网信息服务,是指通过互联网向上网用户有偿提供信息或者网页制作等服务活动。

非经营性互联网信息服务,是指通过互联网向上网用户无偿提供具有公开性、共享性信息的服务活动。

第四条 国家对经营性互联网信息服务实行许可制度;对非经营性互联网信息服务实行备案制度。

未取得许可或者未履行备案手续的,不得从事互联网信息服务。

第五条 从事新闻、出版、教育、医疗保健、药品和医疗器械等互联网信息服务,依照法律、行政法规以及国家有关规定须经有关主管部门审核同意的,在申请经营许可或者履行备案手续前,应当依法经有关主管部门审核同意。

第六条 从事经营性互联网信息服务，除应当符合《中华人民共和国电信条例》规定的要求外，还应当具备下列条件：

（一）有业务发展计划及相关技术方案；

（二）有健全的网络与信息安全保障措施，包括网站安全保障措施、信息安全保密管理制度、用户信息安全管理制度；

（三）服务项目属于本办法第五条规定范围的，已取得有关主管部门同意的文件。

第七条 从事经营性互联网信息服务，应当向省、自治区、直辖市电信管理机构或者国务院信息产业主管部门申请办理互联网信息服务增值电信业务经营许可证（以下简称经营许可证）。

省、自治区、直辖市电信管理机构或者国务院信息产业主管部门应当自收到申请之日起60日内审查完毕，作出批准或者不予批准的决定。予以批准的，颁发经营许可证；不予批准的，应当书面通知申请人并说明理由。

申请人取得经营许可证后，应当持经营许可证向企业登记机关办理登记手续。

第八条 从事非经营性互联网信息服务，应当向省、自治区、直辖市电信管理机构或者国务院信息产业主管部门办理备案手续。办理备案时，应当提交下列材料：

（一）主办单位和网站负责人的基本情况；

（二）网站网址和服务项目；

（三）服务项目属于本办法第五条规定范围的，已取得有关主管部门的同意文件。

省、自治区、直辖市电信管理机构对备案材料齐全的，应当予以备案并编号。

第九条 从事互联网信息服务，拟开办电子公告服务的，应当在申请经营性互联网信息服务许可或者办理非经营性互联网信息服务备案时，按照国家有关规定提出专项申请或者专项备案。

第十条 省、自治区、直辖市电信管理机构和国务院信息产业主管部门应当公布取得经营许可证或者已履行备案手续的互联网信息服务提供者名单。

第十一条　互联网信息服务提供者应当按照经许可或者备案的项目提供服务，不得超出经许可或者备案的项目提供服务。

非经营性互联网信息服务提供者不得从事有偿服务。

互联网信息服务提供者变更服务项目、网站网址等事项的，应当提前30日向原审核、发证或者备案机关办理变更手续。

第十二条　互联网信息服务提供者应当在其网站主页的显著位置标明其经营许可证编号或者备案编号。

第十三条　互联网信息服务提供者应当向上网用户提供良好的服务，并保证所提供的信息内容合法。

第十四条　从事新闻、出版以及电子公告等服务项目的互联网信息服务提供者，应当记录提供的信息内容及其发布时间、互联网地址或者域名；互联网接入服务提供者应当记录上网用户的上网时间、用户账号、互联网地址或者域名、主叫电话号码等信息。

互联网信息服务提供者和互联网接入服务提供者的记录备份应当保存60日，并在国家有关机关依法查询时，予以提供。

第十五条　互联网信息服务提供者不得制作、复制、发布、传播含有下列内容的信息：

（一）反对宪法所确定的基本原则的；

（二）危害国家安全，泄露国家秘密，颠覆国家政权，破坏国家统一的；

（三）损害国家荣誉和利益的；

（四）煽动民族仇恨、民族歧视，破坏民族团结的；

（五）破坏国家宗教政策，宣扬邪教和封建迷信的；

（六）散布谣言，扰乱社会秩序，破坏社会稳定的；

（七）散布淫秽、色情、赌博、暴力、凶杀、恐怖或者教唆犯罪的；

（八）侮辱或者诽谤他人，侵害他人合法权益的；

（九）含有法律、行政法规禁止的其他内容的。

第十六条　互联网信息服务提供者发现其网站传输的信息明显属于本办法第十五条所列内容之一的，应当立即停止传输，保存有关记录，并向国家有关机关报告。

第十七条 经营性互联网信息服务提供者申请在境内境外上市或者同外商合资、合作，应当事先经国务院信息产业主管部门审查同意；其中，外商投资的比例应当符合有关法律、行政法规的规定。

第十八条 国务院信息产业主管部门和省、自治区、直辖市电信管理机构，依法对互联网信息服务实施监督管理。

新闻、出版、教育、卫生、药品监督管理、工商行政管理和公安、国家安全等有关主管部门，在各自职责范围内依法对互联网信息内容实施监督管理。

第十九条 违反本办法的规定，未取得经营许可证，擅自从事经营性互联网信息服务，或者超出许可的项目提供服务的，由省、自治区、直辖市电信管理机构责令限期改正，有违法所得的，没收违法所得，处违法所得3倍以上5倍以下的罚款；没有违法所得或者违法所得不足5万元的，处10万元以上100万元以下的罚款；情节严重的，责令关闭网站。

违反本办法的规定，未履行备案手续，擅自从事非经营性互联网信息服务，或者超出备案的项目提供服务的，由省、自治区、直辖市电信管理机构责令限期改正；拒不改正的，责令关闭网站。

第二十条 制作、复制、发布、传播本办法第十五条所列内容之一的信息，构成犯罪的，依法追究刑事责任；尚不构成犯罪的，由公安机关、国家安全机关依照《中华人民共和国治安管理处罚法》、《计算机信息网络国际联网安全保护管理办法》等有关法律、行政法规的规定予以处罚；对经营性互联网信息服务提供者，并由发证机关责令停业整顿直至吊销经营许可证，通知企业登记机关；对非经营性互联网信息服务提供者，并由备案机关责令暂时关闭网站直至关闭网站。

第二十一条 未履行本办法第十四条规定的义务的，由省、自治区、直辖市电信管理机构责令改正；情节严重的，责令停业整顿或者暂时关闭网站。

第二十二条 违反本办法的规定，未在其网站主页上标明其经营许可证编号或者备案编号的，由省、自治区、直辖市电信管理机构责令改正，处5000元以上5万元以下的罚款。

第二十三条 违反本办法第十六条规定的义务的，由省、自治区、直辖市电信管理机构责令改正；情节严重的，对经营性互联网信息服务提供者，并由发证机关吊销经营许可证，对非经营性互联网信息服务提供者，并由备案机关责令关闭网站。

第二十四条 互联网信息服务提供者在其业务活动中，违反其他法律、法规的，由新闻、出版、教育、卫生、药品监督管理和工商行政管理等有关主管部门依照有关法律、法规的规定处罚。

第二十五条 电信管理机构和其他有关主管部门及其工作人员，玩忽职守、滥用职权、徇私舞弊，疏于对互联网信息服务的监督管理，造成严重后果，构成犯罪的，依法追究刑事责任；尚不构成犯罪的，对直接负责的主管人员和其他直接责任人员依法给予降级、撤职直至开除的行政处分。

第二十六条 在本办法公布前从事互联网信息服务的，应当自本办法公布之日起 60 日内依照本办法的有关规定补办有关手续。

第二十七条 本办法自公布之日起施行。

2. 部门规章

网络信息内容生态治理规定

(2019 年 12 月 15 日国家互联网信息办公室令第 5 号公布 自 2020 年 3 月 1 日起施行)

第一章 总 则

第一条 为了营造良好网络生态，保障公民、法人和其他组织的合法权益，维护国家安全和公共利益，根据《中华人民共和国国家安全法》《中华人民共和国网络安全法》《互联网信息服务管理办法》等法律、行政法规，制定本规定。

第二条 中华人民共和国境内的网络信息内容生态治理活动，适用本规定。

本规定所称网络信息内容生态治理，是指政府、企业、社会、网民等主体，以培育和践行社会主义核心价值观为根本，以网络信息内容为主要治理对象，以建立健全网络综合治理体系、营造清朗的网络空间、建设良好的网络生态为目标，开展的弘扬正能量、处置违法和不良信息等相关活动。

第三条　国家网信部门负责统筹协调全国网络信息内容生态治理和相关监督管理工作，各有关主管部门依据各自职责做好网络信息内容生态治理工作。

地方网信部门负责统筹协调本行政区域内网络信息内容生态治理和相关监督管理工作，地方各有关主管部门依据各自职责做好本行政区域内网络信息内容生态治理工作。

第二章　网络信息内容生产者

第四条　网络信息内容生产者应当遵守法律法规，遵循公序良俗，不得损害国家利益、公共利益和他人合法权益。

第五条　鼓励网络信息内容生产者制作、复制、发布含有下列内容的信息：

（一）宣传习近平新时代中国特色社会主义思想，全面准确生动解读中国特色社会主义道路、理论、制度、文化的；

（二）宣传党的理论路线方针政策和中央重大决策部署的；

（三）展示经济社会发展亮点，反映人民群众伟大奋斗和火热生活的；

（四）弘扬社会主义核心价值观，宣传优秀道德文化和时代精神，充分展现中华民族昂扬向上精神风貌的；

（五）有效回应社会关切，解疑释惑，析事明理，有助于引导群众形成共识的；

（六）有助于提高中华文化国际影响力，向世界展现真实立体全面的中国的；

（七）其他讲品味讲格调讲责任、讴歌真善美、促进团结稳定等的内容。

第六条　网络信息内容生产者不得制作、复制、发布含有下列内容的违法信息：

（一）反对宪法所确定的基本原则的；

（二）危害国家安全，泄露国家秘密，颠覆国家政权，破坏国家统一的；

（三）损害国家荣誉和利益的；

（四）歪曲、丑化、亵渎、否定英雄烈士事迹和精神，以侮辱、诽谤或者其他方式侵害英雄烈士的姓名、肖像、名誉、荣誉的；

（五）宣扬恐怖主义、极端主义或者煽动实施恐怖活动、极端主义活动的；

（六）煽动民族仇恨、民族歧视，破坏民族团结的；

（七）破坏国家宗教政策，宣扬邪教和封建迷信的；

（八）散布谣言，扰乱经济秩序和社会秩序的；

（九）散布淫秽、色情、赌博、暴力、凶杀、恐怖或者教唆犯罪的；

（十）侮辱或者诽谤他人，侵害他人名誉、隐私和其他合法权益的；

（十一）法律、行政法规禁止的其他内容。

第七条 网络信息内容生产者应当采取措施，防范和抵制制作、复制、发布含有下列内容的不良信息：

（一）使用夸张标题，内容与标题严重不符的；

（二）炒作绯闻、丑闻、劣迹等的；

（三）不当评述自然灾害、重大事故等灾难的；

（四）带有性暗示、性挑逗等易使人产生性联想的；

（五）展现血腥、惊悚、残忍等致人身心不适的；

（六）煽动人群歧视、地域歧视等的；

（七）宣扬低俗、庸俗、媚俗内容的；

（八）可能引发未成年人模仿不安全行为和违反社会公德行为、诱导未成年人不良嗜好等的；

（九）其他对网络生态造成不良影响的内容。

第三章 网络信息内容服务平台

第八条 网络信息内容服务平台应当履行信息内容管理主体责任，加强本平台网络信息内容生态治理，培育积极健康、向上向善的网络文化。

第九条 网络信息内容服务平台应当建立网络信息内容生态治理机制，制定本平台网络信息内容生态治理细则，健全用户注册、账号管理、信息发布审核、跟帖评论审核、版面页面生态管理、实时巡查、应急处置和网络谣言、黑色产业链信息处置等制度。

网络信息内容服务平台应当设立网络信息内容生态治理负责人，配备与业务范围和服务规模相适应的专业人员，加强培训考核，提升从业人员素质。

第十条 网络信息内容服务平台不得传播本规定第六条规定的信息，应当防范和抵制传播本规定第七条规定的信息。

网络信息内容服务平台应当加强信息内容的管理，发现本规定第六条、第七条规定的信息的，应当依法立即采取处置措施，保存有关记录，并向有关主管部门报告。

第十一条 鼓励网络信息内容服务平台坚持主流价值导向，优化信息推荐机制，加强版面页面生态管理，在下列重点环节（包括服务类型、位置版块等）积极呈现本规定第五条规定的信息：

（一）互联网新闻信息服务首页首屏、弹窗和重要新闻信息内容页面等；

（二）互联网用户公众账号信息服务精选、热搜等；

（三）博客、微博客信息服务热门推荐、榜单类、弹窗及基于地理位置的信息服务版块等；

（四）互联网信息搜索服务热搜词、热搜图及默认搜索等；

（五）互联网论坛社区服务首页首屏、榜单类、弹窗等；

（六）互联网音视频服务首页首屏、发现、精选、榜单类、弹窗等；

（七）互联网网址导航服务、浏览器服务、输入法服务首页首屏、榜单类、皮肤、联想词、弹窗等；

（八）数字阅读、网络游戏、网络动漫服务首页首屏、精选、榜单类、弹窗等；

（九）生活服务、知识服务平台首页首屏、热门推荐、弹窗等；

（十）电子商务平台首页首屏、推荐区等；

（十一）移动应用商店、移动智能终端预置应用软件和内置信息内容服务首屏、推荐区等；

（十二）专门以未成年人为服务对象的网络信息内容专栏、专区和产品等；

（十三）其他处于产品或者服务醒目位置、易引起网络信息内容服务使用者关注的重点环节。

网络信息内容服务平台不得在以上重点环节呈现本规定第七条规定的信息。

第十二条　网络信息内容服务平台采用个性化算法推荐技术推送信息的，应当设置符合本规定第十条、第十一条规定要求的推荐模型，建立健全人工干预和用户自主选择机制。

第十三条　鼓励网络信息内容服务平台开发适合未成年人使用的模式，提供适合未成年人使用的网络产品和服务，便利未成年人获取有益身心健康的信息。

第十四条　网络信息内容服务平台应当加强对本平台设置的广告位和在本平台展示的广告内容的审核巡查，对发布违法广告的，应当依法予以处理。

第十五条　网络信息内容服务平台应当制定并公开管理规则和平台公约，完善用户协议，明确用户相关权利义务，并依法依约履行相应管理职责。

网络信息内容服务平台应当建立用户账号信用管理制度，根据用户账号的信用情况提供相应服务。

第十六条　网络信息内容服务平台应当在显著位置设置便捷的投诉举报入口，公布投诉举报方式，及时受理处置公众投诉举报并反馈处理结果。

第十七条　网络信息内容服务平台应当编制网络信息内容生态治理工作年度报告，年度报告应当包括网络信息内容生态治理工作情况、网络信息内容生态治理负责人履职情况、社会评价情况等内容。

第四章　网络信息内容服务使用者

第十八条　网络信息内容服务使用者应当文明健康使用网络，按照法律法规的要求和用户协议约定，切实履行相应义务，在以发帖、回复、留言、弹幕等形式参与网络活动时，文明互动，理性表达，不得发布本规定第六条规定的信息，防范和抵制本规定第七条规定的信息。

第十九条　网络群组、论坛社区版块建立者和管理者应当履行群组、版块管理责任，依据法律法规、用户协议和平台公约等，规范群组、版块内信息发布等行为。

第二十条　鼓励网络信息内容服务使用者积极参与网络信息内容生态治理，通过投诉、举报等方式对网上违法和不良信息进行监督，共同维护良好网络生态。

第二十一条 网络信息内容服务使用者和网络信息内容生产者、网络信息内容服务平台不得利用网络和相关信息技术实施侮辱、诽谤、威胁、散布谣言以及侵犯他人隐私等违法行为，损害他人合法权益。

第二十二条 网络信息内容服务使用者和网络信息内容生产者、网络信息内容服务平台不得通过发布、删除信息以及其他干预信息呈现的手段侵害他人合法权益或者谋取非法利益。

第二十三条 网络信息内容服务使用者和网络信息内容生产者、网络信息内容服务平台不得利用深度学习、虚拟现实等新技术新应用从事法律、行政法规禁止的活动。

第二十四条 网络信息内容服务使用者和网络信息内容生产者、网络信息内容服务平台不得通过人工方式或者技术手段实施流量造假、流量劫持以及虚假注册账号、非法交易账号、操纵用户账号等行为，破坏网络生态秩序。

第二十五条 网络信息内容服务使用者和网络信息内容生产者、网络信息内容服务平台不得利用党旗、党徽、国旗、国徽、国歌等代表党和国家形象的标识及内容，或者借国家重大活动、重大纪念日和国家机关及其工作人员名义等，违法违规开展网络商业营销活动。

第五章 网络行业组织

第二十六条 鼓励行业组织发挥服务指导和桥梁纽带作用，引导会员单位增强社会责任感，唱响主旋律，弘扬正能量，反对违法信息，防范和抵制不良信息。

第二十七条 鼓励行业组织建立完善行业自律机制，制定网络信息内容生态治理行业规范和自律公约，建立内容审核标准细则，指导会员单位建立健全服务规范、依法提供网络信息内容服务、接受社会监督。

第二十八条 鼓励行业组织开展网络信息内容生态治理教育培训和宣传引导工作，提升会员单位、从业人员治理能力，增强全社会共同参与网络信息内容生态治理意识。

第二十九条 鼓励行业组织推动行业信用评价体系建设，依据章程建立行业评议等评价奖惩机制，加大对会员单位的激励和惩戒力度，强化会员单位的守信意识。

第六章　监督管理

第三十条　各级网信部门会同有关主管部门，建立健全信息共享、会商通报、联合执法、案件督办、信息公开等工作机制，协同开展网络信息内容生态治理工作。

第三十一条　各级网信部门对网络信息内容服务平台履行信息内容管理主体责任情况开展监督检查，对存在问题的平台开展专项督查。

网络信息内容服务平台对网信部门和有关主管部门依法实施的监督检查，应当予以配合。

第三十二条　各级网信部门建立网络信息内容服务平台违法违规行为台账管理制度，并依法依规进行相应处理。

第三十三条　各级网信部门建立政府、企业、社会、网民等主体共同参与的监督评价机制，定期对本行政区域内网络信息内容服务平台生态治理情况进行评估。

第七章　法律责任

第三十四条　网络信息内容生产者违反本规定第六条规定的，网络信息内容服务平台应当依法依约采取警示整改、限制功能、暂停更新、关闭账号等处置措施，及时消除违法信息内容，保存记录并向有关主管部门报告。

第三十五条　网络信息内容服务平台违反本规定第十条、第三十一条第二款规定的，由网信等有关主管部门依据职责，按照《中华人民共和国网络安全法》《互联网信息服务管理办法》等法律、行政法规的规定予以处理。

第三十六条　网络信息内容服务平台违反本规定第十一条第二款规定的，由设区的市级以上网信部门依据职责进行约谈，给予警告，责令限期改正；拒不改正或者情节严重的，责令暂停信息更新，按照有关法律、行政法规的规定予以处理。

第三十七条　网络信息内容服务平台违反本规定第九条、第十二条、第十五条、第十六条、第十七条规定的，由设区的市级以上网信部门依据职责进行约谈，给予警告，责令限期改正；拒不改正或者情节严重的，责令暂停信息更新，按照有关法律、行政法规的规定予以处理。

第三十八条 违反本规定第十四条、第十八条、第十九条、第二十一条、第二十二条、第二十三条、第二十四条、第二十五条规定的，由网信等有关主管部门依据职责，按照有关法律、行政法规的规定予以处理。

第三十九条 网信部门根据法律、行政法规和国家有关规定，会同有关主管部门建立健全网络信息内容服务严重失信联合惩戒机制，对严重违反本规定的网络信息内容服务平台、网络信息内容生产者和网络信息内容使用者依法依规实施限制从事网络信息服务、网上行为限制、行业禁入等惩戒措施。

第四十条 违反本规定，给他人造成损害的，依法承担民事责任；构成犯罪的，依法追究刑事责任；尚不构成犯罪的，由有关主管部门依照有关法律、行政法规的规定予以处罚。

第八章　附　　则

第四十一条 本规定所称网络信息内容生产者，是指制作、复制、发布网络信息内容的组织或者个人。

本规定所称网络信息内容服务平台，是指提供网络信息内容传播服务的网络信息服务提供者。

本规定所称网络信息内容服务使用者，是指使用网络信息内容服务的组织或者个人。

第四十二条 本规定自 2020 年 3 月 1 日起施行。

互联网视听节目服务管理规定

（2007 年 12 月 20 日国家广播电影电视总局、中华人民共和国信息产业部令第 56 号公布　根据 2015 年 8 月 28 日国家新闻出版广电总局令第 3 号公布的《关于修订部分规章和规范性文件的决定》修订）

第一条 为维护国家利益和公共利益，保护公众和互联网视听节目服务单位的合法权益，规范互联网视听节目服务秩序，促进健康有序发展，根据国家有关规定,制定本规定。

第二条 在中华人民共和国境内向公众提供互联网(含移动互联网,以下简称互联网)视听节目服务活动,适用本规定。

本规定所称互联网视听节目服务,是指制作、编辑、集成并通过互联网向公众提供视音频节目,以及为他人提供上载传播视听节目服务的活动。

第三条 国务院广播电影电视主管部门作为互联网视听节目服务的行业主管部门,负责对互联网视听节目服务实施监督管理,统筹互联网视听节目服务的产业发展、行业管理、内容建设和安全监管。国务院信息产业主管部门作为互联网行业主管部门,依据电信行业管理职责对互联网视听节目服务实施相应的监督管理。

地方人民政府广播电影电视主管部门和地方电信管理机构依据各自职责对本行政区域内的互联网视听节目服务单位及接入服务实施相应的监督管理。

第四条 互联网视听节目服务单位及其相关网络运营单位,是重要的网络文化建设力量,承担建设中国特色网络文化和维护网络文化信息安全的责任,应自觉遵守宪法、法律和行政法规,接受互联网视听节目服务行业主管部门和互联网行业主管部门的管理。

第五条 互联网视听节目服务单位组成的全国性社会团体,负责制定行业自律规范,倡导文明上网、文明办网,营造文明健康的网络环境,传播健康有益视听节目,抵制腐朽落后思想文化传播,并在国务院广播电影电视主管部门指导下开展活动。

第六条 发展互联网视听节目服务要有益于传播社会主义先进文化,推动社会全面进步和人的全面发展、促进社会和谐。从事互联网视听节目服务,应当坚持为人民服务、为社会主义服务,坚持正确导向,把社会效益放在首位,建设社会主义核心价值体系,遵守社会主义道德规范,大力弘扬体现时代发展和社会进步的思想文化,大力弘扬民族优秀文化传统,提供更多更好的互联网视听节目服务,满足人民群众日益增长的需求,不断丰富人民群众的精神文化生活,充分发挥文化滋润心灵、陶冶情操、愉悦身心的作用,为青少年成长创造良好的网上空间,形成共建共享的精神家园。

第七条 从事互联网视听节目服务,应当依照本规定取得广播电影电视主管部门颁发的《信息网络传播视听节目许可证》（以下简称《许可证》）或履行备案手续。

未按照本规定取得广播电影电视主管部门颁发的《许可证》或履行备案手续，任何单位和个人不得从事互联网视听节目服务。

互联网视听节目服务业务指导目录由国务院广播电影电视主管部门商国务院信息产业主管部门制定。

第八条 申请从事互联网视听节目服务的，应当同时具备以下条件：

（一）具备法人资格，为国有独资或国有控股单位，且在申请之日前三年内无违法违规记录；

（二）有健全的节目安全传播管理制度和安全保护技术措施；

（三）有与其业务相适应并符合国家规定的视听节目资源；

（四）有与其业务相适应的技术能力、网络资源；

（五）有与其业务相适应的专业人员，且主要出资者和经营者在申请之日前三年内无违法违规记录；

（六）技术方案符合国家标准、行业标准和技术规范；

（七）符合国务院广播电影电视主管部门确定的互联网视听节目服务总体规划、布局和业务指导目录；

（八）符合法律、行政法规和国家有关规定的条件。

第九条 从事广播电台、电视台形态服务和时政类视听新闻服务的，除符合本规定第八条规定外，还应当持有广播电视播出机构许可证或互联网新闻信息服务许可证。其中，以自办频道方式播放视听节目的，由地（市）级以上广播电台、电视台、中央新闻单位提出申请。

从事主持、访谈、报道类视听服务的，除符合本规定第八条规定外，还应当持有广播电视节目制作经营许可证和互联网新闻信息服务许可证；从事自办网络剧（片）类服务的，还应当持有广播电视节目制作经营许可证。

未经批准，任何组织和个人不得在互联网上使用广播电视专有名称开展业务。

第十条 申请《许可证》，应当通过省、自治区、直辖市人民政府广播电影电视主管部门向国务院广播电影电视主管部门提出申请，中央直属单位可以直接向国务院广播电影电视主管部门提出申请。

省、自治区、直辖市人民政府广播电影电视主管部门应当提供便捷的服务，自收到申请之日起20日内提出初审意见，报国务院广播电影电视主管部门审批；国务院广播电影电视主管部门应当自收到申请或者初审意见之日起40日内作出许可或者不予许可的决定，其中专家评审时间为20日。予以许可的，向申请人颁发《许可证》，并向社会公告；不予许可的，应当书面通知申请人并说明理由。《许可证》应当载明互联网视听节目服务的播出标识、名称、服务类别等事项。

《许可证》有效期为3年。有效期届满，需继续从事互联网视听节目服务的，应于有效期届满前30日内，持符合本办法第八条规定条件的相关材料，向原发证机关申请办理续办手续。

地（市）级以上广播电台、电视台从事互联网视听节目转播类服务的，到省级以上广播电影电视主管部门履行备案手续。中央新闻单位从事互联网视听节目转播类服务的，到国务院广播电影电视主管部门履行备案手续。备案单位应在节目开播30日前，提交网址、网站名、拟转播的广播电视频道、栏目名称等有关备案材料，广播电影电视主管部门应将备案情况向社会公告。

第十一条 取得《许可证》的单位，应当依据《互联网信息服务管理办法》，向省（自治区、直辖市）电信管理机构或国务院信息产业主管部门（以下简称电信主管部门）申请办理电信业务经营许可或者履行相关备案手续，并依法到工商行政管理部门办理注册登记或变更登记手续。电信主管部门应根据广播电影电视主管部门许可，严格互联网视听节目服务单位的域名和IP地址管理。

第十二条 互联网视听节目服务单位变更股东、股权结构，有重大资产变动或有上市等重大融资行为的，以及业务项目超出《许可证》载明范围的，应按本规定办理审批手续。互联网视听节目服务单位的办公场所、法定代表人以及互联网信息服务单位的网址、网站名依法变更的，应当在变更后15日内向省级以上广播电影电视主管部门和电信主管部门备案，变更事项涉及工商登记的，应当依法到工商行政管理部门办理变更登记手续。

第十三条 互联网视听节目服务单位应当在取得《许可证》90日内提供互联网视听节目服务。未按期提供服务的，其《许可证》由原发证机关予以注销。如因特殊原因，应经发证机关同意。申请终止服务的，应提前60日向原发证机关申报，其《许可证》由原发证机关予以注销。连续停止业务超过60日的，由原发证机关按终止业务处理，其《许可证》由原发证机关予以注销。

第十四条　互联网视听节目服务单位应当按照《许可证》载明或备案的事项开展互联网视听节目服务，并在播出界面显著位置标注国务院广播电影电视主管部门批准的播出标识、名称、《许可证》或备案编号。

任何单位不得向未持有《许可证》或备案的单位提供与互联网视听节目服务有关的代收费及信号传输、服务器托管等金融和技术服务。

第十五条　鼓励国有战略投资者投资互联网视听节目服务企业；鼓励互联网视听节目服务单位积极开发适应新一代互联网和移动通信特点的新业务，为移动多媒体、多媒体网站生产积极健康的视听节目，努力提高互联网视听节目的供给能力；鼓励影视生产基地、电视节目制作单位多生产适合在网上传播的影视剧（片）、娱乐节目，积极发展民族网络影视产业；鼓励互联网视听节目服务单位传播公益性视听节目。

互联网视听节目服务单位应当遵守著作权法律、行政法规的规定，采取版权保护措施，保护著作权人的合法权益。

第十六条　互联网视听节目服务单位提供的、网络运营单位接入的视听节目应当符合法律、行政法规、部门规章的规定。已播出的视听节目应至少完整保留60日。视听节目不得含有以下内容：

（一）反对宪法确定的基本原则的；

（二）危害国家统一、主权和领土完整的；

（三）泄露国家秘密、危害国家安全或者损害国家荣誉和利益的；

（四）煽动民族仇恨、民族歧视，破坏民族团结，或者侵害民族风俗、习惯的；

（五）宣扬邪教、迷信的；

（六）扰乱社会秩序，破坏社会稳定的；

（七）诱导未成年人违法犯罪和渲染暴力、色情、赌博、恐怖活动的；

（八）侮辱或者诽谤他人，侵害公民个人隐私等他人合法权益的；

（九）危害社会公德，损害民族优秀文化传统的；

（十）有关法律、行政法规和国家规定禁止的其他内容。

第十七条　用于互联网视听节目服务的电影电视剧类节目和其他节目，应当符合国家有关广播电影电视节目的管理规定。互联网视听节目服务单位播出时政类视听新闻节目，应当是地（市）级以上广播电台、电视台制作、播出的节目和中央新闻单位网站登载的时政类视听新闻节目。

未持有《许可证》的单位不得为个人提供上载传播视听节目服务。互联网视听节目服务单位不得允许个人上载时政类视听新闻节目，在提供播客、视频分享等上载传播视听节目服务时，应当提示上载者不得上载违反本规定的视听节目。任何单位和个人不得转播、链接、聚合、集成非法的广播电视频道、视听节目网站的节目。

第十八条　广播电影电视主管部门发现互联网视听节目服务单位传播违反本规定的视听节目，应当采取必要措施予以制止。互联网视听节目服务单位对含有违反本规定内容的视听节目，应当立即删除，并保存有关记录，履行报告义务，落实有关主管部门的管理要求。

互联网视听节目服务单位主要出资者和经营者应对播出和上载的视听节目内容负责。

第十九条　互联网视听节目服务单位应当选择依法取得互联网接入服务电信业务经营许可证或广播电视节目传送业务经营许可证的网络运营单位提供服务；应当依法维护用户权利，履行对用户的承诺，对用户信息保密，不得进行虚假宣传或误导用户、做出对用户不公平不合理的规定、损害用户的合法权益；提供有偿服务时，应当以显著方式公布所提供服务的视听节目种类、范围、资费标准和时限，并告知用户中止或者取消互联网视听节目服务的条件和方式。

第二十条　网络运营单位提供互联网视听节目信号传输服务时，应当保障视听节目服务单位的合法权益，保证传输安全，不得擅自插播、截留视听节目信号；在提供服务前应当查验视听节目服务单位的《许可证》或备案证明材料，按照《许可证》载明事项或备案范围提供接入服务。

第二十一条　广播电影电视和电信主管部门应建立公众监督举报制度。公众有权举报视听节目服务单位的违法违规行为，有关主管部门应当及时处理，不得推诿。广播电影电视、电信等监督管理部门发现违反本规定的行为，不属于本部门职责的，应当移交有权处理的部门处理。

电信主管部门应当依照国家有关规定向广播电影电视主管部门提供必

要的技术系统接口和网站数据查询资料。

第二十二条　广播电影电视主管部门依法对互联网视听节目服务单位进行实地检查，有关单位和个人应当予以配合。广播电影电视主管部门工作人员依法进行实地检查时应当主动出示有关证件。

第二十三条　违反本规定有下列行为之一的，由县级以上广播电影电视主管部门予以警告、责令改正，可并处3万元以下罚款；同时，可对其主要出资者和经营者予以警告，可并处2万元以下罚款：

（一）擅自在互联网上使用广播电视专有名称开展业务的；

（二）变更股东、股权结构，或上市融资，或重大资产变动时，未办理审批手续的；

（三）未建立健全节目运营规范，未采取版权保护措施，或对传播有害内容未履行提示、删除、报告义务的；

（四）未在播出界面显著位置标注播出标识、名称、《许可证》和备案编号的；

（五）未履行保留节目记录、向主管部门如实提供查询义务的；

（六）向未持有《许可证》或备案的单位提供代收费及信号传输、服务器托管等与互联网视听节目服务有关的服务的；

（七）未履行查验义务，或向互联网视听节目服务单位提供其《许可证》或备案载明事项范围以外的接入服务的；

（八）进行虚假宣传或者误导用户的；

（九）未经用户同意，擅自泄露用户信息秘密的；

（十）互联网视听服务单位在同一年度内三次出现违规行为的；

（十一）拒绝、阻挠、拖延广播电影电视主管部门依法进行监督检查或者在监督检查过程中弄虚作假的；

（十二）以虚假证明、文件等手段骗取《许可证》的。

有本条第十二项行为的，发证机关应撤销其许可证。

第二十四条　擅自从事互联网视听节目服务的，由县级以上广播电影电视主管部门予以警告、责令改正，可并处3万元以下罚款；情节严重的，根据《广播电视管理条例》第四十七条的规定予以处罚。

传播的视听节目内容违反本规定的，由县级以上广播电影电视主管部门予以警告、责令改正，可并处3万元以下罚款；情节严重的，根据《广播电视管理条例》第四十九条的规定予以处罚。

未按照许可证载明或备案的事项从事互联网视听节目服务的或违规播出时政类视听新闻节目的，由县级以上广播电影电视主管部门予以警告、责令改正，可并处 3 万元以下罚款；情节严重的，根据《广播电视管理条例》第五十条之规定予以处罚。

转播、链接、聚合、集成非法的广播电视频道和视听节目网站内容的，擅自插播、截留视听节目信号的，由县级以上广播电影电视主管部门予以警告、责令改正，可并处 3 万元以下罚款；情节严重的，根据《广播电视管理条例》第五十一条之规定予以处罚。

第二十五条　对违反本规定的互联网视听节目服务单位，电信主管部门应根据广播电影电视主管部门的书面意见，按照电信管理和互联网管理的法律、行政法规的规定，关闭其网站，吊销其相应许可证或撤销备案，责令为其提供信号接入服务的网络运营单位停止接入；拒不执行停止接入服务决定，违反《电信条例》第五十七条规定的，由电信主管部门依据《电信条例》第七十八条的规定吊销其许可证。

违反治安管理规定的，由公安机关依法予以处罚；构成犯罪的，由司法机关依法追究刑事责任。

第二十六条　广播电影电视、电信等主管部门不履行规定的职责，或滥用职权的，要依法给予有关责任人处分，构成犯罪的，由司法机关依法追究刑事责任。

第二十七条　互联网视听节目服务单位出现重大违法违规行为的，除按有关规定予以处罚外，其主要出资者和经营者自互联网视听节目服务单位受到处罚之日起 5 年内不得投资和从事互联网视听节目服务。

第二十八条　通过互联网提供视音频即时通讯服务，由国务院信息产业主管部门按照国家有关规定进行监督管理。

利用局域网络及利用互联网架设虚拟专网向公众提供网络视听节目服务，须向行业主管部门提出申请，由国务院信息产业主管部门前置审批，国务院广播电影电视主管部门审核批准，按照国家有关规定进行监督管理。

第二十九条　本规定自 2008 年 1 月 31 日起施行。此前发布的规定与本规定不一致之处，依本规定执行。

网络出版服务管理规定

(2015年8月20日国家新闻出版广电总局局务会议通过 2016年2月4日国家新闻出版广电总局、中华人民共和国工业和信息化部令第5号公布 自2016年3月10日起施行)

第一章 总 则

第一条 为了规范网络出版服务秩序，促进网络出版服务业健康有序发展，根据《出版管理条例》、《互联网信息服务管理办法》及相关法律法规，制定本规定。

第二条 在中华人民共和国境内从事网络出版服务，适用本规定。

本规定所称网络出版服务，是指通过信息网络向公众提供网络出版物。

本规定所称网络出版物，是指通过信息网络向公众提供的，具有编辑、制作、加工等出版特征的数字化作品，范围主要包括：

（一）文学、艺术、科学等领域内具有知识性、思想性的文字、图片、地图、游戏、动漫、音视频读物等原创数字化作品；

（二）与已出版的图书、报纸、期刊、音像制品、电子出版物等内容相一致的数字化作品；

（三）将上述作品通过选择、编排、汇集等方式形成的网络文献数据库等数字化作品；

（四）国家新闻出版广电总局认定的其他类型的数字化作品。

网络出版服务的具体业务分类另行制定。

第三条 从事网络出版服务，应当遵守宪法和有关法律、法规，坚持为人民服务、为社会主义服务的方向，坚持社会主义先进文化的前进方向，弘扬社会主义核心价值观，传播和积累一切有益于提高民族素质、推动经济发展、促进社会进步的思想道德、科学技术和文化知识，满足人民群众日益增长的精神文化需要。

第四条 国家新闻出版广电总局作为网络出版服务的行业主管部门，负责全国网络出版服务的前置审批和监督管理工作。工业和信息化部作为互联网行业主管部门，依据职责对全国网络出版服务实施相应的监督管理。

地方人民政府各级出版行政主管部门和各省级电信主管部门依据各自职责对本行政区域内网络出版服务及接入服务实施相应的监督管理工作并做好配合工作。

第五条 出版行政主管部门根据已经取得的违法嫌疑证据或者举报，对涉嫌违法从事网络出版服务的行为进行查处时，可以检查与涉嫌违法行为有关的物品和经营场所；对有证据证明是与违法行为有关的物品，可以查封或者扣押。

第六条 国家鼓励图书、音像、电子、报纸、期刊出版单位从事网络出版服务，加快与新媒体的融合发展。

国家鼓励组建网络出版服务行业协会，按照章程，在出版行政主管部门的指导下制定行业自律规范，倡导网络文明，传播健康有益内容，抵制不良有害内容。

第二章 网络出版服务许可

第七条 从事网络出版服务，必须依法经过出版行政主管部门批准，取得《网络出版服务许可证》。

第八条 图书、音像、电子、报纸、期刊出版单位从事网络出版服务，应当具备以下条件：

（一）有确定的从事网络出版业务的网站域名、智能终端应用程序等出版平台；

（二）有确定的网络出版服务范围；

（三）有从事网络出版服务所需的必要的技术设备，相关服务器和存储设备必须存放在中华人民共和国境内。

第九条 其他单位从事网络出版服务，除第八条所列条件外，还应当具备以下条件：

（一）有确定的、不与其他出版单位相重复的，从事网络出版服务主体的名称及章程；

（二）有符合国家规定的法定代表人和主要负责人，法定代表人必须是在境内长久居住的具有完全行为能力的中国公民，法定代表人和主要负责人至少1人应当具有中级以上出版专业技术人员职业资格；

（三）除法定代表人和主要负责人外，有适应网络出版服务范围需要的 8 名以上具有国家新闻出版广电总局认可的出版及相关专业技术职业资格的专职编辑出版人员，其中具有中级以上职业资格的人员不得少于 3 名；

（四）有从事网络出版服务所需的内容审校制度；

（五）有固定的工作场所；

（六）法律、行政法规和国家新闻出版广电总局规定的其他条件。

第十条 中外合资经营、中外合作经营和外资经营的单位不得从事网络出版服务。

网络出版服务单位与境内中外合资经营、中外合作经营、外资经营企业或境外组织及个人进行网络出版服务业务的项目合作，应当事前报国家新闻出版广电总局审批。

第十一条 申请从事网络出版服务，应当向所在地省、自治区、直辖市出版行政主管部门提出申请，经审核同意后，报国家新闻出版广电总局审批。国家新闻出版广电总局应当自受理申请之日起 60 日内，作出批准或者不予批准的决定。不批准的，应当说明理由。

第十二条 从事网络出版服务的申报材料，应该包括下列内容：

（一）《网络出版服务许可证申请表》；

（二）单位章程及资本来源性质证明；

（三）网络出版服务可行性分析报告，包括资金使用、产品规划、技术条件、设备配备、机构设置、人员配备、市场分析、风险评估、版权保护措施等；

（四）法定代表人和主要负责人的简历、住址、身份证明文件；

（五）编辑出版等相关专业技术人员的国家认可的职业资格证明和主要从业经历及培训证明；

（六）工作场所使用证明；

（七）网站域名注册证明、相关服务器存放在中华人民共和国境内的承诺。

本规定第八条所列单位从事网络出版服务的，仅提交前款（一）、（六）、（七）项规定的材料。

第十三条 设立网络出版服务单位的申请者应自收到批准决定之日起 30 日内办理注册登记手续：

（一）持批准文件到所在地省、自治区、直辖市出版行政主管部门领取并填写《网络出版服务许可登记表》；

（二）省、自治区、直辖市出版行政主管部门对《网络出版服务许可登记表》审核无误后，在10日内向申请者发放《网络出版服务许可证》；

（三）《网络出版服务许可登记表》一式三份，由申请者和省、自治区、直辖市出版行政主管部门各存一份，另一份由省、自治区、直辖市出版行政主管部门在15日内报送国家新闻出版广电总局备案。

第十四条 《网络出版服务许可证》有效期为5年。有效期届满，需继续从事网络出版服务活动的，应于有效期届满60日前按本规定第十一条的程序提出申请。出版行政主管部门应当在该许可有效期届满前作出是否准予延续的决定。批准的，换发《网络出版服务许可证》。

第十五条 网络出版服务经批准后，申请者应持批准文件、《网络出版服务许可证》到所在地省、自治区、直辖市电信主管部门办理相关手续。

第十六条 网络出版服务单位变更《网络出版服务许可证》许可登记事项、资本结构，合并或者分立，设立分支机构的，应依据本规定第十一条办理审批手续，并应持批准文件到所在地省、自治区、直辖市电信主管部门办理相关手续。

第十七条 网络出版服务单位中止网络出版服务的，应当向所在地省、自治区、直辖市出版行政主管部门备案，并说明理由和期限；网络出版服务单位中止网络出版服务不得超过180日。

网络出版服务单位终止网络出版服务的，应当自终止网络出版服务之日起30日内，向所在地省、自治区、直辖市出版行政主管部门办理注销手续后到省、自治区、直辖市电信主管部门办理相关手续。省、自治区、直辖市出版行政主管部门将相关信息报国家新闻出版广电总局备案。

第十八条 网络出版服务单位自登记之日起满180日未开展网络出版服务的，由原登记的出版行政主管部门注销登记，并报国家新闻出版广电总局备案。同时，通报相关省、自治区、直辖市电信主管部门。

因不可抗力或者其他正当理由发生上述所列情形的，网络出版服务单位可以向原登记的出版行政主管部门申请延期。

第十九条 网络出版服务单位应当在其网站首页上标明出版行政主管部门核发的《网络出版服务许可证》编号。

互联网相关服务提供者在为网络出版服务单位提供人工干预搜索排名、广告、推广等服务时，应当查验服务对象的《网络出版服务许可证》及业务范围。

第二十条 网络出版服务单位应当按照批准的业务范围从事网络出版服务，不得超出批准的业务范围从事网络出版服务。

第二十一条 网络出版服务单位不得转借、出租、出卖《网络出版服务许可证》或以任何形式转让网络出版服务许可。

网络出版服务单位允许其他网络信息服务提供者以其名义提供网络出版服务，属于前款所称禁止行为。

第二十二条 网络出版服务单位实行特殊管理股制度，具体办法由国家新闻出版广电总局另行制定。

第三章 网络出版服务管理

第二十三条 网络出版服务单位实行编辑责任制度，保障网络出版物内容合法。

网络出版服务单位实行出版物内容审核责任制度、责任编辑制度、责任校对制度等管理制度，保障网络出版物出版质量。

在网络上出版其他出版单位已在境内合法出版的作品且不改变原出版物内容的，须在网络出版物的相应页面显著标明原出版单位名称以及书号、刊号、网络出版物号或者网址信息。

第二十四条 网络出版物不得含有以下内容：

（一）反对宪法确定的基本原则的；

（二）危害国家统一、主权和领土完整的；

（三）泄露国家秘密、危害国家安全或者损害国家荣誉和利益的；

（四）煽动民族仇恨、民族歧视，破坏民族团结，或者侵害民族风俗、习惯的；

（五）宣扬邪教、迷信的；

（六）散布谣言，扰乱社会秩序，破坏社会稳定的；

（七）宣扬淫秽、色情、赌博、暴力或者教唆犯罪的；

（八）侮辱或者诽谤他人，侵害他人合法权益的；

（九）危害社会公德或者民族优秀文化传统的；

（十）有法律、行政法规和国家规定禁止的其他内容的。

第二十五条　为保护未成年人合法权益，网络出版物不得含有诱发未成年人模仿违反社会公德和违法犯罪行为的内容，不得含有恐怖、残酷等妨害未成年人身心健康的内容，不得含有披露未成年人个人隐私的内容。

第二十六条　网络出版服务单位出版涉及国家安全、社会安定等方面重大选题的内容，应当按照国家新闻出版广电总局有关重大选题备案管理的规定办理备案手续。未经备案的重大选题内容，不得出版。

第二十七条　网络游戏上网出版前，必须向所在地省、自治区、直辖市出版行政主管部门提出申请，经审核同意后，报国家新闻出版广电总局审批。

第二十八条　网络出版物的内容不真实或不公正，致使公民、法人或者其他组织合法权益受到侵害的，相关网络出版服务单位应当停止侵权，公开更正，消除影响，并依法承担其他民事责任。

第二十九条　国家对网络出版物实行标识管理，具体办法由国家新闻出版广电总局另行制定。

第三十条　网络出版物必须符合国家的有关规定和标准要求，保证出版物质量。

网络出版物使用语言文字，必须符合国家法律规定和有关标准规范。

第三十一条　网络出版服务单位应当按照国家有关规定或技术标准，配备应用必要的设备和系统，建立健全各项管理制度，保障信息安全、内容合法，并为出版行政主管部门依法履行监督管理职责提供技术支持。

第三十二条　网络出版服务单位在网络上提供境外出版物，应当取得著作权合法授权。其中，出版境外著作权人授权的网络游戏，须按本规定第二十七条办理审批手续。

第三十三条　网络出版服务单位发现其出版的网络出版物含有本规定第二十四条、第二十五条所列内容的，应当立即删除，保存有关记录，并向所在地县级以上出版行政主管部门报告。

第三十四条　网络出版服务单位应记录所出版作品的内容及其时间、网址或者域名，记录应当保存60日，并在国家有关部门依法查询时，予以提供。

第三十五条　网络出版服务单位须遵守国家统计规定，依法向出版行政主管部门报送统计资料。

第四章 监督管理

第三十六条 网络出版服务的监督管理实行属地管理原则。

各地出版行政主管部门应当加强对本行政区域内的网络出版服务单位及其出版活动的日常监督管理，履行下列职责：

（一）对网络出版服务单位进行行业监管，对网络出版服务单位违反本规定的情况进行查处并报告上级出版行政主管部门；

（二）对网络出版服务进行监管，对违反本规定的行为进行查处并报告上级出版行政主管部门；

（三）对网络出版物内容和质量进行监管，定期组织内容审读和质量检查，并将结果向上级出版行政主管部门报告；

（四）对网络出版从业人员进行管理，定期组织岗位、业务培训和考核；

（五）配合上级出版行政主管部门、协调相关部门、指导下级出版行政主管部门开展工作。

第三十七条 出版行政主管部门应当加强监管队伍和机构建设，采取必要的技术手段对网络出版服务进行管理。出版行政主管部门依法履行监督检查等执法职责时，网络出版服务单位应当予以配合，不得拒绝、阻挠。

各省、自治区、直辖市出版行政主管部门应当定期将本行政区域内的网络出版服务监督管理情况向国家新闻出版广电总局提交书面报告。

第三十八条 网络出版服务单位实行年度核验制度，年度核验每年进行一次。省、自治区、直辖市出版行政主管部门负责对本行政区域内的网络出版服务单位实施年度核验并将有关情况报国家新闻出版广电总局备案。年度核验内容包括网络出版服务单位的设立条件、登记项目、出版经营情况、出版质量、遵守法律规范、内部管理情况等。

第三十九条 年度核验按照以下程序进行：

（一）网络出版服务单位提交年度自检报告，内容包括：本年度政策法律执行情况，奖惩情况，网站出版、管理、运营绩效情况，网络出版物目录，对年度核验期内的违法违规行为的整改情况，编辑出版人员培训管理情况等；并填写由国家新闻出版广电总局统一印制的《网络出版服务年度核验登记表》，与年度自检报告一并报所在地省、自治区、直辖市出版行政主管部门；

（二）省、自治区、直辖市出版行政主管部门对本行政区域内的网络出版服务单位的设立条件、登记项目、开展业务及执行法规等情况进行全面审核，并在收到网络出版服务单位的年度自检报告和《网络出版服务年度核验登记表》等年度核验材料的45日内完成全面审核查验工作。对符合年度核验要求的网络出版服务单位予以登记，并在其《网络出版服务许可证》上加盖年度核验章；

（三）省、自治区、直辖市出版行政主管部门应于完成全面审核查验工作的15日内将年度核验情况及有关书面材料报国家新闻出版广电总局备案。

第四十条 有下列情形之一的，暂缓年度核验：

（一）正在停业整顿的；

（二）违反出版法规规章，应予处罚的；

（三）未按要求执行出版行政主管部门相关管理规定的；

（四）内部管理混乱，无正当理由未开展实质性网络出版服务活动的；

（五）存在侵犯著作权等其他违法嫌疑需要进一步核查的。

暂缓年度核验的期限由省、自治区、直辖市出版行政主管部门确定，报国家新闻出版广电总局备案，最长不得超过180日。暂缓年度核验期间，须停止网络出版服务。

暂缓核验期满，按本规定重新办理年度核验手续。

第四十一条 已经不具备本规定第八条、第九条规定条件的，责令限期改正；逾期仍未改正的，不予通过年度核验，由国家新闻出版广电总局撤销《网络出版服务许可证》，所在地省、自治区、直辖市出版行政主管部门注销登记，并通知当地电信主管部门依法处理。

第四十二条 省、自治区、直辖市出版行政主管部门可根据实际情况，对本行政区域内的年度核验事项进行调整，相关情况报国家新闻出版广电总局备案。

第四十三条 省、自治区、直辖市出版行政主管部门可以向社会公布年度核验结果。

第四十四条 从事网络出版服务的编辑出版等相关专业技术人员及其负责人应当符合国家关于编辑出版等相关专业技术人员职业资格管理的有关规定。

网络出版服务单位的法定代表人或主要负责人应按照有关规定参加出

版行政主管部门组织的岗位培训，并取得国家新闻出版广电总局统一印制的《岗位培训合格证书》。未按规定参加岗位培训或培训后未取得《岗位培训合格证书》的，不得继续担任法定代表人或主要负责人。

第五章 保障与奖励

第四十五条 国家制定有关政策，保障、促进网络出版服务业的发展与繁荣。鼓励宣传科学真理、传播先进文化、倡导科学精神、塑造美好心灵、弘扬社会正气等有助于形成先进网络文化的网络出版服务，推动健康文化、优秀文化产品的数字化、网络化传播。

网络出版服务单位依法从事网络出版服务，任何组织和个人不得干扰、阻止和破坏。

第四十六条 国家支持、鼓励下列优秀的、重点的网络出版物的出版：

（一）对阐述、传播宪法确定的基本原则有重大作用的；

（二）对弘扬社会主义核心价值观，进行爱国主义、集体主义、社会主义和民族团结教育以及弘扬社会公德、职业道德、家庭美德、个人品德有重要意义的；

（三）对弘扬民族优秀文化，促进国际文化交流有重大作用的；

（四）具有自主知识产权和优秀文化内涵的；

（五）对推进文化创新，及时反映国内外新的科学文化成果有重大贡献的；

（六）对促进公共文化服务有重大作用的；

（七）专门以未成年人为对象、内容健康的或者其他有利于未成年人健康成长的；

（八）其他具有重要思想价值、科学价值或者文化艺术价值的。

第四十七条 对为发展、繁荣网络出版服务业作出重要贡献的单位和个人，按照国家有关规定给予奖励。

第四十八条 国家保护网络出版物著作权人的合法权益。网络出版服务单位应当遵守《中华人民共和国著作权法》、《信息网络传播权保护条例》、《计算机软件保护条例》等著作权法律法规。

第四十九条 对非法干扰、阻止和破坏网络出版物出版的行为，出版行政主管部门及其他有关部门，应当及时采取措施，予以制止。

第六章　法　律　责　任

第五十条　网络出版服务单位违反本规定的，出版行政主管部门可以采取下列行政措施：

（一）下达警示通知书；

（二）通报批评、责令改正；

（三）责令公开检讨；

（四）责令删除违法内容。

警示通知书由国家新闻出版广电总局制定统一格式，由出版行政主管部门下达给相关网络出版服务单位。

本条所列的行政措施可以并用。

第五十一条　未经批准，擅自从事网络出版服务，或者擅自上网出版网络游戏（含境外著作权人授权的网络游戏），根据《出版管理条例》第六十一条、《互联网信息服务管理办法》第十九条的规定，由出版行政主管部门、工商行政管理部门依照法定职权予以取缔，并由所在地省级电信主管部门依据有关部门的通知，按照《互联网信息服务管理办法》第十九条的规定给予责令关闭网站等处罚；已经触犯刑法的，依法追究刑事责任；尚不够刑事处罚的，删除全部相关网络出版物，没收违法所得和从事违法出版活动的主要设备、专用工具，违法经营额1万元以上的，并处违法经营额5倍以上10倍以下的罚款；违法经营额不足1万元的，可以处5万元以下的罚款；侵犯他人合法权益的，依法承担民事责任。

第五十二条　出版、传播含有本规定第二十四条、第二十五条禁止内容的网络出版物的，根据《出版管理条例》第六十二条、《互联网信息服务管理办法》第二十条的规定，由出版行政主管部门责令删除相关内容并限期改正，没收违法所得，违法经营额1万元以上的，并处违法经营额5倍以上10倍以下罚款；违法经营额不足1万元的，可以处5万元以下罚款；情节严重的，责令限期停业整顿或者由国家新闻出版广电总局吊销《网络出版服务许可证》，由电信主管部门依据出版行政主管部门的通知吊销其电信业务经营许可或者责令关闭网站；构成犯罪的，依法追究刑事责任。

为从事本条第一款行为的网络出版服务单位提供人工干预搜索排名、广告、推广等相关服务的，由出版行政主管部门责令其停止提供相关服务。

第五十三条 违反本规定第二十一条的，根据《出版管理条例》第六十六条的规定，由出版行政主管部门责令停止违法行为，给予警告，没收违法所得，违法经营额1万元以上的，并处违法经营额5倍以上10倍以下的罚款；违法经营额不足1万元的，可以处5万元以下的罚款；情节严重的，责令限期停业整顿或者由国家新闻出版广电总局吊销《网络出版服务许可证》。

第五十四条 有下列行为之一的，根据《出版管理条例》第六十七条的规定，由出版行政主管部门责令改正，给予警告；情节严重的，责令限期停业整顿或者由国家新闻出版广电总局吊销《网络出版服务许可证》：

（一）网络出版服务单位变更《网络出版服务许可证》登记事项、资本结构，超出批准的服务范围从事网络出版服务，合并或者分立，设立分支机构，未依据本规定办理审批手续的；

（二）网络出版服务单位未按规定出版涉及重大选题出版物的；

（三）网络出版服务单位擅自中止网络出版服务超过180日的；

（四）网络出版物质量不符合有关规定和标准的。

第五十五条 违反本规定第三十四条的，根据《互联网信息服务管理办法》第二十一条的规定，由省级电信主管部门责令改正；情节严重的，责令停业整顿或者暂时关闭网站。

第五十六条 网络出版服务单位未依法向出版行政主管部门报送统计资料的，依据《新闻出版统计管理办法》处罚。

第五十七条 网络出版服务单位违反本规定第二章规定，以欺骗或者贿赂等不正当手段取得许可的，由国家新闻出版广电总局撤销其相应许可。

第五十八条 有下列行为之一的，由出版行政主管部门责令改正，予以警告，并处3万元以下罚款：

（一）违反本规定第十条，擅自与境内外中外合资经营、中外合作经营和外资经营的企业进行涉及网络出版服务业务的合作的；

（二）违反本规定第十九条，未标明有关许可信息或者未核验有关网站的《网络出版服务许可证》的；

（三）违反本规定第二十三条，未按规定实行编辑责任制度等管理制度的；

（四）违反本规定第三十一条，未按规定或标准配备应用有关系统、设备或未健全有关管理制度的；

（五）未按本规定要求参加年度核验的；

（六）违反本规定第四十四条，网络出版服务单位的法定代表人或主要负责人未取得《岗位培训合格证书》的；

（七）违反出版行政主管部门关于网络出版其他管理规定的。

第五十九条　网络出版服务单位违反本规定被处以吊销许可证行政处罚的，其法定代表人或者主要负责人自许可证被吊销之日起 10 年内不得担任网络出版服务单位的法定代表人或者主要负责人。

从事网络出版服务的编辑出版等相关专业技术人员及其负责人违反本规定，情节严重的，由原发证机关吊销其资格证书。

第七章　附　　则

第六十条　本规定所称出版物内容审核责任制度、责任编辑制度、责任校对制度等管理制度，参照《图书质量保障体系》的有关规定执行。

第六十一条　本规定自 2016 年 3 月 10 日起施行。原国家新闻出版总署、信息产业部 2002 年 6 月 27 日颁布的《互联网出版管理暂行规定》同时废止。

互联网新闻信息服务管理规定

（2017 年 5 月 2 日国家互联网信息办公室令第 1 号公布　自 2017 年 6 月 1 日起施行）

第一章　总　　则

第一条　为加强互联网信息内容管理，促进互联网新闻信息服务健康有序发展，根据《中华人民共和国网络安全法》《互联网信息服务管理办法》《国务院关于授权国家互联网信息办公室负责互联网信息内容管理工作的通知》，制定本规定。

第二条　在中华人民共和国境内提供互联网新闻信息服务，适用本规定。

本规定所称新闻信息，包括有关政治、经济、军事、外交等社会公共事务的报道、评论，以及有关社会突发事件的报道、评论。

第三条 提供互联网新闻信息服务，应当遵守宪法、法律和行政法规，坚持为人民服务、为社会主义服务的方向，坚持正确舆论导向，发挥舆论监督作用，促进形成积极健康、向上向善的网络文化，维护国家利益和公共利益。

第四条 国家互联网信息办公室负责全国互联网新闻信息服务的监督管理执法工作。地方互联网信息办公室依据职责负责本行政区域内互联网新闻信息服务的监督管理执法工作。

第二章 许　　可

第五条 通过互联网站、应用程序、论坛、博客、微博客、公众账号、即时通信工具、网络直播等形式向社会公众提供互联网新闻信息服务，应当取得互联网新闻信息服务许可，禁止未经许可或超越许可范围开展互联网新闻信息服务活动。

前款所称互联网新闻信息服务，包括互联网新闻信息采编发布服务、转载服务、传播平台服务。

第六条 申请互联网新闻信息服务许可，应当具备下列条件：

（一）在中华人民共和国境内依法设立的法人；

（二）主要负责人、总编辑是中国公民；

（三）有与服务相适应的专职新闻编辑人员、内容审核人员和技术保障人员；

（四）有健全的互联网新闻信息服务管理制度；

（五）有健全的信息安全管理制度和安全可控的技术保障措施；

（六）有与服务相适应的场所、设施和资金。

申请互联网新闻信息采编发布服务许可的，应当是新闻单位（含其控股的单位）或新闻宣传部门主管的单位。

符合条件的互联网新闻信息服务提供者实行特殊管理股制度，具体实施办法由国家互联网信息办公室另行制定。

提供互联网新闻信息服务，还应当依法向电信主管部门办理互联网信息服务许可或备案手续。

第七条 任何组织不得设立中外合资经营、中外合作经营和外资经营的互联网新闻信息服务单位。

互联网新闻信息服务单位与境内外中外合资经营、中外合作经营和外资经营的企业进行涉及互联网新闻信息服务业务的合作，应当报经国家互联网信息办公室进行安全评估。

第八条 互联网新闻信息服务提供者的采编业务和经营业务应当分开，非公有资本不得介入互联网新闻信息采编业务。

第九条 申请互联网新闻信息服务许可，申请主体为中央新闻单位（含其控股的单位）或中央新闻宣传部门主管的单位的，由国家互联网信息办公室受理和决定；申请主体为地方新闻单位（含其控股的单位）或地方新闻宣传部门主管的单位的，由省、自治区、直辖市互联网信息办公室受理和决定；申请主体为其他单位的，经所在地省、自治区、直辖市互联网信息办公室受理和初审后，由国家互联网信息办公室决定。

国家或省、自治区、直辖市互联网信息办公室决定批准的，核发《互联网新闻信息服务许可证》。《互联网新闻信息服务许可证》有效期为三年。有效期届满，需继续从事互联网新闻信息服务活动的，应当于有效期届满三十日前申请续办。

省、自治区、直辖市互联网信息办公室应当定期向国家互联网信息办公室报告许可受理和决定情况。

第十条 申请互联网新闻信息服务许可，应当提交下列材料：

（一）主要负责人、总编辑为中国公民的证明；
（二）专职新闻编辑人员、内容审核人员和技术保障人员的资质情况；
（三）互联网新闻信息服务管理制度；
（四）信息安全管理制度和技术保障措施；
（五）互联网新闻信息服务安全评估报告；
（六）法人资格、场所、资金和股权结构等证明；
（七）法律法规规定的其他材料。

第三章 运 行

第十一条 互联网新闻信息服务提供者应当设立总编辑，总编辑对互联网新闻信息内容负总责。总编辑人选应当具有相关从业经验，符合相关条件，并报国家或省、自治区、直辖市互联网信息办公室备案。

互联网新闻信息服务相关从业人员应当依法取得相应资质，接受专业培训、考核。互联网新闻信息服务相关从业人员从事新闻采编活动，应当具备新闻采编人员职业资格，持有国家新闻出版广电总局统一颁发的新闻记者证。

第十二条 互联网新闻信息服务提供者应当健全信息发布审核、公共信息巡查、应急处置等信息安全管理制度，具有安全可控的技术保障措施。

第十三条 互联网新闻信息服务提供者为用户提供互联网新闻信息传播平台服务，应当按照《中华人民共和国网络安全法》的规定，要求用户提供真实身份信息。用户不提供真实身份信息的，互联网新闻信息服务提供者不得为其提供相关服务。

互联网新闻信息服务提供者对用户身份信息和日志信息负有保密的义务，不得泄露、篡改、毁损，不得出售或非法向他人提供。

互联网新闻信息服务提供者及其从业人员不得通过采编、发布、转载、删除新闻信息，干预新闻信息呈现或搜索结果等手段谋取不正当利益。

第十四条 互联网新闻信息服务提供者提供互联网新闻信息传播平台服务，应当与在其平台上注册的用户签订协议，明确双方权利义务。

对用户开设公众账号的，互联网新闻信息服务提供者应当审核其账号信息、服务资质、服务范围等信息，并向所在地省、自治区、直辖市互联网信息办公室分类备案。

第十五条 互联网新闻信息服务提供者转载新闻信息，应当转载中央新闻单位或省、自治区、直辖市直属新闻单位等国家规定范围内的单位发布的新闻信息，注明新闻信息来源、原作者、原标题、编辑真实姓名等，不得歪曲、篡改标题原意和新闻信息内容，并保证新闻信息来源可追溯。

互联网新闻信息服务提供者转载新闻信息，应当遵守著作权相关法律法规的规定，保护著作权人的合法权益。

第十六条 互联网新闻信息服务提供者和用户不得制作、复制、发布、传播法律、行政法规禁止的信息内容。

互联网新闻信息服务提供者提供服务过程中发现含有违反本规定第三条或前款规定内容的，应当依法立即停止传输该信息、采取消除等处置措施，保存有关记录，并向有关主管部门报告。

第十七条　互联网新闻信息服务提供者变更主要负责人、总编辑、主管单位、股权结构等影响许可条件的重大事项，应当向原许可机关办理变更手续。

互联网新闻信息服务提供者应用新技术、调整增设具有新闻舆论属性或社会动员能力的应用功能，应当报国家或省、自治区、直辖市互联网信息办公室进行互联网新闻信息服务安全评估。

第十八条　互联网新闻信息服务提供者应当在明显位置明示互联网新闻信息服务许可证编号。

互联网新闻信息服务提供者应当自觉接受社会监督，建立社会投诉举报渠道，设置便捷的投诉举报入口，及时处理公众投诉举报。

第四章　监督检查

第十九条　国家和地方互联网信息办公室应当建立日常检查和定期检查相结合的监督管理制度，依法对互联网新闻信息服务活动实施监督检查，有关单位、个人应当予以配合。

国家和地方互联网信息办公室应当健全执法人员资格管理制度。执法人员开展执法活动，应当依法出示执法证件。

第二十条　任何组织和个人发现互联网新闻信息服务提供者有违反本规定行为的，可以向国家和地方互联网信息办公室举报。

国家和地方互联网信息办公室应当向社会公开举报受理方式，收到举报后，应当依法予以处置。互联网新闻信息服务提供者应当予以配合。

第二十一条　国家和地方互联网信息办公室应当建立互联网新闻信息服务网络信用档案，建立失信黑名单制度和约谈制度。

国家互联网信息办公室会同国务院电信、公安、新闻出版广电等部门建立信息共享机制，加强工作沟通和协作配合，依法开展联合执法等专项监督检查活动。

第五章　法律责任

第二十二条　违反本规定第五条规定，未经许可或超越许可范围开展互联网新闻信息服务活动的，由国家和省、自治区、直辖市互联网信息办公室依据职责责令停止相关服务活动，处一万元以上三万元以下罚款。

第二十三条　互联网新闻信息服务提供者运行过程中不再符合许可条件的，由原许可机关责令限期改正；逾期仍不符合许可条件的，暂停新闻信息更新；《互联网新闻信息服务许可证》有效期届满仍不符合许可条件的，不予换发许可证。

第二十四条　互联网新闻信息服务提供者违反本规定第七条第二款、第八条、第十一条、第十二条、第十三条第三款、第十四条、第十五条第一款、第十七条、第十八条规定的，由国家和地方互联网信息办公室依据职责给予警告，责令限期改正；情节严重或拒不改正的，暂停新闻信息更新，处五千元以上三万元以下罚款；构成犯罪的，依法追究刑事责任。

第二十五条　互联网新闻信息服务提供者违反本规定第三条、第十六条第一款、第十九条第一款、第二十条第二款规定的，由国家和地方互联网信息办公室依据职责给予警告，责令限期改正；情节严重或拒不改正的，暂停新闻信息更新，处二万元以上三万元以下罚款；构成犯罪的，依法追究刑事责任。

第二十六条　互联网新闻信息服务提供者违反本规定第十三条第一款、第十六条第二款规定的，由国家和地方互联网信息办公室根据《中华人民共和国网络安全法》的规定予以处理。

第六章　附　　则

第二十七条　本规定所称新闻单位，是指依法设立的报刊社、广播电台、电视台、通讯社和新闻电影制片厂。

第二十八条　违反本规定，同时违反互联网信息服务管理规定的，由国家和地方互联网信息办公室根据本规定处理后，转由电信主管部门依法处置。

国家对互联网视听节目服务、网络出版服务等另有规定的，应当同时符合其规定。

第二十九条　本规定自2017年6月1日起施行。本规定施行之前颁布的有关规定与本规定不一致的，按照本规定执行。

互联网文化管理暂行规定

（2011年2月11日文化部部务会议审议通过 根据2017年12月15日发布的《文化部关于废止和修改部分部门规章的决定》修订）

第一条 为了加强对互联网文化的管理，保障互联网文化单位的合法权益，促进我国互联网文化健康、有序地发展，根据《中华人民共和国网络安全法》、《全国人民代表大会常务委员会关于维护互联网安全的决定》和《互联网信息服务管理办法》等国家法律法规有关规定，制定本规定。

第二条 本规定所称互联网文化产品是指通过互联网生产、传播和流通的文化产品，主要包括：

（一）专门为互联网而生产的网络音乐娱乐、网络游戏、网络演出剧（节）目、网络表演、网络艺术品、网络动漫等互联网文化产品；

（二）将音乐娱乐、游戏、演出剧（节）目、表演、艺术品、动漫等文化产品以一定的技术手段制作、复制到互联网上传播的互联网文化产品。

第三条 本规定所称互联网文化活动是指提供互联网文化产品及其服务的活动，主要包括：

（一）互联网文化产品的制作、复制、进口、发行、播放等活动；

（二）将文化产品登载在互联网上，或者通过互联网、移动通信网等信息网络发送到计算机、固定电话机、移动电话机、电视机、游戏机等用户端以及网吧等互联网上网服务营业场所，供用户浏览、欣赏、使用或者下载的在线传播行为；

（三）互联网文化产品的展览、比赛等活动。

互联网文化活动分为经营性和非经营性两类。经营性互联网文化活动是指以营利为目的，通过向上网用户收费或者以电子商务、广告、赞助等方式获取利益，提供互联网文化产品及其服务的活动。非经营性互联网文化活动是指不以营利为目的向上网用户提供互联网文化产品及其服务的活动。

第四条 本规定所称互联网文化单位,是指经文化行政部门和电信管理机构批准或者备案,从事互联网文化活动的互联网信息服务提供者。

在中华人民共和国境内从事互联网文化活动,适用本规定。

第五条 从事互联网文化活动应当遵守宪法和有关法律、法规,坚持为人民服务、为社会主义服务的方向,弘扬民族优秀文化,传播有益于提高公众文化素质、推动经济发展、促进社会进步的思想道德、科学技术和文化知识,丰富人民的精神生活。

第六条 文化部负责制定互联网文化发展与管理的方针、政策和规划,监督管理全国互联网文化活动。

省、自治区、直辖市人民政府文化行政部门对申请从事经营性互联网文化活动的单位进行审批,对从事非经营性互联网文化活动的单位进行备案。

县级以上人民政府文化行政部门负责本行政区域内互联网文化活动的监督管理工作。县级以上人民政府文化行政部门或者文化市场综合执法机构对从事互联网文化活动违反国家有关法规的行为实施处罚。

第七条 申请从事经营性互联网文化活动,应当符合《互联网信息服务管理办法》的有关规定,并具备以下条件:

(一)有单位的名称、住所、组织机构和章程;

(二)有确定的互联网文化活动范围;

(三)有适应互联网文化活动需要的专业人员、设备、工作场所以及相应的经营管理技术措施;

(四)有确定的域名;

(五)符合法律、行政法规和国家有关规定的条件。

第八条 申请从事经营性互联网文化活动,应当向所在地省、自治区、直辖市人民政府文化行政部门提出申请,由省、自治区、直辖市人民政府文化行政部门审核批准。

第九条 申请从事经营性互联网文化活动,应当提交下列文件:

(一)申请表;

(二)营业执照和章程;

(三)法定代表人或者主要负责人的身份证明文件;

（四）业务范围说明；

（五）专业人员、工作场所以及相应经营管理技术措施的说明材料；

（六）域名登记证明；

（七）依法需要提交的其他文件。

对申请从事经营性互联网文化活动的，省、自治区、直辖市人民政府文化行政部门应当自受理申请之日起 20 日内做出批准或者不批准的决定。批准的，核发《网络文化经营许可证》，并向社会公告；不批准的，应当书面通知申请人并说明理由。

《网络文化经营许可证》有效期为 3 年。有效期届满，需继续从事经营的，应当于有效期届满 30 日前申请续办。

第十条 非经营性互联网文化单位，应当自设立之日起 60 日内向所在地省、自治区、直辖市人民政府文化行政部门备案，并提交下列文件：

（一）备案表；

（二）章程；

（三）法定代表人或者主要负责人的身份证明文件；

（四）域名登记证明；

（五）依法需要提交的其他文件。

第十一条 申请从事经营性互联网文化活动经批准后，应当持《网络文化经营许可证》，按照《互联网信息服务管理办法》的有关规定，到所在地电信管理机构或者国务院信息产业主管部门办理相关手续。

第十二条 互联网文化单位应当在其网站主页的显著位置标明文化行政部门颁发的《网络文化经营许可证》编号或者备案编号，标明国务院信息产业主管部门或者省、自治区、直辖市电信管理机构颁发的经营许可证编号或者备案编号。

第十三条 经营性互联网文化单位变更单位名称、域名、法定代表人或者主要负责人、注册地址、经营地址、股权结构以及许可经营范围的，应当自变更之日起 20 日内到所在地省、自治区、直辖市人民政府文化行政部门办理变更或者备案手续。

非经营性互联网文化单位变更名称、地址、域名、法定代表人或者主要负责人、业务范围的，应当自变更之日起 60 日内到所在地省、自治区、直辖市人民政府文化行政部门办理备案手续。

第十四条 经营性互联网文化单位终止互联网文化活动的,应当自终止之日起 30 日内到所在地省、自治区、直辖市人民政府文化行政部门办理注销手续。

经营性互联网文化单位自取得《网络文化经营许可证》并依法办理企业登记之日起满 180 日未开展互联网文化活动的,由原审核的省、自治区、直辖市人民政府文化行政部门注销《网络文化经营许可证》,同时通知相关省、自治区、直辖市电信管理机构。

非经营性互联网文化单位停止互联网文化活动的,由原备案的省、自治区、直辖市人民政府文化行政部门注销备案,同时通知相关省、自治区、直辖市电信管理机构。

第十五条 经营进口互联网文化产品的活动应当由取得文化行政部门核发的《网络文化经营许可证》的经营性互联网文化单位实施,进口互联网文化产品应当报文化部进行内容审查。

文化部应当自受理内容审查申请之日起 20 日内(不包括专家评审所需时间)做出批准或者不批准的决定。批准的,发给批准文件;不批准的,应当说明理由。

经批准的进口互联网文化产品应当在其显著位置标明文化部的批准文号,不得擅自变更产品名称或者增删产品内容。自批准之日起一年内未在国内经营的,进口单位应当报文化部备案并说明原因;决定终止进口的,文化部撤销其批准文号。

经营性互联网文化单位经营的国产互联网文化产品应当自正式经营起 30 日内报省级以上文化行政部门备案,并在其显著位置标明文化部备案编号,具体办法另行规定。

第十六条 互联网文化单位不得提供载有以下内容的文化产品:

(一)反对宪法确定的基本原则的;

(二)危害国家统一、主权和领土完整的;

(三)泄露国家秘密、危害国家安全或者损害国家荣誉和利益的;

(四)煽动民族仇恨、民族歧视,破坏民族团结,或者侵害民族风俗、习惯的;

(五)宣扬邪教、迷信的;

(六)散布谣言,扰乱社会秩序,破坏社会稳定的;

（七）宣扬淫秽、赌博、暴力或者教唆犯罪的；

（八）侮辱或者诽谤他人，侵害他人合法权益的；

（九）危害社会公德或者民族优秀文化传统的；

（十）有法律、行政法规和国家规定禁止的其他内容的。

第十七条 互联网文化单位提供的文化产品，使公民、法人或者其他组织的合法利益受到侵害的，互联网文化单位应当依法承担民事责任。

第十八条 互联网文化单位应当建立自审制度，明确专门部门，配备专业人员负责互联网文化产品内容和活动的自查与管理，保障互联网文化产品内容和活动的合法性。

第十九条 互联网文化单位发现所提供的互联网文化产品含有本规定第十六条所列内容之一的，应当立即停止提供，保存有关记录，向所在地省、自治区、直辖市人民政府文化行政部门报告并抄报文化部。

第二十条 互联网文化单位应当记录备份所提供的文化产品内容及其时间、互联网地址或者域名；记录备份应当保存60日，并在国家有关部门依法查询时予以提供。

第二十一条 未经批准，擅自从事经营性互联网文化活动的，由县级以上人民政府文化行政部门或者文化市场综合执法机构责令停止经营性互联网文化活动，予以警告，并处30000元以下罚款；拒不停止经营活动的，依法列入文化市场黑名单，予以信用惩戒。

第二十二条 非经营性互联网文化单位违反本规定第十条，逾期未办理备案手续的，由县级以上人民政府文化行政部门或者文化市场综合执法机构责令限期改正；拒不改正的，责令停止互联网文化活动，并处1000元以下罚款。

第二十三条 经营性互联网文化单位违反本规定第十二条的，由县级以上人民政府文化行政部门或者文化市场综合执法机构责令限期改正，并可根据情节轻重处10000元以下罚款。

非经营性互联网文化单位违反本规定第十二条的，由县级以上人民政府文化行政部门或者文化市场综合执法机构责令限期改正；拒不改正的，责令停止互联网文化活动，并处500元以下罚款。

第二十四条 经营性互联网文化单位违反本规定第十三条的，由县级以上人民政府文化行政部门或者文化市场综合执法机构责令改正，没收违法所得，并处 10000 元以上 30000 元以下罚款；情节严重的，责令停业整顿直至吊销《网络文化经营许可证》；构成犯罪的，依法追究刑事责任。

非经营性互联网文化单位违反本规定第十三条的，由县级以上人民政府文化行政部门或者文化市场综合执法机构责令限期改正；拒不改正的，责令停止互联网文化活动，并处 1000 元以下罚款。

第二十五条　经营性互联网文化单位违反本规定第十五条，经营进口互联网文化产品未在其显著位置标明文化部批准文号、经营国产互联网文化产品未在其显著位置标明文化部备案编号的，由县级以上人民政府文化行政部门或者文化市场综合执法机构责令改正，并可根据情节轻重处 10000 元以下罚款。

第二十六条　经营性互联网文化单位违反本规定第十五条，擅自变更进口互联网文化产品的名称或者增删内容的，由县级以上人民政府文化行政部门或者文化市场综合执法机构责令停止提供，没收违法所得，并处 10000 元以上 30000 元以下罚款；情节严重的，责令停业整顿直至吊销《网络文化经营许可证》；构成犯罪的，依法追究刑事责任。

第二十七条　经营性互联网文化单位违反本规定第十五条，经营国产互联网文化产品逾期未报文化行政部门备案的，由县级以上人民政府文化行政部门或者文化市场综合执法机构责令改正，并可根据情节轻重处 20000 元以下罚款。

第二十八条　经营性互联网文化单位提供含有本规定第十六条禁止内容的互联网文化产品，或者提供未经文化部批准进口的互联网文化产品的，由县级以上人民政府文化行政部门或者文化市场综合执法机构责令停止提供，没收违法所得，并处 10000 元以上 30000 元以下罚款；情节严重的，责令停业整顿直至吊销《网络文化经营许可证》；构成犯罪的，依法追究刑事责任。

非经营性互联网文化单位，提供含有本规定第十六条禁止内容的互联网文化产品，或者提供未经文化部批准进口的互联网文化产品的，由县级以上人民政府文化行政部门或者文化市场综合执法机构责令停止提供，处 1000 元以下罚款；构成犯罪的，依法追究刑事责任。

第二十九条　经营性互联网文化单位违反本规定第十八条的，由县级以上人民政府文化行政部门或者文化市场综合执法机构责令改正，并可根据情节轻重处 20000 元以下罚款。

第三十条 经营性互联网文化单位违反本规定第十九条的，由县级以上人民政府文化行政部门或者文化市场综合执法机构予以警告，责令限期改正，并处 10000 元以下罚款。

第三十一条 违反本规定第二十条的，由省、自治区、直辖市电信管理机构责令改正；情节严重的，由省、自治区、直辖市电信管理机构责令停业整顿或者责令暂时关闭网站。

第三十二条 本规定所称文化市场综合执法机构是指依照国家有关法律、法规和规章的规定，相对集中地行使文化领域行政处罚权以及相关监督检查权、行政强制权的行政执法机构。

第三十三条 文化行政部门或者文化市场综合执法机构查处违法经营活动，依照实施违法经营行为的企业注册地或者企业实际经营地进行管辖；企业注册地和实际经营地无法确定的，由从事违法经营活动网站的信息服务许可地或者备案地进行管辖；没有许可或者备案的，由该网站服务器所在地管辖；网站服务器设置在境外的，由违法行为发生地进行管辖。

第三十四条 本规定自 2011 年 4 月 1 日起施行。2003 年 5 月 10 日发布、2004 年 7 月 1 日修订的《互联网文化管理暂行规定》同时废止。

专网及定向传播视听节目服务管理规定

(2016 年 4 月 25 日国家新闻出版广电总局令第 6 号公布 根据 2021 年 3 月 23 日《国家广播电视总局关于第二批修改的部门规章的决定》修订)

第一章 总 则

第一条 为规范专网及定向传播视听节目服务秩序，促进行业健康有序发展，保护公众和从业机构的合法权益，维护国家利益和公共利益，根据国家有关规定，制定本规定。

第二条 本规定所称专网及定向传播视听节目服务，是指以电视机、手机等各类固定、移动电子设备为接收终端，通过局域网络及利用互联网架设虚拟专网或者以互联网等信息网络为定向传输通道，向公众定向提供广播电视节目等视听节目服务活动，包括以交互式网络电视（IPTV）、专网手机电视、互联网电视等形式从事内容提供、集成播控、传输分发等活动。

第三条 国家广播电视总局负责全国专网及定向传播视听节目服务的监督管理工作。

县级以上地方人民政府广播电视行政部门负责本行政区域内专网及定向传播视听节目服务的监督管理工作。

第四条 从事专网及定向传播视听节目服务，应当坚持为人民服务、为社会主义服务，把社会效益放在首位，弘扬社会主义核心价值观，弘扬民族优秀传统文化，弘扬正能量。

专网及定向传播视听节目服务单位应当自觉遵守宪法、法律和行政法规，提供更多更好的专网及定向传播视听节目服务，不断丰富人民群众的精神文化生活。

鼓励专网及定向传播视听节目服务行业组织发挥行业自律、引导、服务功能，鼓励公众监督专网及定向传播视听节目服务。

第二章 专网及定向传播视听节目服务单位的设立

第五条 从事内容提供、集成播控、传输分发等专网及定向传播视听节目服务，应当依照本规定取得《信息网络传播视听节目许可证》。

《信息网络传播视听节目许可证》由国家广播电视总局根据专网及定向传播视听节目服务的业务类别、服务内容、传输网络、覆盖范围等事项分类核发。

专网及定向传播视听节目服务业务指导目录由国家广播电视总局制定。

第六条 申请从事专网及定向传播视听节目服务的单位，应当具备下列条件：

（一）具备法人资格，为国有独资或者国有控股单位；
（二）有健全的节目内容编审、安全传播管理制度和安全保护措施；
（三）有与其业务相适应的技术能力、经营场所和相关资源；
（四）有与其业务相适应的专业人员；
（五）技术方案符合国家有关标准和技术规范；
（六）符合国家广播电视总局确定的专网及定向传播视听节目服务总

体规划、布局和业务指导目录；

（七）符合法律、行政法规和国家规定的其他条件。

外商投资企业不得从事专网及定向传播视听节目服务。

第七条 申请从事内容提供服务的，应当是经国家广播电视总局批准设立的地（市）级以上广播电视播出机构或者中央新闻单位等机构，还应当具备两千小时以上的节目内容储备和三十人以上的专业节目编审人员。

申请从事集成播控服务的，应当是经国家广播电视总局批准设立的省、自治区、直辖市级以上广播电视播出机构。

申请从事交互式网络电视（IPTV）传输服务、专网手机电视分发服务的，应当是工业和信息化部批准的具有合法基础网络运营资质的单位，并具有一定规模的公共信息基础网络设施资源和为用户提供长期服务的信誉或者能力。

第八条 申请从事专网及定向传播视听节目服务，应当向省、自治区、直辖市人民政府广播电视行政部门提出申请，中央直属单位可直接向国家广播电视总局提出申请。

省、自治区、直辖市人民政府广播电视行政部门应当自收到申请之日起二十日内提出初核意见，并将初核意见及全部申请材料报国家广播电视总局审批；国家广播电视总局应当自收到申请或者初核意见之日起四十日内作出许可或者不予许可的决定，其中专家评审时间为二十日。予以许可的，向申请人颁发《信息网络传播视听节目许可证》，并向社会公告；不予许可的，应当书面通知申请人并说明理由。

第九条 《信息网络传播视听节目许可证》有效期为三年。有效期届满，需继续从事专网及定向传播视听节目服务的，应当于有效期届满前三十日内，持符合本规定第六条、第七条条件的相关材料，按照本规定的审批程序办理续办手续。

第十条 专网及定向传播视听节目服务单位变更《信息网络传播视听节目许可证》载明的业务类别、服务内容、传输网络、覆盖范围等业务项目以及变更股东、股权结构等重大事项的，应当事先按本规定办理审批手续。

专网及定向传播视听节目服务单位的单位名称、办公场所、法定代表人依法变更的，应当在变更后十五日内向原发证机关备案。

专网及定向传播视听节目服务单位采用合资、合作模式开展节目生产购销、广告投放、市场推广、商业合作、收付结算、技术服务等经营性业务的，应当在签订合资、合作协议后十五日内向原发证机关备案。

第十一条 专网及定向传播视听节目服务单位在专网及定向传播视听节目服务业务指导目录载明的业务类别之外，拟增加新产品或者开展新业务的，应当报国家广播电视总局进行安全评估。

第十二条 专网及定向传播视听节目服务单位应当在取得《信息网络传播视听节目许可证》九十日内提供服务。未按期提供服务的，由原发证机关注销其《信息网络传播视听节目许可证》。

如因特殊原因，延期或者中止提供服务的，应当经原发证机关同意。申请终止服务的，应当提前六十日向原发证机关申报，由原发证机关注销其《信息网络传播视听节目许可证》。

未经申报，连续停止业务超过六十日的，由原发证机关按终止业务处理，并注销其《信息网络传播视听节目许可证》。

第三章 专网及定向传播视听节目服务规范

第十三条 专网及定向传播视听节目服务单位应当按照《信息网络传播视听节目许可证》载明的事项从事专网及定向传播视听节目服务。

第十四条 专网及定向传播视听节目服务单位应当建立健全与国家网络信息安全相适应的安全管理制度、保障体系和技术保障手段，履行安全保障义务。

专网及定向传播视听节目服务单位应当为广播电视行政部门设立的节目监控系统提供必要的信号接入条件。

第十五条 专网及定向传播视听节目服务单位相互之间应当按照广播电视行政部门的管理规定和相关标准实行规范对接，并为对接提供必要的技术支持和服务保障。

第十六条 用于专网及定向传播视听节目服务的技术系统和终端产品，应当符合国家有关标准和技术规范。

任何单位不得向未取得专网及定向传播视听节目服务许可的单位提供与专网及定向传播视听节目服务有关的服务器托管、网络传输、软硬件技术支持、代收费等服务。

第十七条 专网及定向传播视听节目服务单位传播的节目应当符合法律、行政法规、部门规章的规定,不得含有以下内容:

(一)违反宪法确定的基本原则,煽动抗拒或者破坏宪法、法律、行政法规实施的;

(二)危害国家统一、主权和领土完整,泄露国家秘密,危害国家安全,损害国家荣誉和利益的;

(三)诋毁民族优秀文化传统,煽动民族仇恨、民族歧视,侵害民族风俗习惯,歪曲民族历史和民族历史人物,伤害民族感情,破坏民族团结的;

(四)宣扬宗教狂热,危害宗教和睦,伤害信教公民宗教感情,破坏信教公民和不信教公民团结,宣扬邪教、迷信的;

(五)危害社会公德,扰乱社会秩序,破坏社会稳定,宣扬淫秽、赌博、吸毒,渲染暴力、恐怖,教唆犯罪或者传授犯罪方法的;

(六)侵害未成年人合法权益或者损害未成年人身心健康的;

(七)侮辱、诽谤他人或者散布他人隐私,侵害他人合法权益的;

(八)法律、行政法规禁止的其他内容。

第十八条 专网及定向传播视听节目服务单位传播的电影、电视剧、动画片、纪录片等节目,应当符合国家广播电影电视相关管理规定。专网及定向传播视听节目服务单位传播的时政类视听新闻节目,应当是地(市)级以上广播电视播出机构制作、播出的新闻节目。

专网及定向传播视听节目服务单位不得转播、链接、聚合、集成非法广播电视频道节目、非法视听节目网站的节目和未取得内容提供服务许可的单位开办的节目。

专网及定向传播视听节目服务单位应当遵守著作权法律、行政法规的规定,采取版权保护措施,保护著作权人的合法权益。

第十九条 内容提供服务单位,负责建设和运营内容提供平台,组织、编辑和审核节目内容。

内容提供服务单位播出的节目应当经过集成播控服务单位设立的集成播控平台统一集成后提供给用户。内容提供服务单位应当选择依法取得集成播控服务许可的单位提供接入服务。

第二十条 内容提供服务单位负责审查其内容提供平台上的节目是否

符合本规定第十七条的规定和版权管理要求，并进行播前审查。

内容提供服务单位应当建立健全节目审查、安全播出等节目内容管理制度，配备专业节目审查人员。所播出节目的名称、内容概要、播出时间、时长、来源等信息，应当至少保留六十日，并配合广播电视行政部门依法查询。

内容提供服务单位发现含有违反本规定的节目，应当立即删除并保存有关记录，并向广播电视行政部门报告，落实广播电视行政部门的管理要求。

第二十一条 集成播控服务单位，负责集成播控平台的建设和运营，负责对内容提供服务单位播出的节目的统一集成和播出监控，负责电子节目指南（EPG）、用户端、计费、版权等管理。

集成播控服务单位发现接入集成播控平台的节目含有违反本规定的内容时，应当立即切断节目源，并向广播电视行政部门报告。

第二十二条 集成播控服务单位应当建立健全安全播控管理制度，采取技术安全管控措施，配备专业安全播控管理人员，按照广播电视行政部门的管理规定集成播控节目。

集成播控服务单位在提供接入服务时，应当查验内容提供服务单位的《信息网络传播视听节目许可证》，并为其提供优质的信号接入服务，不得擅自插播、截留、变更内容提供服务单位播出的节目信号。

第二十三条 集成播控服务单位和内容提供服务单位应当在播出界面显著位置标注国家广播电视总局批准的播出标识、名称。

第二十四条 传输分发服务单位应当遵守广播电视行政部门有关安全传输的管理规定，建立健全安全传输管理制度，保障网络传输安全。

传输分发服务单位在提供传输分发服务前，应当查验集成播控服务单位的《信息网络传播视听节目许可证》。不得擅自插播、截留、变更集成播控平台发出的节目信号和电子节目指南（EPG）、用户端、计费、版权等控制信号。

第二十五条 省、自治区、直辖市以上人民政府广播电视行政部门应当建立健全节目监管系统，建立公众监督举报制度，加强对专网及定向传播视听节目服务的监督管理。

广播电视行政部门发现专网及定向传播视听节目服务单位未及时处置

违法违规内容、落实监管措施的，可以对其主要负责人、法定代表人、总编辑进行约谈。

第四章 法 律 责 任

第二十六条 擅自从事专网及定向传播视听节目服务的，由县级以上人民政府广播电视行政部门予以警告、责令改正，可并处三万元以下罚款；情节严重的，根据《广播电视管理条例》第四十七条的规定予以处罚。

第二十七条 专网及定向传播视听节目服务单位传播的节目内容违反本规定的，由县级以上人民政府广播电视行政部门予以警告、责令改正，可并处三万元以下罚款；情节严重的，根据《广播电视管理条例》第四十九条的规定予以处罚。

第二十八条 违反本规定，有下列行为之一的，由县级以上人民政府广播电视行政部门予以警告、责令改正，可并处三万元以下罚款；情节严重的，根据《广播电视管理条例》第五十条的规定予以处罚：

（一）未按照《信息网络传播视听节目许可证》载明的事项从事专网及定向传播视听节目服务的；

（二）违规传播时政类视听新闻节目的；

（三）集成播控服务单位未对内容提供服务单位播出的节目进行统一集成和播出监控或者未负责电子节目指南（EPG）、用户端、计费、版权等管理的。

第二十九条 违反本规定，有下列行为之一的，由县级以上人民政府广播电视行政部门予以警告、责令改正，可并处三万元以下罚款；情节严重的，根据《广播电视管理条例》第五十一条的规定予以处罚：

（一）专网及定向传播视听节目服务单位转播、链接、聚合、集成非法广播电视频道节目、非法视听节目网站的节目和未取得内容提供服务许可的单位开办的节目的；

（二）集成播控服务单位擅自插播、截留、变更内容提供服务单位播出的节目信号的；

（三）传输分发服务单位擅自插播、截留、变更集成播控平台发出的节目信号和电子节目指南（EPG）、用户端、计费、版权等控制信号的。

第三十条 违反本规定，有下列行为之一的，由县级以上人民政府广播电视行政部门予以警告、责令改正，可并处三万元以下罚款；同时，可对其主要出资者和经营者予以警告，可并处两万元以下罚款：

（一）变更股东、股权结构等重大事项，未事先办理审批手续的；

（二）专网及定向传播视听节目服务单位的单位名称、办公场所、法定代表人依法变更后未及时向原发证机关备案的；

（三）未按本规定要求，将拟增加的新产品或者开展的新业务报国家广播电视总局进行安全评估的；

（四）采用合资、合作模式开展节目生产购销、广告投放、市场推广、商业合作、收付结算、技术服务等经营性业务未及时向原发证机关备案的；

（五）集成播控服务单位和传输分发服务单位在提供服务时未履行许可证查验义务的；

（六）未按本规定要求建立健全与国家网络信息安全相适应的安全播控、节目内容、安全传输等管理制度、保障体系的；

（七）集成播控服务单位和内容提供服务单位未在播出界面显著位置标注播出标识、名称的；

（八）内容提供服务单位未采取版权保护措施，未保留节目播出信息或者未配合广播电视行政部门查询，以及发现含有违反本规定的节目时未及时删除并保存记录或者未报告广播电视行政部门的；

（九）集成播控服务单位发现接入集成播控平台的节目含有违反本规定的内容时未及时切断节目源或者未报告广播电视行政部门的；

（十）用于专网及定向传播视听节目服务的技术系统和终端产品不符合国家有关标准和技术规范的；

（十一）向未取得专网及定向传播视听节目服务许可的单位提供与专网及定向传播视听节目服务有关的服务器托管、网络传输、软硬件技术支持、代收费等服务的；

（十二）未向广播电视行政部门设立的节目监控系统提供必要的信号接入条件的；

（十三）专网及定向传播视听节目服务单位在同一年度内三次出现违规行为的；

（十四）拒绝、阻挠、拖延广播电视行政部门依法进行监督检查或者在监督检查过程中弄虚作假的；

（十五）以虚假证明、文件等手段骗取《信息网络传播视听节目许可证》的。

有前款第十五项行为的，发证机关应当撤销其《信息网络传播视听节目许可证》。

第三十一条 广播电视行政部门工作人员滥用职权、玩忽职守的，依法给予处分；构成犯罪的，依法追究刑事责任。

第五章 附 则

第三十二条 制作、编辑、集成并通过互联网向公众提供视音频节目以及为他人提供上载传播视听节目服务的，由国家广播电视总局、工业和信息化部按照国家有关规定进行监督管理。

第三十三条 本规定自 2016 年 6 月 1 日起施行。2004 年 7 月 6 日国家广播电影电视总局发布的《互联网等信息网络传播视听节目管理办法》(国家广播电影电视总局令第 39 号) 同时废止。

互联网宗教信息服务管理办法

（2021 年 12 月 3 日国家宗教事务局、国家互联网信息办公室、中华人民共和国工业和信息化部、中华人民共和国公安部、中华人民共和国国家安全部令第 17 号公布 自 2022 年 3 月 1 日起施行）

第一章 总 则

第一条 为了规范互联网宗教信息服务，保障公民宗教信仰自由，根据《中华人民共和国网络安全法》《互联网信息服务管理办法》《宗教事务条例》等法律法规，制定本办法。

第二条 在中华人民共和国境内从事互联网宗教信息服务，适用本办法。

本办法所称互联网宗教信息服务，包括互联网宗教信息发布服务、转载服务、传播平台服务以及其他与互联网宗教信息相关的服务。

第三条 从事互联网宗教信息服务，应当遵守宪法、法律、法规和规章，践行社会主义核心价值观，坚持我国宗教独立自主自办原则，坚持我国宗教中国化方向，积极引导宗教与社会主义社会相适应，维护宗教和顺、社会和谐、民族和睦。

第四条 互联网宗教信息服务管理坚持保护合法、制止非法、遏制极端、抵御渗透、打击犯罪的原则。

第五条 宗教事务部门依法对互联网宗教信息服务进行监督管理，网信部门、电信主管部门、公安机关、国家安全机关等在各自职责范围内依法负责有关行政管理工作。

省级以上人民政府宗教事务部门应当会同网信部门、电信主管部门、公安机关、国家安全机关等建立互联网宗教信息服务管理协调机制。

第二章 互联网宗教信息服务许可

第六条 通过互联网站、应用程序、论坛、博客、微博客、公众账号、即时通信工具、网络直播等形式，以文字、图片、音视频等方式向社会公众提供宗教教义教规、宗教知识、宗教文化、宗教活动等信息的服务，应当取得互联网宗教信息服务许可，并具备下列条件：

（一）申请人是在中华人民共和国境内依法设立的法人组织或者非法人组织，其法定代表人或者主要负责人是具有中国国籍的内地居民；

（二）有熟悉国家宗教政策法规和相关宗教知识的信息审核人员；

（三）有健全的互联网宗教信息服务管理制度；

（四）有健全的信息安全管理制度和安全可控的技术保障措施；

（五）有与服务相匹配的场所、设施和资金；

（六）申请人及其法定代表人或者主要负责人近3年内无犯罪记录、无违反国家宗教事务管理有关规定的行为。

境外组织或者个人及其在境内成立的组织不得在境内从事互联网宗教信息服务。

第七条 从事互联网宗教信息服务，应当向所在地省、自治区、直辖市人民政府宗教事务部门提出申请，填报互联网宗教信息服务申请表，并提交下列材料：

（一）申请人依法设立或者登记备案的材料以及法定代表人或者主要负责人身份证件；

（二）宗教信息审核人员参加宗教政策法规和相关宗教知识的教育培训，以及具备审核能力的情况说明；

（三）互联网宗教信息服务管理制度、信息安全管理制度和技术保障措施材料；

（四）用于从事互联网宗教信息服务的场所、设施和资金情况说明；

（五）申请人及其法定代表人或者主要负责人近3年内无犯罪记录和无违反国家宗教事务管理有关规定情况承诺书；

（六）拟从事互联网宗教信息服务的栏目、功能设置和域名注册相关材料。

申请提供互联网宗教信息传播平台服务的，还应当提交平台注册用户管理规章制度、用户协议范本、投诉举报处理机制等。用户协议范本涉及互联网宗教信息服务的内容应当符合本办法有关规定。

互联网宗教信息服务申请表式样由国家宗教事务局制定。

全国性宗教团体及其举办的宗教院校从事互联网宗教信息服务，应当向国家宗教事务局提出申请。

第八条　从事互联网宗教信息服务所使用的名称，除与申请人名称相同以外，不得使用宗教团体、宗教院校和宗教活动场所等名称，不得含有法律、行政法规禁止的内容。

第九条　省级以上人民政府宗教事务部门自受理申请之日起20日内作出批准或者不予批准的决定。作出批准决定的，核发《互联网宗教信息服务许可证》；作出不予批准决定的，应当书面通知申请人并说明理由。

《互联网宗教信息服务许可证》由国家宗教事务局印制。

申请人取得《互联网宗教信息服务许可证》后，还应当按照国家互联网信息服务管理有关规定办理相关手续。

第十条　从事互联网宗教信息服务，应当在显著位置明示《互联网宗教信息服务许可证》编号。

第十一条　申请人取得《互联网宗教信息服务许可证》后，发生影响许可条件重大事项的，应当报原发证机关审核批准；其他事项变更，应当向原发证机关备案。

第十二条　终止互联网宗教信息服务的，应当自终止之日起30日内，到原发证机关办理注销手续。

第十三条 《互联网宗教信息服务许可证》有效期3年。有效期届满后拟继续从事互联网宗教信息服务的，应当在有效期届满30日前，向原发证机关重新提出申请。

第三章 互联网宗教信息服务管理

第十四条 互联网宗教信息不得含有下列内容：

（一）利用宗教煽动颠覆国家政权、反对中国共产党的领导，破坏社会主义制度、国家统一、民族团结和社会稳定，宣扬极端主义、恐怖主义、民族分裂主义和宗教狂热的；

（二）利用宗教妨碍国家司法、教育、婚姻、社会管理等制度实施的；

（三）利用宗教宣扬邪教和封建迷信，或者利用宗教损害公民身体健康，欺骗、胁迫取得财物的；

（四）违背我国宗教独立自主自办原则的；

（五）破坏不同宗教之间、同一宗教内部以及信教公民与不信教公民之间和睦相处的；

（六）歧视、侮辱信教公民或者不信教公民，损害信教公民或者不信教公民合法权益的；

（七）从事违法宗教活动或者为违法宗教活动提供便利的；

（八）诱导未成年人信教，或者组织、强迫未成年人参加宗教活动的；

（九）以宗教名义进行商业宣传，经销、发送宗教用品、宗教内部资料性出版物和非法出版物的；

（十）假冒宗教教职人员开展活动的；

（十一）有关法律、行政法规和国家规定禁止的其他内容的。

第十五条 取得《互联网宗教信息服务许可证》的宗教团体、宗教院校和寺观教堂，可以且仅限于通过其依法自建的互联网站、应用程序、论坛等由宗教教职人员、宗教院校教师讲经讲道，阐释教义教规中有利于社会和谐、时代进步、健康文明的内容，引导信教公民爱国守法。参与讲经讲道的人员实行实名管理。

第十六条 取得《互联网宗教信息服务许可证》的宗教院校，可以且仅限于通过其依法自建的专用互联网站、应用程序、论坛等开展面向宗教院校学生、宗教教职人员的宗教教育培训。专用互联网站、应用程序、论坛等对外须使用虚拟专用网络连接,并对参加教育培训的人员进行身份验证。

第十七条 除本办法第十五条、第十六条规定的情形外,任何组织或者个人不得在互联网上传教,不得开展宗教教育培训、发布讲经讲道内容或者转发、链接相关内容,不得在互联网上组织开展宗教活动,不得以文字、图片、音视频等方式直播或者录播拜佛、烧香、受戒、诵经、礼拜、弥撒、受洗等宗教仪式。

第十八条 任何组织或者个人不得在互联网上成立宗教组织、设立宗教院校和宗教活动场所、发展教徒。

第十九条 任何组织或者个人不得在互联网上以宗教名义开展募捐。宗教团体、宗教院校和宗教活动场所发起设立的慈善组织在互联网上开展慈善募捐,应当符合《中华人民共和国慈善法》相关规定。

第二十条 提供互联网宗教信息传播平台服务的,应当与平台注册用户签订协议,核验注册用户真实身份信息。

第二十一条 未取得《互联网宗教信息服务许可证》的互联网信息传播平台,应当加强平台注册用户管理,不得为用户提供互联网宗教信息发布服务。

第二十二条 从事互联网宗教信息服务,发现违反本办法规定的信息的,应当立即停止传输该信息,采取消除等处置措施,防止信息扩散,保存有关记录,并向有关主管部门报告。

第二十三条 宗教事务部门应当加强对互联网宗教信息服务的日常指导、监督、检查,建立互联网宗教信息服务违规档案、失信联合惩戒对象名单和约谈制度,加强对互联网宗教信息服务相关从业人员的专业培训,接受对违法从事互联网宗教信息服务的举报,研判互联网宗教信息,会同网信部门、电信主管部门、公安机关、国家安全机关依法处置违法行为。

第二十四条 网信部门应当加强互联网信息内容管理,依法处置违法互联网宗教信息。

第二十五条 电信主管部门应当加强互联网行业监管,依法配合处置违法从事互联网宗教信息服务的行为。

第二十六条 公安机关应当依法加强互联网信息服务安全监督管理,防范和处置互联网宗教信息服务中的违法犯罪活动。

第二十七条 国家安全机关应当依法防范和处置境外机构、组织、个人，以及境内机构、组织、个人与境外机构、组织、个人相勾结在互联网上利用宗教进行的危害国家安全活动。

第四章 法律责任

第二十八条 申请人隐瞒有关情况或者提供虚假材料申请互联网宗教信息服务许可的，宗教事务部门不予受理或者不予许可，已经许可的应当依法撤销许可，并给予警告。

擅自从事互联网宗教信息服务的，由宗教事务部门会同电信主管部门依据职责责令停止相关服务活动。

第二十九条 违反本办法第十条、第十一条、第十四条、第十五条、第十六条、第十七条、第十八条、第十九条规定的，由宗教事务部门责令限期改正；拒不改正的，会同网信部门、电信主管部门、公安机关、国家安全机关等依照有关法律、行政法规的规定给予处罚。

第三十条 互联网宗教信息传播平台注册用户违反本办法规定的，由宗教事务部门会同网信部门、公安机关责令互联网宗教信息传播平台提供者依法依约采取警示整改、限制功能直至关闭账号等处置措施。

第三十一条 违反本办法规定，同时还违反《互联网信息服务管理办法》及国家对互联网新闻信息服务、互联网视听节目服务、网络出版服务等相关管理规定的，由宗教事务部门、网信部门、电信主管部门、公安机关、广播电视主管部门、电影主管部门、出版主管部门等依法处置。

第三十二条 国家工作人员在互联网宗教信息服务管理工作中滥用职权、玩忽职守、徇私舞弊，依法给予处分。

第三十三条 违反本办法规定，构成违反治安管理行为的，依法给予治安管理处罚；构成犯罪的，依法追究刑事责任。

第五章 附 则

第三十四条 本办法施行前已经从事互联网宗教信息服务的，应当自本办法施行之日起6个月内依照本办法有关规定办理相关手续。

第三十五条 本办法由国家宗教事务局、国家互联网信息办公室、工业和信息化部、公安部和国家安全部负责解释。

第三十六条 本办法自2022年3月1日起施行。

网信部门行政执法程序规定

（2023年2月3日国家互联网信息办公室2023年第2次室务会议审议通过　2023年3月18日国家互联网信息办公室令第14号公布　自2023年6月1日起施行）

第一章　总　　则

第一条　为了规范和保障网信部门依法履行职责，保护公民、法人和其他组织的合法权益，维护国家安全和公共利益，根据《中华人民共和国行政处罚法》、《中华人民共和国行政强制法》、《中华人民共和国网络安全法》、《中华人民共和国数据安全法》、《中华人民共和国个人信息保护法》等法律、行政法规，制定本规定。

第二条　网信部门实施行政处罚等行政执法，适用本规定。

本规定所称网信部门，是指国家互联网信息办公室和地方互联网信息办公室。

第三条　网信部门实施行政执法，应当坚持处罚与教育相结合，做到事实清楚、证据确凿、依据准确、程序合法。

第四条　国家网信部门依法建立本系统的行政执法监督制度。

上级网信部门对下级网信部门实施的行政执法进行监督。

第五条　网信部门应当加强执法队伍和执法能力建设，建立健全执法人员培训、考试考核、资格管理和持证上岗制度。

第六条　网信部门及其执法人员对在执法过程中知悉的国家秘密、商业秘密或者个人隐私，应当依法予以保密。

第七条　执法人员与案件有直接利害关系或者有其他关系可能影响公正执法的，应当回避。

当事人认为执法人员与案件有直接利害关系或者有其他关系可能影响公正执法的，有权申请回避。

当事人提出回避申请的，网信部门应当依法审查，由网信部门负责人决定。决定作出之前，不停止调查。

第二章 管辖和适用

第八条 行政处罚由违法行为发生地的网信部门管辖。法律、行政法规、部门规章另有规定的，从其规定。

违法行为发生地包括违法行为人相关服务许可地或者备案地，主营业地、登记地，网站建立者、管理者、使用者所在地，网络接入地，服务器所在地，计算机等终端设备所在地等。

第九条 县级以上网信部门依职权管辖本行政区域内的行政处罚案件。法律、行政法规另有规定的，从其规定。

第十条 对当事人的同一个违法行为，两个以上网信部门都有管辖权的，由最先立案的网信部门管辖。

两个以上网信部门对管辖权有争议的，应当协商解决，协商不成的，报请共同的上一级网信部门指定管辖；也可以直接由共同的上一级网信部门指定管辖。

第十一条 上级网信部门认为必要的，可以直接办理下级网信部门管辖的案件，也可以将本部门管辖的案件交由下级网信部门办理。法律、行政法规、部门规章明确规定案件应当由上级网信部门管辖的，上级网信部门不得将案件交由下级网信部门管辖。

下级网信部门对其管辖的案件由于特殊原因不能行使管辖权的，可以报请上级网信部门管辖或者指定管辖。

设区的市级以下网信部门发现其所管辖的行政处罚案件涉及国家安全等情形的，应当及时报告上一级网信部门，必要时报请上一级网信部门管辖。

第十二条 网信部门发现受理的案件不属于其管辖的，应当及时移送有管辖权的网信部门。

受移送的网信部门应当将案件查处结果及时函告移送案件的网信部门；认为移送不当的，应当报请共同的上一级网信部门指定管辖，不得再次自行移送。

第十三条 上级网信部门接到管辖争议或者报请指定管辖的请示后，应当在十个工作日内作出指定管辖的决定，并书面通知下级网信部门。

第十四条 网信部门发现案件属于其他行政机关管辖的，应当依法移送有关行政机关。

网信部门发现违法行为涉嫌犯罪的，应当及时将案件移送司法机关。司法机关决定立案的，网信部门应当及时办结移交手续。

网信部门应当与司法机关加强协调配合，建立健全案件移送制度，加强证据材料移交、接收衔接，完善案件处理信息通报机制。

第十五条　网信部门对依法应当由原许可、批准的部门作出降低资质等级、吊销许可证件等行政处罚决定的，应当将取得的证据及相关材料送原许可、批准的部门，由其依法作出是否降低资质等级、吊销许可证件等决定。

第十六条　对当事人的同一个违法行为，不得给予两次以上罚款的行政处罚。同一个违法行为违反多个法律规范应当给予罚款处罚的，按照罚款数额高的规定处罚。

第三章　行政处罚程序

第一节　立　　案

第十七条　网信部门对下列事项应当及时调查处理，并填写案件来源登记表：

（一）在监督检查中发现案件线索的；

（二）自然人、法人或者其他组织投诉、申诉、举报的；

（三）上级网信部门交办或者下级网信部门报请查处的；

（四）有关机关移送的；

（五）经由其他方式、途径发现的。

第十八条　行政处罚立案应当符合下列条件：

（一）有涉嫌违反法律、行政法规和部门规章的行为，依法应当予以行政处罚；

（二）属于本部门管辖；

（三）在应当给予行政处罚的法定期限内。

符合立案条件的，应当填写立案审批表，连同相关材料，在七个工作日内报网信部门负责人批准立案，并指定两名以上执法人员为案件承办人。情况特殊的，可以延长至十五个工作日内立案。

对于不予立案的投诉、申诉、举报，应当将不予立案的相关情况作书面记录留存。

对于其他机关移送的案件,决定不予立案的,应当书面告知移送机关。

不予立案或者撤销立案的,承办人应当制作不予立案审批表或者撤销立案审批表,报网信部门负责人批准。

第二节　调查取证

第十九条　网信部门进行案件调查取证,应当由具有行政执法资格的执法人员实施。执法人员不得少于两人,并应当主动向当事人或者有关人员出示执法证件。必要时,可以聘请专业人员进行协助。

首次向案件当事人收集、调取证据的,应当告知其有申请执法人员回避的权利。

向有关单位、个人收集、调取证据时,应当告知其有如实提供证据的义务。被调查对象和有关人员应当如实回答询问,协助和配合调查,及时提供依法应予保存的网络运营者发布的信息、用户发布的信息、日志信息等相关材料,不得阻挠、干扰案件的调查。

第二十条　网信部门在执法过程中确需有关机关或者其他行政区域网信部门协助调查取证的,应当出具协助调查函,协助调查函应当载明需要协助的具体事项、期限等内容。

收到协助调查函的网信部门对属于本部门职权范围的协助事项应当予以协助,在接到协助调查函之日起十五个工作日内完成相关工作;需要延期完成或者无法协助的,应当及时函告提出协助请求的网信部门。

第二十一条　执法人员应当依法收集与案件有关的证据,包括书证、物证、视听资料、电子数据、证人证言、当事人的陈述、鉴定意见、勘验笔录、现场笔录等。

电子数据是指案件发生过程中形成的,存在于计算机设备、移动通信设备、互联网服务器、移动存储设备、云存储系统等电子设备或者存储介质中,以数字化形式存储、处理、传输的,能够证明案件事实的数据。视听资料包括录音资料和影像资料。存储在电子介质中的录音资料和影像资料,适用电子数据的规定。

证据应当经查证属实,方可作为认定案件事实的根据。

以非法手段取得的证据,不得作为认定案件事实的根据。

第二十二条　立案前调查和监督检查过程中依法取得的证据材料,可以作为案件的证据使用。

对于移送的案件，移送机关依职权调查收集的证据材料，可以作为案件的证据使用。

第二十三条 网信部门在立案前，可以采取询问、勘验、检查、检测、检验、鉴定、调取相关材料等措施，不得限制调查对象的人身、财产权利。

网信部门立案后，可以对涉案物品、设施、场所采取先行登记保存等措施。

第二十四条 网信部门在执法过程中询问当事人或者其他有关人员，应当制作询问笔录，载明时间、地点、事实、经过等内容。询问笔录应当交询问对象或者其他有关人员核对确认，并由执法人员和询问对象或者其他有关人员签名。询问对象和其他有关人员拒绝签名或者无法签名的，应当注明原因。

第二十五条 网信部门对于涉及违法行为的场所、物品、网络应当进行勘验、检查，及时收集、固定书证、物证、视听资料和电子数据。

第二十六条 网信部门可以委托司法鉴定机构就案件中的专门性问题出具鉴定意见；不属于司法鉴定范围的，可以委托有能力或者有条件的机构出具检测报告或者检验报告。

第二十七条 网信部门可以向有关单位、个人调取能够证明案件事实的证据材料，并可以根据需要拍照、录像、复印和复制。

调取的书证、物证应当是原件、原物。调取原件、原物确有困难的，可以由提交证据的有关单位、个人在复制品上签字或者盖章，注明"此件由×××提供，经核对与原件（物）无异"的字样或者文字说明，注明出证日期、证据出处，并签名或者盖章。

调取的视听资料、电子数据应当是原始载体或者备份介质。调取原始载体或者备份介质确有困难的，可以收集复制件，并注明制作方法、制作时间、制作人等情况。调取声音资料的，应当附有该声音内容的文字记录。

第二十八条 在证据可能灭失或者以后难以取得的情况下，经网信部门负责人批准，执法人员可以依法对涉案计算机、服务器、硬盘、移动存储设备、存储卡等涉嫌实施违法行为的物品先行登记保存，制作登记保存物品清单，向当事人出具登记保存物品通知书。先行登记保存期间，当事人和其他有关人员不得损毁、销毁或者转移证据。

网信部门实施先行登记保存的，应当通知当事人或者持有人到场，并在现场笔录中对采取的相关措施情况予以记载。

第二十九条　网信部门对先行登记保存的证据，应当在七个工作日内作出以下处理决定：

（一）需要采取证据保全措施的，采取记录、复制、拍照、录像等证据保全措施后予以返还；

（二）需要检验、检测、鉴定的，送交具有相应资质的机构检验、检测、鉴定；

（三）违法事实不成立，或者先行登记保存的证据与违法事实不具有关联性的，解除先行登记保存。

逾期未作出处理决定的，应当解除先行登记保存。

违法事实成立，依法应当予以没收的，依照法定程序实施行政处罚。

第三十条　网信部门收集、保全电子数据，可以采取现场取证、远程取证和责令有关单位、个人固定和提交等措施。

现场取证、远程取证结束后，应当制作电子取证工作记录。

第三十一条　执法人员在调查取证过程中，应当要求当事人在笔录和其他相关材料上签字、捺指印、盖章或者以其他方式确认。

当事人拒绝到场，拒绝签字、捺指印、盖章或者以其他方式确认，或者无法找到当事人的，应当由两名执法人员在笔录或者其他材料上注明原因，并邀请其他有关人员作为见证人签字或者盖章，也可以采取录音、录像等方式记录。

第三十二条　对有证据证明是用于违法个人信息处理活动的设备、物品，可以采取查封或者扣押措施。

采取或者解除查封、扣押措施，应当向网信部门主要负责人书面报告并经批准。情况紧急，需要当场采取查封、扣押措施的，执法人员应当在二十四小时内向网信部门主要负责人报告，并补办批准手续。网信部门主要负责人认为不应当采取查封、扣押措施的，应当立即解除。

第三十三条　案件调查终结后，承办人认为违法事实成立，应当予以行政处罚的，撰写案件处理意见报告，草拟行政处罚建议书。

有下列情形之一的，承办人撰写案件处理意见报告，说明拟作处理的理由，报网信部门负责人批准后根据不同情况分别处理：

（一）认为违法事实不能成立，不予行政处罚的；

（二）违法行为情节轻微并及时改正，没有造成危害后果，不予行政处罚的；

（三）初次违法且危害后果轻微并及时改正，可以不予行政处罚的；

（四）当事人有证据足以证明没有主观过错，不予行政处罚的，法律、行政法规另有规定的，从其规定；

（五）案件不属于本部门管辖，应当移送其他行政机关管辖的；

（六）涉嫌犯罪，应当移送司法机关的。

第三十四条 网信部门在进行监督检查或者案件调查时，对已有证据证明违法事实成立的，应当责令当事人立即改正或者限期改正违法行为。

第三十五条 对事实清楚、当事人自愿认错认罚且对违法事实和法律适用没有异议的行政处罚案件，网信部门应当快速办理案件。

第三节 听 证

第三十六条 网信部门作出下列行政处罚决定前，应当告知当事人有要求举行听证的权利。当事人要求听证的，应当在被告知后五个工作日内提出，网信部门应当组织听证。当事人逾期未要求听证的，视为放弃听证的权利：

（一）较大数额罚款；

（二）没收较大数额违法所得、没收较大价值非法财物；

（三）降低资质等级、吊销许可证件；

（四）责令停产停业、责令关闭、限制从业；

（五）其他较重的行政处罚；

（六）法律、行政法规、部门规章规定的其他情形。

第三十七条 网信部门应当在听证的七个工作日前，将听证通知书送达当事人，告知当事人及有关人员举行听证的时间、地点。

听证应当制作听证笔录，交当事人或者其代理人核对无误后签字或者盖章。当事人或者其代理人拒绝签字或者盖章的，由听证主持人在笔录中注明。

除涉及国家秘密、商业秘密或者个人隐私依法予以保密外，听证公开举行。

听证结束后,网信部门应当根据听证笔录,依照本规定第四十二条的规定,作出决定。

第四节 行政处罚决定和送达

第三十八条 网信部门对当事人作出行政处罚决定前,可以根据有关规定对其实施约谈,谈话结束后制作执法约谈笔录。

第三十九条 网信部门作出行政处罚决定前,应当填写行政处罚意见告知书,告知当事人拟作出的行政处罚内容及事实、理由、依据,并告知当事人依法享有的陈述、申辩等权利。

第四十条 当事人有权进行陈述和申辩。网信部门应当充分听取当事人的意见,对当事人提出的事实、理由和证据,应当进行复核;当事人提出的事实、理由或者证据成立的,网信部门应当采纳。

网信部门不得因当事人陈述、申辩而给予更重的处罚。

网信部门及其执法人员在作出行政处罚决定前,未依照本规定向当事人告知拟作出的行政处罚内容及事实、理由、依据,或者拒绝听取当事人的陈述、申辩,不得作出行政处罚决定,但当事人明确放弃陈述或者申辩权利的除外。

第四十一条 有下列情形之一,在网信部门负责人作出行政处罚的决定之前,应当由从事行政处罚决定法制审核的人员进行法制审核;未经法制审核或者审核未通过的,不得作出决定:

(一)涉及重大公共利益的;

(二)直接关系当事人或者第三人重大权益,经过听证程序的;

(三)案件情况疑难复杂、涉及多个法律关系的;

(四)法律、行政法规规定应当进行法制审核的其他情形。

法制审核由网信部门确定的负责法制审核的机构实施。网信部门中初次从事行政处罚决定法制审核的人员,应当通过国家统一法律职业资格考试取得法律职业资格。

第四十二条 拟作出的行政处罚决定应当报网信部门负责人审查。网信部门负责人根据不同情况,分别作出如下决定:

(一)确有应受行政处罚的违法行为的,根据情节轻重及具体情况,作出行政处罚决定;

（二）违法行为轻微，依法可以不予行政处罚的，不予行政处罚；

（三）违法事实不能成立的，不予行政处罚；

（四）违法行为涉嫌犯罪的，移送司法机关。

第四十三条 对情节复杂或者重大违法行为给予行政处罚，网信部门负责人应当集体讨论决定。集体讨论决定的过程应当书面记录。

第四十四条 网信部门作出行政处罚决定，应当制作统一编号的行政处罚决定书。

行政处罚决定书应当载明下列事项：

（一）当事人的姓名或者名称、地址等基本情况；

（二）违反法律、行政法规、部门规章的事实和证据；

（三）行政处罚的种类和依据；

（四）行政处罚的履行方式和期限；

（五）申请行政复议、提起行政诉讼的途径和期限；

（六）作出行政处罚决定的网信部门名称和作出决定的日期。

行政处罚决定中涉及没收有关物品的，还应当附没收物品凭证。

行政处罚决定书必须盖有作出行政处罚决定的网信部门的印章。

第四十五条 网信部门应当自行政处罚案件立案之日起九十日内作出行政处罚决定。

因案情复杂等原因不能在规定期限内作出处理决定的，经本部门负责人批准，可以延长六十日。案情特别复杂或者情况特殊，经延期仍不能作出处理决定的，由上一级网信部门负责人决定是否继续延期，决定继续延期的，应当同时确定延长的合理期限；国家网信部门办理的行政处罚案件需要延期的，由本部门主要负责人批准。

案件处理过程中，听证、检测、检验、鉴定、行政协助等时间不计入本条第一款、第二款规定的期限。

第四十六条 行政处罚决定书应当在宣告后当场交付当事人；当事人不在场的，应当在七个工作日内依照《中华人民共和国民事诉讼法》的有关规定，将行政处罚决定书送达当事人。

当事人同意并签订确认书的，网信部门可以采用传真、电子邮件等方式，将行政处罚决定书等送达当事人。

第四章　执行和结案

第四十七条　行政处罚决定书送达后，当事人应当在行政处罚决定书载明的期限内予以履行。

当事人确有经济困难，可以提出延期或者分期缴纳罚款的申请，并提交书面材料。经案件承办人审核，确定延期或者分期缴纳罚款的期限和金额，报网信部门负责人批准后，可以暂缓或者分期缴纳。

第四十八条　网络运营者违反相关法律、行政法规、部门规章规定，需由电信主管部门关闭网站、吊销相关增值电信业务经营许可证或者取消备案的，转电信主管部门处理。

第四十九条　当事人对行政处罚决定不服，可以依法申请行政复议或者提起行政诉讼。

当事人对行政处罚决定不服，申请行政复议或者提起行政诉讼的，行政处罚不停止执行，法律另有规定的除外。

当事人申请行政复议或者提起行政诉讼的，加处罚款的数额在行政复议或者行政诉讼期间不予计算。

第五十条　当事人逾期不履行行政处罚决定的，作出行政处罚决定的网信部门可以采取下列措施：

（一）到期不缴纳罚款的，每日按罚款数额的百分之三加处罚款，加处罚款的数额不得超出罚款的数额；

（二）依照《中华人民共和国行政强制法》的规定申请人民法院强制执行。

网信部门批准延期、分期缴纳罚款的，申请人民法院强制执行的期限，自暂缓或者分期缴纳罚款期限结束之日起计算。

第五十一条　网信部门申请人民法院强制执行的，申请前应当填写履行行政处罚决定催告书，书面催告当事人履行义务，并告知履行义务的期限和方式、依法享有的陈述和申辩权；涉及加处罚款的，应当有明确的金额和给付方式。

当事人进行陈述、申辩的，网信部门应当对当事人提出的事实、理由和证据进行记录、复核，并制作陈述申辩笔录、陈述申辩复核意见书。当事人提出的事实、理由或者证据成立的，网信部门应当采纳。

履行行政处罚决定催告书送达十个工作日后，当事人仍未履行处罚决定的，网信部门可以填写行政处罚强制执行申请书，向所在地有管辖权的人民法院申请强制执行。

第五十二条　行政处罚决定履行或者执行后，有下列情形之一的，执法人员应当填写行政处罚结案报告，将有关案件材料进行整理装订，归档保存：

（一）行政处罚决定履行或者执行完毕的；
（二）人民法院裁定终结执行的；
（三）案件终止调查的；
（四）作出本规定第四十二条第二项至第四项决定的；
（五）其他应当予以结案的情形。

结案后，执法人员应当将案件材料按照档案管理的有关规定立卷归档。案卷归档应当一案一卷、材料齐全、规范有序。

第五十三条　网信部门应当依法以文字、音像等形式，对行政处罚的启动、调查取证、审核、决定、送达、执行等进行全过程记录，归档保存。

第五十四条　网信部门实施行政处罚应当接受社会监督。公民、法人或者其他组织对网信部门实施行政处罚的行为，有权申诉或者检举；网信部门应当认真审查，发现有错误的，应当主动改正。

第五章　附　　则

第五十五条　本规定中的期限以时、日计算，开始的时和日不计算在内。期限届满的最后一日是法定节假日的，以法定节假日后的第一日为届满的日期。但是，法律、行政法规另有规定的除外。

第五十六条　本规定中的"以上"、"以下"、"内"均包括本数、本级。

第五十七条　国家网信部门负责制定行政执法相关文书格式范本。各省、自治区、直辖市网信部门可以参照文书格式范本，制定本行政区域行政执法所适用的文书格式并自行印制。

第五十八条　本规定自 2023 年 6 月 1 日起施行。2017 年 5 月 2 日公布的《互联网信息内容管理行政执法程序规定》（国家互联网信息办公室令第 2 号）同时废止。

3. 规范性文件

网络产品安全漏洞管理规定

(2021年7月12日工业和信息化部、国家互联网信息办公室、公安部联合印发 工信部联网安〔2021〕66号 自2021年9月1日起施行)

第一条 为了规范网络产品安全漏洞发现、报告、修补和发布等行为，防范网络安全风险，根据《中华人民共和国网络安全法》，制定本规定。

第二条 中华人民共和国境内的网络产品（含硬件、软件）提供者和网络运营者，以及从事网络产品安全漏洞发现、收集、发布等活动的组织或者个人，应当遵守本规定。

第三条 国家互联网信息办公室负责统筹协调网络产品安全漏洞管理工作。工业和信息化部负责网络产品安全漏洞综合管理，承担电信和互联网行业网络产品安全漏洞监督管理。公安部负责网络产品安全漏洞监督管理，依法打击利用网络产品安全漏洞实施的违法犯罪活动。

有关主管部门加强跨部门协同配合，实现网络产品安全漏洞信息实时共享，对重大网络产品安全漏洞风险开展联合评估和处置。

第四条 任何组织或者个人不得利用网络产品安全漏洞从事危害网络安全的活动，不得非法收集、出售、发布网络产品安全漏洞信息；明知他人利用网络产品安全漏洞从事危害网络安全的活动的，不得为其提供技术支持、广告推广、支付结算等帮助。

第五条 网络产品提供者、网络运营者和网络产品安全漏洞收集平台应当建立健全网络产品安全漏洞信息接收渠道并保持畅通，留存网络产品安全漏洞信息接收日志不少于6个月。

第六条 鼓励相关组织和个人向网络产品提供者通报其产品存在的安全漏洞。

第七条 网络产品提供者应当履行下列网络产品安全漏洞管理义务，确保其产品安全漏洞得到及时修补和合理发布，并指导支持产品用户采取防范措施：

（一）发现或者获知所提供网络产品存在安全漏洞后，应当立即采取措施并组织对安全漏洞进行验证，评估安全漏洞的危害程度和影响范围；对属于其上游产品或者组件存在的安全漏洞，应当立即通知相关产品提供者。

（二）应当在 2 日内向工业和信息化部网络安全威胁和漏洞信息共享平台报送相关漏洞信息。报送内容应当包括存在网络产品安全漏洞的产品名称、型号、版本以及漏洞的技术特点、危害和影响范围等。

（三）应当及时组织对网络产品安全漏洞进行修补，对于需要产品用户（含下游厂商）采取软件、固件升级等措施的，应当及时将网络产品安全漏洞风险及修补方式告知可能受影响的产品用户，并提供必要的技术支持。

工业和信息化部网络安全威胁和漏洞信息共享平台同步向国家网络与信息安全信息通报中心、国家计算机网络应急技术处理协调中心通报相关漏洞信息。

鼓励网络产品提供者建立所提供网络产品安全漏洞奖励机制，对发现并通报所提供网络产品安全漏洞的组织或者个人给予奖励。

第八条 网络运营者发现或者获知其网络、信息系统及其设备存在安全漏洞后，应当立即采取措施，及时对安全漏洞进行验证并完成修补。

第九条 从事网络产品安全漏洞发现、收集的组织或者个人通过网络平台、媒体、会议、竞赛等方式向社会发布网络产品安全漏洞信息的，应当遵循必要、真实、客观以及有利于防范网络安全风险的原则，并遵守以下规定：

（一）不得在网络产品提供者提供网络产品安全漏洞修补措施之前发布漏洞信息；认为有必要提前发布的，应当与相关网络产品提供者共同评估协商，并向工业和信息化部、公安部报告，由工业和信息化部、公安部组织评估后进行发布。

（二）不得发布网络运营者在用的网络、信息系统及其设备存在安全漏洞的细节情况。

（三）不得刻意夸大网络产品安全漏洞的危害和风险，不得利用网络产品安全漏洞信息实施恶意炒作或者进行诈骗、敲诈勒索等违法犯罪活动。

（四）不得发布或者提供专门用于利用网络产品安全漏洞从事危害网络安全活动的程序和工具。

（五）在发布网络产品安全漏洞时，应当同步发布修补或者防范措施。

（六）在国家举办重大活动期间，未经公安部同意，不得擅自发布网络产品安全漏洞信息。

（七）不得将未公开的网络产品安全漏洞信息向网络产品提供者之外的境外组织或者个人提供。

（八）法律法规的其他相关规定。

第十条 任何组织或者个人设立的网络产品安全漏洞收集平台，应当向工业和信息化部备案。工业和信息化部及时向公安部、国家互联网信息办公室通报相关漏洞收集平台，并对通过备案的漏洞收集平台予以公布。

鼓励发现网络产品安全漏洞的组织或者个人向工业和信息化部网络安全威胁和漏洞信息共享平台、国家网络与信息安全信息通报中心漏洞平台、国家计算机网络应急技术处理协调中心漏洞平台、中国信息安全测评中心漏洞库报送网络产品安全漏洞信息。

第十一条 从事网络产品安全漏洞发现、收集的组织应当加强内部管理，采取措施防范网络产品安全漏洞信息泄露和违规发布。

第十二条 网络产品提供者未按本规定采取网络产品安全漏洞补救或者报告措施的，由工业和信息化部、公安部依据各自职责依法处理；构成《中华人民共和国网络安全法》第六十条规定情形的，依照该规定予以处罚。

第十三条 网络运营者未按本规定采取网络产品安全漏洞修补或者防范措施的，由有关主管部门依法处理；构成《中华人民共和国网络安全法》第五十九条规定情形的，依照该规定予以处罚。

第十四条 违反本规定收集、发布网络产品安全漏洞信息的，由工业和信息化部、公安部依据各自职责依法处理；构成《中华人民共和国网络安全法》第六十二条规定情形的，依照该规定予以处罚。

第十五条 利用网络产品安全漏洞从事危害网络安全活动，或者为他人利用网络产品安全漏洞从事危害网络安全的活动提供技术支持的，由公安机关依法处理；构成《中华人民共和国网络安全法》第六十三条规定情形的，依照该规定予以处罚；构成犯罪的，依法追究刑事责任。

第十六条 本规定自 2021 年 9 月 1 日起施行。

网络产品安全漏洞收集平台备案管理办法

（工业和信息化部 2022 年 10 月 25 日公布　工信部网安〔2022〕146 号　自 2023 年 1 月 1 日起施行）

第一条　为规范网络产品安全漏洞收集平台备案管理，根据《中华人民共和国网络安全法》《中华人民共和国数据安全法》《网络产品安全漏洞管理规定》，制定本办法。

第二条　中华人民共和国境内的网络产品安全漏洞收集平台的备案管理工作，适用本办法。

本办法所称网络产品安全漏洞收集平台（以下简称漏洞收集平台），是指相关组织或者个人设立的收集非自身网络产品安全漏洞的公共互联网平台，仅用于修补自身网络产品、网络和系统安全漏洞用途的除外。

第三条　漏洞收集平台备案通过工业和信息化部网络安全威胁和漏洞信息共享平台开展，采用网上备案方式进行。

第四条　拟设立漏洞收集平台的组织或个人，应当通过工业和信息化部网络安全威胁和漏洞信息共享平台如实填报网络产品安全漏洞收集平台备案登记信息，主要包括：

（一）漏洞收集平台的名称、首页网址和互联网信息服务（ICP）许可或备案号，用于发布漏洞信息的相关网址、社交软件公众号等互联网发布渠道；

（二）主办单位或主办个人的名称或姓名、证件号码，以及漏洞收集平台主要负责人和联系人的姓名、联系方式；

（三）漏洞收集的范围和方式、漏洞验证评估规则、通知相关责任主体修补漏洞规则、漏洞发布规则、注册用户的身份核实规则及分类分级管理规则等；

（四）通过工业和信息化部通信网络安全防护管理系统，取得的网络安全等级保护备案相关材料；

（五）依据有关国家标准和行业标准，实施平台管理等情况；

（六）有关主管部门要求提交的其他需要说明的信息。

第五条 工业和信息化部在收到漏洞收集平台提交的备案信息后，填报信息齐全、符合法定要求的，应当在 10 个工作日内予以备案，向其发放备案编号，将备案信息通报公安部和国家互联网信息办公室，并通过工业和信息化部网络安全威胁和漏洞信息共享平台向社会公布有关备案信息。

拟设立漏洞收集平台的组织或个人应对所填报信息的真实性负责，发现备案信息不真实、不完整的，工业和信息化部在 10 个工作日内通知漏洞收集平台予以补正。

完成备案的漏洞收集平台应当在其网站主页底部位置标明其备案编号。

第六条 备案信息发生变化的，应当自信息变化之日起 30 日内通过工业和信息化部网络安全威胁和漏洞信息共享平台履行备案变更手续。

第七条 不再从事漏洞收集业务的，应当在业务终止之日通过工业和信息化部网络安全威胁和漏洞信息共享平台履行备案注销手续。

第八条 漏洞收集平台应在上线前完成备案，已上线运行的漏洞收集平台应在本办法施行之日起 10 个工作日内进行备案。

第九条 工业和信息化部设立举报渠道，社会公众可通过工业和信息化部网络安全威胁和漏洞信息共享平台电话、邮箱等方式，对漏洞收集平台涉嫌违反法律法规的行为进行举报。经核查属实的，将依法依规对漏洞收集平台予以处理。

第十条 本办法自 2023 年 1 月 1 日起施行。

具有舆论属性或社会动员能力的互联网信息服务安全评估规定

（2018 年 11 月 15 日国家互联网信息办公室、公安部公布 自 2018 年 11 月 30 日起施行）

第一条 为加强对具有舆论属性或社会动员能力的互联网信息服务和相关新技术新应用的安全管理，规范互联网信息服务活动，维护国家安全、社会秩序和公共利益，根据《中华人民共和国网络安全法》《互联网信息服务管理办法》《计算机信息网络国际联网安全保护管理办法》，制订本规定。

第二条 本规定所称具有舆论属性或社会动员能力的互联网信息服务，包括下列情形：

（一）开办论坛、博客、微博客、聊天室、通讯群组、公众账号、短视频、网络直播、信息分享、小程序等信息服务或者附设相应功能；

（二）开办提供公众舆论表达渠道或者具有发动社会公众从事特定活动能力的其他互联网信息服务。

第三条 互联网信息服务提供者具有下列情形之一的，应当依照本规定自行开展安全评估，并对评估结果负责：

（一）具有舆论属性或社会动员能力的信息服务上线，或者信息服务增设相关功能的；

（二）使用新技术新应用，使信息服务的功能属性、技术实现方式、基础资源配置等发生重大变更，导致舆论属性或者社会动员能力发生重大变化的；

（三）用户规模显著增加，导致信息服务的舆论属性或者社会动员能力发生重大变化的；

（四）发生违法有害信息传播扩散，表明已有安全措施难以有效防控网络安全风险的；

（五）地市级以上网信部门或者公安机关书面通知需要进行安全评估的其他情形。

第四条 互联网信息服务提供者可以自行实施安全评估，也可以委托第三方安全评估机构实施。

第五条 互联网信息服务提供者开展安全评估，应当对信息服务和新技术新应用的合法性，落实法律、行政法规、部门规章和标准规定的安全措施的有效性，防控安全风险的有效性等情况进行全面评估，并重点评估下列内容：

（一）确定与所提供服务相适应的安全管理负责人、信息审核人员或者建立安全管理机构的情况；

（二）用户真实身份核验以及注册信息留存措施；

（三）对用户的账号、操作时间、操作类型、网络源地址和目标地

址、网络源端口、客户端硬件特征等日志信息,以及用户发布信息记录的留存措施;

(四)对用户账号和通讯群组名称、昵称、简介、备注、标识,信息发布、转发、评论和通讯群组等服务功能中违法有害信息的防范处置和有关记录保存措施;

(五)个人信息保护以及防范违法有害信息传播扩散、社会动员功能失控风险的技术措施;

(六)建立投诉、举报制度,公布投诉、举报方式等信息,及时受理并处理有关投诉和举报的情况;

(七)建立为网信部门依法履行互联网信息服务监督管理职责提供技术、数据支持和协助的工作机制的情况;

(八)建立为公安机关、国家安全机关依法维护国家安全和查处违法犯罪提供技术、数据支持和协助的工作机制的情况。

第六条 互联网信息服务提供者在安全评估中发现存在安全隐患的,应当及时整改,直至消除相关安全隐患。

经过安全评估,符合法律、行政法规、部门规章和标准的,应当形成安全评估报告。安全评估报告应当包括下列内容:

(一)互联网信息服务的功能、服务范围、软硬件设施、部署位置等基本情况和相关证照获取情况;

(二)安全管理制度和技术措施落实情况及风险防控效果;

(三)安全评估结论;

(四)其他应当说明的相关情况。

第七条 互联网信息服务提供者应当将安全评估报告通过全国互联网安全管理服务平台提交所在地地市级以上网信部门和公安机关。

具有本规定第三条第一项、第二项情形的,互联网信息服务提供者应当在信息服务、新技术新应用上线或者功能增设前提交安全评估报告;具有本规定第三条第三、四、五项情形的,应当自相关情形发生之日起30个工作日内提交安全评估报告。

第八条 地市级以上网信部门和公安机关应当依据各自职责对安全评估报告进行书面审查。

发现安全评估报告内容、项目缺失,或者安全评估方法明显不当的,应当责令互联网信息服务提供者限期重新评估。

发现安全评估报告内容不清的，可以责令互联网信息服务提供者补充说明。

第九条 网信部门和公安机关根据对安全评估报告的书面审查情况，认为有必要的，应当依据各自职责对互联网信息服务提供者开展现场检查。

网信部门和公安机关开展现场检查原则上应当联合实施，不得干扰互联网信息服务提供者正常的业务活动。

第十条 对存在较大安全风险、可能影响国家安全、社会秩序和公共利益的互联网信息服务，省级以上网信部门和公安机关应当组织专家进行评审，必要时可以会同属地相关部门开展现场检查。

第十一条 网信部门和公安机关开展现场检查，应当依照有关法律、行政法规、部门规章的规定进行。

第十二条 网信部门和公安机关应当建立监测管理制度，加强网络安全风险管理，督促互联网信息服务提供者依法履行网络安全义务。

发现具有舆论属性或社会动员能力的互联网信息服务提供者未按本规定开展安全评估的，网信部门和公安机关应当通知其按本规定开展安全评估。

第十三条 网信部门和公安机关发现具有舆论属性或社会动员能力的互联网信息服务提供者拒不按照本规定开展安全评估的，应当通过全国互联网安全管理服务平台向公众提示该互联网信息服务存在安全风险，并依照各自职责对该互联网信息服务实施监督检查，发现存在违法行为的，应当依法处理。

第十四条 网信部门统筹协调具有舆论属性或社会动员能力的互联网信息服务安全评估工作，公安机关的安全评估工作情况定期通报网信部门。

第十五条 网信部门、公安机关及其工作人员对在履行职责中知悉的国家秘密、商业秘密和个人信息应当严格保密，不得泄露、出售或者非法向他人提供。

第十六条 对于互联网新闻信息服务新技术新应用的安全评估，依照《互联网新闻信息服务新技术新应用安全评估管理规定》执行。

第十七条 本规定自 2018 年 11 月 30 日起施行。

互联网新闻信息服务新技术新应用安全评估管理规定

(2017年10月30日国家互联网信息办公室公布 自2017年12月1日起施行)

第一条 为规范开展互联网新闻信息服务新技术新应用安全评估工作，维护国家安全和公共利益，保护公民、法人和其他组织的合法权益，根据《中华人民共和国网络安全法》《互联网新闻信息服务管理规定》，制定本规定。

第二条 国家和省、自治区、直辖市互联网信息办公室组织开展互联网新闻信息服务新技术新应用安全评估，适用本规定。

本规定所称互联网新闻信息服务新技术新应用（以下简称"新技术新应用"），是指用于提供互联网新闻信息服务的创新性应用（包括功能及应用形式）及相关支撑技术。

本规定所称互联网新闻信息服务新技术新应用安全评估（以下简称"新技术新应用安全评估"），是指根据新技术新应用的新闻舆论属性、社会动员能力及由此产生的信息内容安全风险确定评估等级，审查评价其信息安全管理制度和技术保障措施的活动。

第三条 互联网新闻信息服务提供者调整增设新技术新应用，应当建立健全信息安全管理制度和安全可控的技术保障措施，不得发布、传播法律法规禁止的信息内容。

第四条 国家互联网信息办公室负责全国新技术新应用安全评估工作。省、自治区、直辖市互联网信息办公室依据职责负责本行政区域内新技术新应用安全评估工作。

国家和省、自治区、直辖市互联网信息办公室可以委托第三方机构承担新技术新应用安全评估的具体实施工作。

第五条 鼓励支持新技术新应用安全评估相关行业组织和专业机构加强自律，建立健全安全评估服务质量评议和信用、能力公示制度，促进行业规范发展。

第六条 互联网新闻信息服务提供者应当建立健全新技术新应用安全评估管理制度和保障制度，按照本规定要求自行组织开展安全评估，为国家和省、自治区、直辖市互联网信息办公室组织开展安全评估提供必要的配合，并及时完成整改。

第七条 有下列情形之一的，互联网新闻信息服务提供者应当自行组织开展新技术新应用安全评估，编制书面安全评估报告，并对评估结果负责：

（一）应用新技术、调整增设具有新闻舆论属性或社会动员能力的应用功能的；

（二）新技术、新应用功能在用户规模、功能属性、技术实现方式、基础资源配置等方面的改变导致新闻舆论属性或社会动员能力发生重大变化的。

国家互联网信息办公室适时发布新技术新应用安全评估目录，供互联网新闻信息服务提供者自行组织开展安全评估参考。

第八条 互联网新闻信息服务提供者按照本规定第七条自行组织开展新技术新应用安全评估，发现存在安全风险的，应当及时整改，直至消除相关安全风险。

按照本规定第七条规定自行组织开展安全评估的，应当在应用新技术、调整增设应用功能前完成评估。

第九条 互联网新闻信息服务提供者按照本规定第八条自行组织开展新技术新应用安全评估后，应当自安全评估完成之日起10个工作日内报请国家或者省、自治区、直辖市互联网信息办公室组织开展安全评估。

第十条 报请国家或者省、自治区、直辖市互联网信息办公室组织开展新技术新应用安全评估，报请主体为中央新闻单位或者中央新闻宣传部门主管的单位的，由国家互联网信息办公室组织开展安全评估；报请主体为地方新闻单位或者地方新闻宣传部门主管的单位的，由省、自治区、直辖市互联网信息办公室组织开展安全评估；报请主体为其他单位的，经所在地省、自治区、直辖市互联网信息办公室组织开展安全评估后，将评估材料及意见报国家互联网信息办公室审核后形成安全评估报告。

第十一条 互联网新闻信息服务提供者报请国家或者省、自治区、直辖市互联网信息办公室组织开展新技术新应用安全评估，应当提供下列材料，并对提供材料的真实性负责：

（一）服务方案（包括服务项目、服务方式、业务形式、服务范围等）；

（二）产品（服务）的主要功能和主要业务流程，系统组成（主要软硬件系统的种类、品牌、版本、部署位置等概要介绍）；

（三）产品（服务）配套的信息安全管理制度和技术保障措施；

（四）自行组织开展并完成的安全评估报告；

（五）其他开展安全评估所需的必要材料。

第十二条 国家和省、自治区、直辖市互联网信息办公室应当自材料齐备之日起 45 个工作日内组织完成新技术新应用安全评估。

国家和省、自治区、直辖市互联网信息办公室可以采取书面确认、实地核查、网络监测等方式对报请材料进行进一步核实，服务提供者应予配合。

国家和省、自治区、直辖市互联网信息办公室组织完成安全评估后，应自行或委托第三方机构编制形成安全评估报告。

第十三条 新技术新应用安全评估报告载明的意见认为新技术新应用存在信息安全风险隐患，未能配套必要的安全保障措施手段的，互联网新闻信息服务提供者应当及时进行整改，直至符合法律法规规章等相关规定和国家强制性标准相关要求。在整改完成前，拟调整增设的新技术新应用不得用于提供互联网新闻信息服务。

服务提供者拒绝整改，或整改后未达法律法规规章等相关规定和国家强制性标准相关要求，而导致不再符合许可条件的，由国家和省、自治区、直辖市互联网信息办公室依据《互联网新闻信息服务管理规定》第二十三条的规定，责令服务提供者限期改正；逾期仍不符合许可条件的，暂停新闻信息更新；《互联网新闻信息服务许可证》有效期届满仍不符合许可条件的，不予换发许可证。

第十四条 组织开展新技术新应用安全评估的相关单位和人员应当对在履行职责中知悉的国家秘密、商业秘密和个人信息严格保密，不得泄露、出售或者非法向他人提供。

第十五条 国家和省、自治区、直辖市互联网信息办公室应当建立主动监测管理制度，对新技术新应用加强监测巡查，强化信息安全风险管理，督导企业主体责任落实。

第十六条 互联网新闻信息服务提供者未按照本规定进行安全评估，违反《互联网新闻信息服务管理规定》的，由国家和地方互联网信息办公室依法予以处罚。

第十七条 申请提供互联网新闻信息服务，报请国家或者省、自治区、直辖市互联网信息办公室组织开展新技术新应用安全评估的，参照适用本规定。

第十八条 本规定自2017年12月1日起施行。

互联网新闻信息服务单位内容管理从业人员管理办法

（2017年10月30日国家互联网信息办公室公布 自2017年12月1日起施行）

第一章 总 则

第一条 为加强对互联网新闻信息服务单位内容管理从业人员（以下简称"从业人员"）的管理，维护从业人员和社会公众的合法权益，促进互联网新闻信息服务健康有序发展，根据《中华人民共和国网络安全法》《互联网新闻信息服务管理规定》，制定本办法。

第二条 本办法所称从业人员，是指互联网新闻信息服务单位中专门从事互联网新闻信息采编发布、转载和审核等内容管理工作的人员。

第三条 本办法所称互联网新闻信息服务单位，是指依法取得互联网新闻信息服务许可，通过互联网站、应用程序、论坛、博客、微博客、公众账号、即时通信工具、网络直播等形式向社会公众提供互联网新闻信息服务的单位。

第四条 国家互联网信息办公室负责全国互联网新闻信息服务单位从业人员教育培训工作的规划指导和从业情况的监督检查。

地方互联网信息办公室依据职责负责本地区互联网新闻信息服务单位从业人员教育培训工作的规划指导和从业情况的监督检查。

第二章　从业人员行为规范

第五条　从业人员应当遵守宪法、法律和行政法规，坚持正确政治方向和舆论导向，贯彻执行党和国家有关新闻舆论工作的方针政策，维护国家利益和公共利益，严格遵守互联网内容管理的法律法规和国家有关规定，促进形成积极健康、向上向善的网络文化，推动构建风清气正的网络空间。

第六条　从业人员应当坚持马克思主义新闻观，坚持社会主义核心价值观，坚持以人民为中心的工作导向，树立群众观点，坚决抵制不良风气和低俗内容。

第七条　从业人员应当恪守新闻职业道德，坚持新闻真实性原则，认真核实新闻信息来源，按规定转载国家规定范围内的单位发布的新闻信息，杜绝编发虚假互联网新闻信息，确保互联网新闻信息真实、准确、全面、客观。

第八条　从业人员不得从事有偿新闻活动。不得利用互联网新闻信息采编发布、转载和审核等工作便利从事广告、发行、赞助、中介等经营活动，谋取不正当利益。不得利用网络舆论监督等工作便利进行敲诈勒索、打击报复等活动。

第三章　从业人员教育培训

第九条　国家互联网信息办公室组织开展对中央新闻单位（含其控股的单位）和中央新闻宣传部门主管的单位主办的互联网新闻信息服务单位从业人员的教育培训工作。

省、自治区、直辖市互联网信息办公室组织开展对所在地地方新闻单位（含其控股的单位）和地方新闻宣传部门主管的单位、其他单位主办的互联网新闻信息服务单位，以及中央重点新闻网站地方频道从业人员的教育培训工作。

省、自治区、直辖市互联网信息办公室应当按要求向国家互联网信息办公室报告组织开展的从业人员教育培训工作情况。

第十条　互联网新闻信息服务单位应当建立完善从业人员教育培训制度，建立培训档案，加强培训管理，自行组织开展从业人员初任培训、专项培训、定期培训等工作，按要求组织从业人员参加国家和省、自治区、直辖市互联网信息办公室组织开展的教育培训工作。

第十一条　从业人员应当按要求参加国家和省、自治区、直辖市互联网信息办公室组织开展的教育培训，每三年不少于40个学时。

从业人员应当接受所在互联网新闻信息服务单位自行组织开展的、每年不少于40个学时的教育培训，其中关于马克思主义新闻观的教育培训不少于10个学时。

第十二条　从业人员的教育培训内容应当包括马克思主义新闻观，党和国家关于网络安全和信息化、新闻舆论等工作的重要决策部署、政策措施和相关法律法规，从业人员职业道德规范等。

第十三条　互联网新闻信息服务单位自行组织从业人员开展的教育培训工作，应当接受国家和地方互联网信息办公室的指导和监督。有关情况纳入国家和地方互联网信息办公室对该单位的监督检查内容。

第四章　从业人员监督管理

第十四条　国家和地方互联网信息办公室指导互联网新闻信息服务单位建立健全从业人员准入、奖惩、考评、退出等制度。

互联网新闻信息服务单位应当建立健全从业人员劳动人事制度，加强从业人员管理，按照国家和地方互联网信息办公室要求，定期报送从业人员有关信息，并及时报告从业人员变动情况。

第十五条　国家互联网信息办公室建立从业人员统一的管理信息系统，对从业人员基本信息、从业培训经历和奖惩情况等进行记录，并及时更新、调整。地方互联网信息办公室负责对属地从业人员建立管理信息系统，并将更新、调整情况及时上报上一级互联网信息办公室。

国家和地方互联网信息办公室依法建立从业人员信用档案和黑名单。

第十六条　从业人员从事互联网新闻信息服务活动，存在违反本办法第五条至第八条规定，以及其他违反党和国家新闻舆论领域有关方针政策的行为的，国家或省、自治区、直辖市互联网信息办公室负责对其所在互联网新闻信息服务单位进行约谈，督促该单位对有关人员加强管理和教育培训。

从业人员存在违法行为的，根据有关法律法规依法处理。构成犯罪的，依法追究刑事责任。

互联网新闻信息服务单位发现从业人员存在违法行为的，应当依法依约对其给予警示、处分直至解除聘用合同或劳动合同，并在15个工作日内，按照分级管理、属地管理要求，将有关情况报告国家或省、自治区、直辖市互联网信息办公室。

第十七条 国家和地方互联网信息办公室将互联网新闻信息服务单位从业人员的从业情况纳入对该单位的监督检查内容。

互联网新闻信息服务单位对从业人员管理不力，造成严重后果，导致其不再符合许可条件的，由国家和地方互联网信息办公室依据《互联网新闻信息服务管理规定》第二十三条有关规定予以处理。

第十八条 从业人员提供互联网新闻信息服务，应当自觉接受社会监督。互联网新闻信息服务单位应当建立举报制度，畅通社会公众监督举报的渠道。

第五章 附 则

第十九条 互联网新闻信息服务单位的主管主办单位或宣传管理部门、新闻出版广电部门有从业人员教育培训、管理工作等方面安排和规定的，应当同时符合其规定。

本办法所称从业人员，不包括互联网新闻信息服务单位中党务、人事、行政、后勤、经营、工程技术等非直接提供互联网新闻信息服务的人员。

第二十条 本办法自2017年12月1日起施行。

互联网新闻信息服务许可管理实施细则

（2017年5月22日国家互联网信息办公室公布 自2017年6月1日起施行）

第一条 为进一步提高互联网新闻信息服务许可管理规范化、科学化水平，促进互联网新闻信息服务健康有序发展，根据《中华人民共和国行政许可法》《互联网新闻信息服务管理规定》（以下简称《规定》），制定本细则。

第二条 国家和省、自治区、直辖市互联网信息办公室实施互联网新闻信息服务许可，适用本细则。

第三条 通过互联网站、应用程序、论坛、博客、微博客、公众账号、即时通信工具、网络直播等形式向社会公众提供互联网新闻信息服务，应当取得互联网新闻信息服务许可，禁止未经许可或超越许可范围开展互联网新闻信息服务活动。

第四条 互联网新闻信息服务，包括互联网新闻信息采编发布服务、转载服务、传播平台服务。

其中，采编发布服务，是指对新闻信息进行采集、编辑、制作并发布的服务；转载服务，是指选择、编辑并发布其他主体已发布新闻信息的服务；传播平台服务，是指为用户传播新闻信息提供平台的服务。

获准提供互联网新闻信息采编发布服务的，可以同时提供互联网新闻信息转载服务。获准提供互联网新闻信息传播平台服务，拟同时提供采编发布服务、转载服务的，应当依法取得互联网新闻信息采编发布、转载服务许可。

第五条 申请互联网新闻信息服务许可的，应当具备下列许可条件：

（一）在中华人民共和国境内依法设立的法人；

（二）主要负责人、总编辑是中国公民；

（三）有与服务相适应的专职新闻编辑人员、内容审核人员和技术保障人员；

（四）有健全的互联网新闻信息服务管理制度；

（五）有健全的信息安全管理制度和安全可控的技术保障措施；

（六）有与服务相适应的场所、设施和资金。

其中，申请互联网新闻信息采编发布服务许可的，应当是新闻单位（含新闻单位控股的单位）或新闻宣传部门主管的单位。新闻单位是指经国家有关部门依法批准设立的报刊社、广播电台、电视台、通讯社和新闻电影制片厂。控股是指出资额、持有股份占企业资本总额或股本总额50%以上，或出资额、持有股份的比例虽然不足50%，但依其出资额或持有股份已足以对企业决议产生重大影响。新闻宣传部门包括各级宣传部门、网信部门、广电部门等。

任何组织不得设立中外合资经营、中外合作经营和外资经营的互联网新闻信息服务单位。

第六条 根据《规定》第十条，申请互联网新闻信息服务许可的，应当提交下列申请材料：

（一）主要负责人、总编辑为中国公民的证明。包括主要负责人、总编辑的身份证复印件等；

（二）专职新闻编辑人员、内容审核人员和技术保障人员的资质情况。包括相关人员基本情况，以及国家新闻出版广电总局统一颁发的新闻记者证、新闻单位从业证明、相关培训考核证明等材料，具体人员数量应当与所提供的服务相适应；

（三）互联网新闻信息服务管理制度。包括网站总编辑制度、从业人员教育培训和考核制度等；

（四）信息安全管理制度和技术保障措施。包括信息发布审核制度、公共信息巡查制度、应急处置制度、用户个人信息保护制度等，以及相关技术保障措施的情况；

（五）互联网新闻信息服务安全评估报告。由有关部门或具有相关资质的机构出具的对于申请者信息安全管理制度和技术保障措施的安全评估报告；

（六）法人资格、场所、资金的证明。包括企业营业执照、事业单位法人证书、服务场所产权证明、租赁合同等材料复印件；

（七）互联网新闻信息服务许可申请书。包括申请表，以及对拟提供具体服务形式、服务方案的说明等。

第七条 申请互联网新闻信息采编发布服务许可的，除应当提交本细则第六条规定的申请材料外，还应当提交该单位或其控股方为新闻单位的证明，或其主管单位为新闻宣传部门的证明及该主管单位的意见。其中，新闻单位证明包括《报纸出版许可证》、《广播电视播出机构许可证》、《期刊出版许可证》（持有《期刊出版许可证》的，应当以提供《规定》第二条所称"新闻信息"服务为主营业务）等；主管单位意见内容主要包括，说明申请者与该主管单位的关系、就申请者是否符合许可条件提出评估意见并加盖单位公章等。

申请互联网新闻信息传播平台服务许可的，除应当提交本细则第六条规定的申请材料外，还应当提交平台账号用户管理规章制度、用户协议范本、投诉举报处理机制等。

申请者为企业法人的，除应当提交本细则第六条规定的申请材料外，还应当提供下列股权相关材料：

（一）股权结构图。包括股东名称、股权比例、出资方式、出资时间等信息。股东为非自然人主体的，须逐级追溯到自然人、事业单位以及国有独资公司，并就实际控制人情况作出说明。股权结构图需加盖单位公章，并由法定代表人签字；

（二）股东证明材料。股东为自然人的，须提供身份证明材料；股东为非自然人主体的，须提供该主体的名称、组织形式、法定代表人等材料；

（三）公司章程。包括公司章程及历次修改决议；

（四）无外资承诺书。申请者对股权结构图中所有股东均不含外资成分作出的书面承诺；

（五）专业机构意见书。律师事务所或会计师事务所就上述股权材料的真实性、准确性、完整性出具的书面证明，包括验资报告、法律意见书等材料。

第八条 根据《规定》第七条，互联网新闻信息服务单位与境内外中外合资经营、中外合作经营和外资经营的企业进行涉及互联网新闻信息服务业务的合作，应当报国家互联网信息办公室进行安全评估，并提交以下材料：

（一）拟合作企业的情况。包括该企业基本情况介绍、营业执照等法人资格证明；

（二）拟合作业务的情况。包括合作意向书、合作发展规划、合作可行性分析报告等材料；

主管单位为新闻宣传部门的，还应当提交该主管单位就该项业务合作的意见。

互联网新闻信息服务单位与境内外中外合资经营、中外合作经营和外资经营的企业进行涉及互联网新闻信息服务业务的合作，可能导致互联网新闻信息服务单位不再符合许可条件的，不予通过安全评估。

第九条 国家和省、自治区、直辖市互联网信息办公室收到申请材料后，应当根据情况依法作出处理：

（一）申请材料齐全、符合要求的，予以受理；

（二）申请材料不齐全、不符合要求的，当场或五个工作日内一次性告知申请者应予更正或补充的内容；

（三）对依法不需要取得互联网新闻信息服务许可的，不予受理，并即时告知申请者，退回申请材料；

（四）对申请事项不属于职权范围的，应当即时作出不予受理的决定，并告知申请者向有关行政机关申请。

第十条 依法受理后，国家和省、自治区、直辖市互联网信息办公室按照本细则第五条、第六条、第七条的规定，对申请材料进行审核，包括申请者是否符合许可条件、材料是否真实等。

审核过程中，国家和省、自治区、直辖市互联网信息办公室可依据实际情况，约见申请者主要负责人、总编辑，到网站备案地、实际经营地、网站服务器所在地等其他相关场所进行实地检查。

第十一条 国家和省、自治区、直辖市互联网信息办公室应当依据《行政许可法》第四十二条，在规定期限内依法作出批准或不予批准的决定。批准的，核发《互联网新闻信息服务许可证》。

省、自治区、直辖市互联网信息办公室应当自作出批准决定之日起七个工作日内，向国家互联网信息办公室报告有关情况。

第十二条 根据《规定》第十七条，互联网新闻信息服务提供者变更以下事项，应当自变更之日起七个工作日内，向原许可机关申请办理变更手续：

（一）变更公司章程、服务场所、网站名称、接入服务提供者等事项；

（二）变更总编辑、主要负责人、股权结构、互联网地址等事项，或者进行上市、合并、分立；

其中，变更总编辑、主要负责人、股权结构、互联网地址等事项，或者进行上市、合并、分立，导致互联网新闻信息服务提供者不再符合许可条件的，根据《规定》第二十三条予以处罚。

互联网新闻信息服务提供者新增服务类别，应当根据《规定》第六条，依法取得相应的许可。

第十三条 互联网新闻信息服务提供者申请办理本细则第十二条相关变更手续，应当向原许可机关提交以下材料：

（一）变更申请书。包括申请变更事项、变更原因以及其他需要说明的问题，并加盖单位公章；

（二）变更事项材料。提交具体变更事项的说明、证明材料，包括变更人员基本情况、资格证书、任免证明，或者变更后的营业执照、公司章程、租赁合同等，并加盖单位公章。

变更股权结构的，应当按照本细则第七条规定，提供相关股权材料。涉及上市的，还应当提供有关上市活动具体实施方案、新三板挂牌方案以及战略投资机构有关情况等材料。

涉及许可证所列事项变更的，应当提交许可证原件。

第十四条 《互联网新闻信息服务许可证》有效期为三年。有效期届满，需继续从事互联网新闻信息服务活动的，应当于有效期届满三十日前，按照许可程序，向原许可机关申请续办，并提交以下材料：

（一）许可续办申请书。包括前期从业情况说明、涉及本细则第五条许可条件相关情况的说明，以及其他需要说明的问题，并加盖单位公章；

（二）许可证原件。

主管单位为新闻宣传部门的，还应当提交该主管单位的意见。

《互联网新闻信息服务许可证》有效期届满，未依法申请续办的，不得继续提供互联网新闻信息服务，原许可证作废。

第十五条 根据《行政许可法》第九条，互联网新闻信息服务许可不得转让。互联网新闻信息服务提供者不得因业务调整、合并、分立等原因擅自转让许可。

第十六条 互联网新闻信息服务提供者终止服务的，应当自终止服务之日起三十日内向原许可机关办理注销手续，并提交以下材料：

（一）注销申请书。包括注销原因以及其他需要说明的问题，并加盖单位公章；

（二）许可证原件。

第十七条 根据《规定》第十九条，国家和地方互联网信息办公室建立抽查、考核等日常检查和定期检查相结合的监督管理制度，加强对互联网新闻信息服务活动的监督检查，有关单位、个人应当予以配合。

监督检查结果，依法向社会公开，接受社会监督。

第十八条 本细则与《规定》同步施行。

互联网新闻信息服务单位约谈工作规定

（2015年4月28日国家互联网信息办公室公布 自2015年6月1日起施行）

第一条 为了进一步推进依法治网，促进互联网新闻信息服务单位依法办网、文明办网，规范互联网新闻信息服务，保护公民、法人和其他组织的合法权益，营造清朗网络空间，根据《互联网信息服务管理办法》、《互联网新闻信息服务管理规定》和《国务院关于授权国家互联网信息办公室负责互联网信息内容管理工作的通知》，制定本规定。

第二条 国家互联网信息办公室、地方互联网信息办公室建立互联网新闻信息服务单位约谈制度。

本规定所称约谈，是指国家互联网信息办公室、地方互联网信息办公室在互联网新闻信息服务单位发生严重违法违规情形时，约见其相关负责人，进行警示谈话、指出问题、责令整改纠正的行政行为。

第三条 地方互联网信息办公室负责对本行政区域内的互联网新闻信息服务单位实施约谈，约谈情况应当及时向国家互联网信息办公室报告。

对存在重大违法情形的互联网新闻信息服务单位，由国家互联网信息办公室单独或联合属地互联网信息办公室实施约谈。

第四条 互联网新闻信息服务单位有下列情形之一的，国家互联网信息办公室、地方互联网信息办公室可对其主要负责人、总编辑等进行约谈：

（一）未及时处理公民、法人和其他组织关于互联网新闻信息服务的投诉、举报情节严重的；

（二）通过采编、发布、转载、删除新闻信息等谋取不正当利益的；

（三）违反互联网用户账号名称注册、使用、管理相关规定情节严重的；

（四）未及时处置违法信息情节严重的；

（五）未及时落实监管措施情节严重的；

（六）内容管理和网络安全制度不健全、不落实的；

（七）网站日常考核中问题突出的；

（八）年检中问题突出的；

（九）其他违反相关法律法规规定需要约谈的情形。

第五条 国家互联网信息办公室、地方互联网信息办公室对互联网新闻信息服务单位实施约谈，应当提前告知约谈事由，并约定时间、地点和参加人员等。

国家互联网信息办公室、地方互联网信息办公室实施约谈时，应当由两名以上执法人员参加，主动出示证件，并记录约谈情况。

第六条 国家互联网信息办公室、地方互联网信息办公室通过约谈，及时指出互联网新闻信息服务单位存在的问题，并提出整改要求。

互联网新闻信息服务单位应当及时落实整改要求，依法提供互联网新闻信息服务。

第七条 国家互联网信息办公室、地方互联网信息办公室应当加强对互联网新闻信息服务单位的监督检查，并对其整改情况进行综合评估，综合评估可以委托第三方开展。

互联网新闻信息服务单位未按要求整改，或经综合评估未达到整改要求的，将依照《互联网信息服务管理办法》、《互联网新闻信息服务管理规定》的有关规定给予警告、罚款、责令停业整顿、吊销许可证等处罚；互联网新闻信息服务单位被多次约谈仍然存在违法行为的，依法从重处罚。

第八条 国家互联网信息办公室、地方互联网信息办公室可将与互联网新闻信息服务单位的约谈情况向社会公开。

约谈情况记入互联网新闻信息服务单位日常考核和年检档案。

第九条 国家互联网信息办公室、地方互联网信息办公室履行约谈职责时，互联网新闻信息服务单位应当予以配合，不得拒绝、阻挠。

第十条 本规定由国家互联网信息办公室负责解释，自2015年6月1日起实施。

关于加强"自媒体"管理的通知

（2023年7月5日中央网信办秘书局公布）

各省、自治区、直辖市党委网信办，新疆生产建设兵团党委网信办：

为加强"自媒体"管理，压实网站平台信息内容管理主体责任，健全常态化管理制度机制，推动形成良好网络舆论生态，现就有关工作要求通知如下：

1. **严防假冒仿冒行为**。网站平台应当强化注册、拟变更账号信息、动态核验环节账号信息审核，有效防止"自媒体"假冒仿冒行为。对账号信息中含有党政军机关、新闻媒体、行政区划名称或标识的，必须人工审核，发现假冒仿冒的，不得提供相关服务。

2. **强化资质认证展示**。对从事金融、教育、医疗卫生、司法等领域信息内容生产的"自媒体"，网站平台应当进行严格核验，并在账号主页展示其服务资质、职业资格、专业背景等认证材料名称，加注所属领域标签。对未认证资质或资质认证已过期的"自媒体"，网站平台应当暂停提供相应领域信息发布服务。

3. **规范信息来源标注**。"自媒体"在发布涉及国内外时事、公共政策、社会事件等相关信息时，网站平台应当要求其准确标注信息来源，发布时在显著位置展示。使用自行拍摄的图片、视频的，需逐一标注拍摄时间、地点等相关信息。使用技术生成的图片、视频的，需明确标注系技术生成。引用旧闻旧事的，必须明确说明当时事件发生的时间、地点。

4. **加强信息真实性管理**。网站平台应当要求"自媒体"对其发布转载的信息真实性负责。"自媒体"发布信息时，网站平台应当在信息发布页面展示"自媒体"账号名称，不得以匿名用户等代替。"自媒体"发布信息不得无中生有，不得断章取义、歪曲事实，不得以拼凑剪辑、合成伪造等方式，影响信息真实性。

5. **加注虚构内容或争议信息标签**。"自媒体"发布含有虚构情节、剧情演绎的内容，网站平台应当要求其以显著方式标记虚构或演绎标签。鼓励网站平台对存在争议的信息标记争议标签,并对相关信息限流。

6. **完善谣言标签功能**。涉公共政策、社会民生、重大突发事件等领域谣言,网站平台应当及时标记谣言标签,在特定谣言搜索呈现页面置顶辟谣信息,运用算法推荐方式提高辟谣信息触达率,提升辟谣效果。

7. **规范账号运营行为**。网站平台应当严格执行"一人一号、一企两号"账号注册数量规定,严禁个人或企业操纵"自媒体"账号矩阵发布传播违法和不良信息。应当要求"自媒体"依法依规开展账号运营活动,不得集纳负面信息、翻炒旧闻旧事、蹭炒社会热点事件、消费灾难事故,不得以防止失联、提前关注、故留悬念等方式,诱导用户关注其他账号,鼓励引导"自媒体"生产高质量信息内容。网站平台应当加强"自媒体"账号信息核验,防止被依法依约关闭的账号重新注册。

8. **明确营利权限开通条件**。"自媒体"申请开通营利权限的,需3个月内无违规记录。账号主体变更的,自变更之日起3个月内,网站平台应当暂停或不得赋予其营利权限。营利方式包括但不限于广告分成、内容分成、电商带货、直播打赏、文章或短视频赞赏、知识付费、品牌合作等。

9. **限制违规行为获利**。网站平台对违规"自媒体"采取禁言措施的,应当同步暂停其营利权限,时长为禁言期限的2至3倍。对打造低俗人设、违背公序良俗网红形象,多账号联动蹭炒社会热点事件进行恶意营销等的"自媒体",网站平台应当取消或不得赋予其营利权限。网站平台应当定期向网信部门报备限制违规"自媒体"营利权限的有关情况。

10. **完善粉丝数量管理措施**。"自媒体"因违规行为增加的粉丝数量,网站平台应当及时核实并予以清除。禁言期间"自媒体"不得新增粉丝,历史发文不得在网站平台推荐、榜单等重点环节呈现。对频繁蹭炒社会热点事件博取关注的"自媒体",永久禁止新增粉丝,情节严重的,清空全量粉丝。网站平台不得提供粉丝数量转移服务。

11. **加大对"自媒体"所属 MCN 机构管理力度**。网站平台应当健全 MCN 机构管理制度,对 MCN 机构及其签约账号实行集中统一管理。在"自媒体"账号主页,以显著方式展示该账号所属 MCN 机构名称。对于利用签约账号联动炒作、多次出现违规行为的 MCN 机构,网站平台应当采取暂停营利权限、限制提供服务、入驻清退等处置措施。

12. **严格违规行为处置**。网站平台应当及时发现并严格处置"自媒体"违规行为。对制作发布谣言，蹭炒社会热点事件或矩阵式发布传播违法和不良信息造成恶劣影响的"自媒体"，一律予以关闭，纳入平台黑名单账号数据库并上报网信部门。对转发谣言的"自媒体"，应当采取取消互动功能、清理粉丝、取消营利权限、禁言、关闭等处置措施。对未通过资质认证从事金融、教育、医疗卫生、司法等领域信息发布的"自媒体"，应当采取取消互动功能、禁言、关闭等处置措施。

13. **强化典型案例处置曝光。**网站平台应当加强违规"自媒体"处置和曝光力度，开设警示教育专栏，定期发布违规"自媒体"典型案例，警示"自媒体"做好自我管理。

各地网信部门要切实履行属地管理责任，强化业务指导和日常监管，开展对资讯、社交、直播、短视频、知识问答、论坛社区等类型网站平台的督导检查，督促网站平台严格对照工作要求抓好贯彻落实，切实加强"自媒体"管理。

互联网用户公众账号信息服务管理规定

(2021年1月22日国家互联网信息办公室公布 自2021年2月22日起施行)

第一章 总 则

第一条 为了规范互联网用户公众账号信息服务，维护国家安全和公共利益，保护公民、法人和其他组织的合法权益，根据《中华人民共和国网络安全法》《互联网信息服务管理办法》《网络信息内容生态治理规定》等法律法规和国家有关规定，制定本规定。

第二条 在中华人民共和国境内提供、从事互联网用户公众账号信息服务，应当遵守本规定。

第三条 国家网信部门负责全国互联网用户公众账号信息服务的监督管理执法工作。地方网信部门依据职责负责本行政区域内互联网用户公众账号信息服务的监督管理执法工作。

第四条 公众账号信息服务平台和公众账号生产运营者应当遵守法律

法规，遵循公序良俗，履行社会责任，坚持正确舆论导向、价值取向，弘扬社会主义核心价值观，生产发布向上向善的优质信息内容，发展积极健康的网络文化，维护清朗网络空间。

鼓励各级党政机关、企事业单位和人民团体注册运营公众账号，生产发布高质量政务信息或者公共服务信息，满足公众信息需求，推动经济社会发展。

鼓励公众账号信息服务平台积极为党政机关、企事业单位和人民团体提升政务信息发布、公共服务和社会治理水平，提供充分必要的技术支持和安全保障。

第五条 公众账号信息服务平台提供互联网用户公众账号信息服务，应当取得国家法律、行政法规规定的相关资质。

公众账号信息服务平台和公众账号生产运营者向社会公众提供互联网新闻信息服务，应当取得互联网新闻信息服务许可。

第二章 公众账号信息服务平台

第六条 公众账号信息服务平台应当履行信息内容和公众账号管理主体责任，配备与业务规模相适应的管理人员和技术能力，设置内容安全负责人岗位，建立健全并严格落实账号注册、信息内容安全、生态治理、应急处置、网络安全、数据安全、个人信息保护、知识产权保护、信用评价等管理制度。

公众账号信息服务平台应当依据法律法规和国家有关规定，制定并公开信息内容生产、公众账号运营等管理规则、平台公约，与公众账号生产运营者签订服务协议，明确双方内容发布权限、账号管理责任等权利义务。

第七条 公众账号信息服务平台应当按照国家有关标准和规范，建立公众账号分类注册和分类生产制度，实施分类管理。

公众账号信息服务平台应当依据公众账号信息内容生产质量、信息传播能力、账号主体信用评价等指标，建立分级管理制度，实施分级管理。

公众账号信息服务平台应当将公众账号和内容生产与账号运营管理规则、平台公约、服务协议等向所在地省、自治区、直辖市网信部门备案；上线具有舆论属性或者社会动员能力的新技术新应用新功能，应当按照有关规定进行安全评估。

第八条 公众账号信息服务平台应当采取复合验证等措施，对申请注册公众账号的互联网用户进行基于移动电话号码、居民身份证号码或者统一社会信用代码等方式的真实身份信息认证，提高认证准确率。用户不提供真实身份信息的，或者冒用组织机构、他人真实身份信息进行虚假注册的，不得为其提供相关服务。

公众账号信息服务平台应当对互联网用户注册的公众账号名称、头像和简介等进行合法合规性核验，发现账号名称、头像和简介与注册主体真实身份信息不相符的，特别是擅自使用或者关联党政机关、企事业单位等组织机构或者社会知名人士名义的，应当暂停提供服务并通知用户限期改正，拒不改正的，应当终止提供服务；发现相关注册信息含有违法和不良信息的，应当依法及时处置。

公众账号信息服务平台应当禁止被依法依约关闭的公众账号以相同账号名称重新注册；对注册与其关联度高的账号名称，还应当对账号主体真实身份信息、服务资质等进行必要核验。

第九条 公众账号信息服务平台对申请注册从事经济、教育、医疗卫生、司法等领域信息内容生产的公众账号，应当要求用户在注册时提供其专业背景，以及依照法律、行政法规获得的职业资格或者服务资质等相关材料，并进行必要核验。

公众账号信息服务平台应当对核验通过后的公众账号加注专门标识，并根据用户的不同主体性质，公示内容生产类别、运营主体名称、注册运营地址、统一社会信用代码、联系方式等注册信息，方便社会监督查询。

公众账号信息服务平台应当建立动态核验巡查制度，适时核验生产运营者注册信息的真实性、有效性。

第十条 公众账号信息服务平台应当对同一主体在本平台注册公众账号的数量合理设定上限。对申请注册多个公众账号的用户，还应当对其主体性质、服务资质、业务范围、信用评价等进行必要核验。

公众账号信息服务平台对互联网用户注册后超过六个月不登录、不使用的公众账号，可以根据服务协议暂停或者终止提供服务。

公众账号信息服务平台应当健全技术手段，防范和处置互联网用户超限量注册、恶意注册、虚假注册等违规注册行为。

第十一条 公众账号信息服务平台应当依法依约禁止公众账号生产运

营者违规转让公众账号。

公众账号生产运营者向其他用户转让公众账号使用权的,应当向平台提出申请。平台应当依据前款规定对受让方用户进行认证核验,并公示主体变更信息。平台发现生产运营者未经审核擅自转让公众账号的,应当及时暂停或者终止提供服务。

公众账号生产运营者自行停止账号运营,可以向平台申请暂停或者终止使用。平台应当按照服务协议暂停或者终止提供服务。

第十二条 公众账号信息服务平台应当建立公众账号监测评估机制,防范账号订阅数、用户关注度、内容点击率、转发评论量等数据造假行为。

公众账号信息服务平台应当规范公众账号推荐订阅关注机制,健全技术手段,及时发现、处置公众账号订阅关注数量的异常变动情况。未经互联网用户知情同意,不得以任何方式强制或者变相强制订阅关注其他用户公众账号。

第十三条 公众账号信息服务平台应当建立生产运营者信用等级管理体系,根据信用等级提供相应服务。

公众账号信息服务平台应当建立健全网络谣言等虚假信息预警、发现、溯源、甄别、辟谣、消除等处置机制,对制作发布虚假信息的公众账号生产运营者降低信用等级或者列入黑名单。

第十四条 公众账号信息服务平台与生产运营者开展内容供给与账号推广合作,应当规范管理电商销售、广告发布、知识付费、用户打赏等经营行为,不得发布虚假广告、进行夸大宣传、实施商业欺诈及商业诋毁等,防止违法违规运营。

公众账号信息服务平台应当加强对原创信息内容的著作权保护,防范盗版侵权行为。

平台不得利用优势地位干扰生产运营者合法合规运营、侵犯用户合法权益。

第三章 公众账号生产运营者

第十五条 公众账号生产运营者应当按照平台分类管理规则,在注册公众账号时如实填写用户主体性质、注册地、运营地、内容生产类别、联系方式等基本信息,组织机构用户还应当注明主要经营或者业务范围。

公众账号生产运营者应当遵守平台内容生产和账号运营管理规则、平台公约和服务协议，按照公众账号登记的内容生产类别，从事相关行业领域的信息内容生产发布。

第十六条 公众账号生产运营者应当履行信息内容生产和公众账号运营管理主体责任，依法依规从事信息内容生产和公众账号运营活动。

公众账号生产运营者应当建立健全选题策划、编辑制作、发布推广、互动评论等全过程信息内容安全审核机制，加强信息内容导向性、真实性、合法性审核，维护网络传播良好秩序。

公众账号生产运营者应当建立健全公众账号注册使用、运营推广等全过程安全管理机制，依法、文明、规范运营公众账号，以优质信息内容吸引公众关注订阅和互动分享，维护公众账号良好社会形象。

公众账号生产运营者与第三方机构开展公众账号运营、内容供给等合作，应与第三方机构签订书面协议，明确第三方机构信息安全管理义务并督促履行。

第十七条 公众账号生产运营者转载信息内容的，应当遵守著作权保护相关法律法规，依法标注著作权人和可追溯信息来源，尊重和保护著作权人的合法权益。

公众账号生产运营者应当对公众账号留言、跟帖、评论等互动环节进行管理。平台可以根据公众账号的主体性质、信用等级等，合理设置管理权限，提供相关技术支持。

第十八条 公众账号生产运营者不得有下列违法违规行为：

（一）不以真实身份信息注册，或者注册与自身真实身份信息不相符的公众账号名称、头像、简介等；

（二）恶意假冒、仿冒或者盗用组织机构及他人公众账号生产发布信息内容；

（三）未经许可或者超越许可范围提供互联网新闻信息采编发布等服务；

（四）操纵利用多个平台账号，批量发布雷同低质信息内容，生成虚假流量数据，制造虚假舆论热点；

（五）利用突发事件煽动极端情绪，或者实施网络暴力损害他人和组织机构名誉，干扰组织机构正常运营，影响社会和谐稳定；

（六）编造虚假信息，伪造原创属性，标注不实信息来源，歪曲事实真相，误导社会公众；

（七）以有偿发布、删除信息等手段，实施非法网络监督、营销诈骗、敲诈勒索，谋取非法利益；

（八）违规批量注册、囤积或者非法交易买卖公众账号；

（九）制作、复制、发布违法信息，或者未采取措施防范和抵制制作、复制、发布不良信息；

（十）法律、行政法规禁止的其他行为。

第四章 监督管理

第十九条 公众账号信息服务平台应当加强对本平台公众账号信息服务活动的监督管理，及时发现和处置违法违规信息或者行为。

公众账号信息服务平台应当对违反本规定及相关法律法规的公众账号，依法依约采取警示提醒、限制账号功能、暂停信息更新、停止广告发布、关闭注销账号、列入黑名单、禁止重新注册等处置措施，保存有关记录，并及时向网信等有关主管部门报告。

第二十条 公众账号信息服务平台和生产运营者应当自觉接受社会监督。

公众账号信息服务平台应当在显著位置设置便捷的投诉举报入口和申诉渠道，公布投诉举报和申诉方式，健全受理、甄别、处置、反馈等机制，明确处理流程和反馈时限，及时处理公众投诉举报和生产运营者申诉。

鼓励互联网行业组织开展公众评议，推动公众账号信息服务平台和生产运营者严格自律，建立多方参与的权威调解机制，公平合理解决行业纠纷，依法维护用户合法权益。

第二十一条 各级网信部门会同有关主管部门建立健全协作监管等工作机制，监督指导公众账号信息服务平台和生产运营者依法依规从事相关信息服务活动。

公众账号信息服务平台和生产运营者应当配合有关主管部门依法实施监督检查，并提供必要的技术支持和协助。

公众账号信息服务平台和生产运营者违反本规定的，由网信部门和有关主管部门在职责范围内依照相关法律法规处理。

第五章 附 则

第二十二条 本规定所称互联网用户公众账号，是指互联网用户在互联网站、应用程序等网络平台注册运营，面向社会公众生产发布文字、图片、音视频等信息内容的网络账号。

本规定所称公众账号信息服务平台，是指为互联网用户提供公众账号注册运营、信息内容发布与技术保障服务的网络信息服务提供者。

本规定所称公众账号生产运营者，是指注册运营公众账号从事内容生产发布的自然人、法人或者非法人组织。

第二十三条 本规定自2021年2月22日起施行。本规定施行之前颁布的有关规定与本规定不一致的，按照本规定执行。

互联网跟帖评论服务管理规定

（2022年11月16日国家互联网信息办公室公布 自2022年12月15日起施行）

第一条 为了规范互联网跟帖评论服务，维护国家安全和公共利益，保护公民、法人和其他组织的合法权益，根据《中华人民共和国网络安全法》《网络信息内容生态治理规定》《互联网用户账号信息管理规定》等法律法规和国家有关规定，制定本规定。

第二条 在中华人民共和国境内提供、使用跟帖评论服务，应当遵守本规定。

本规定所称跟帖评论服务，是指互联网站、应用程序以及其他具有舆论属性或社会动员能力的网站平台，以评论、回复、留言、弹幕、点赞等方式，为用户提供发表文字、符号、表情、图片、音视频等信息的服务。

第三条 国家网信部门负责全国跟帖评论服务的监督管理执法工作。地方网信部门依据职责负责本行政区域内跟帖评论服务的监督管理执法工作。

第四条 跟帖评论服务提供者应当严格落实跟帖评论服务管理主体责

任，依法履行以下义务：

（一）按照"后台实名、前台自愿"原则，对注册用户进行基于移动电话号码、身份证件号码或者统一社会信用代码等方式的真实身份信息认证，不得向未认证真实身份信息或者冒用组织机构、他人身份信息的用户提供跟帖评论服务。

（二）建立健全用户个人信息保护制度，处理用户个人信息应当遵循合法、正当、必要和诚信原则，公开个人信息处理规则，告知个人信息的处理目的、处理方式、处理的个人信息种类、保存期限等事项，并依法取得个人的同意。法律、行政法规另有规定的除外。

（三）对新闻信息提供跟帖评论服务的，应当建立先审后发制度。

（四）提供弹幕方式跟帖评论服务的，应当在同一平台和页面同时提供与之对应的静态版信息内容。

（五）建立健全跟帖评论审核管理、实时巡查、应急处置、举报受理等信息安全管理制度，及时发现处置违法和不良信息，并向网信部门报告。

（六）创新跟帖评论管理方式，研发使用跟帖评论信息安全管理技术，提升违法和不良信息处置能力；及时发现跟帖评论服务存在的安全缺陷、漏洞等风险，采取补救措施，并向网信部门报告。

（七）配备与服务规模相适应的审核编辑队伍，加强跟帖评论审核培训，提高审核编辑人员专业素养。

（八）配合网信部门依法开展监督检查工作，提供必要的技术、数据支持和协助。

第五条 具有舆论属性或社会动员能力的跟帖评论服务提供者上线跟帖评论相关新产品、新应用、新功能的，应当按照国家有关规定开展安全评估。

第六条 跟帖评论服务提供者应当与注册用户签订服务协议，明确跟帖评论的服务与管理细则以及双方跟帖评论发布权限、管理责任等权利义务，履行互联网相关法律法规告知义务，开展文明上网教育。对公众账号生产运营者，在服务协议中应当明确其跟帖评论管理权限及相应责任，督促其切实履行管理义务。

第七条 跟帖评论服务提供者应当按照用户服务协议对跟帖评论服务使用者和公众账号生产运营者进行规范管理。对发布违法和不良信息内容的跟帖评论服务使用者，应当依法依约采取警示提醒、拒绝发布、删除信息、限制账号功能、暂停账号更新、关闭账号、禁止重新注册等处置措施，并保存相关记录；对未尽到管理义务导致跟帖评论环节出现违法和不良信息内容的公众账号生产运营者，应当根据具体情形，依法依约采取警示提醒、删除信息、暂停跟帖评论区功能直至永久关闭跟帖评论区、限制账号功能、暂停账号更新、关闭账号、禁止重新注册等处置措施，保存相关记录，并及时向网信部门报告。

第八条　跟帖评论服务提供者应当建立用户分级管理制度，对用户的跟帖评论行为开展信用评估，根据信用等级确定服务范围及功能，对严重失信的用户应列入黑名单，停止对列入黑名单的用户提供服务，并禁止其通过重新注册账号等方式使用跟帖评论服务。

第九条　跟帖评论服务使用者应当遵守法律法规，遵循公序良俗，弘扬社会主义核心价值观，不得发布法律法规和国家有关规定禁止的信息内容。

第十条　公众账号生产运营者应当对账号跟帖评论信息内容加强审核管理，及时发现跟帖评论环节违法和不良信息内容，采取举报、处置等必要措施。

第十一条　公众账号生产运营者可按照用户服务协议向跟帖评论服务提供者申请举报、隐藏或者删除违法和不良评论信息、自主关闭账号跟帖评论区等管理权限。跟帖评论服务提供者应当对公众账号生产运营者的跟帖评论管理情况进行信用评估后，根据公众账号的主体性质、信用评估等级等，合理设置管理权限，提供相关技术支持。

第十二条　跟帖评论服务提供者、跟帖评论服务使用者和公众账号生产运营者不得通过发布、删除、推荐跟帖评论信息以及利用软件、雇佣商业机构及人员散布信息等其他干预跟帖评论信息呈现的手段，侵害他人合法权益或公共利益，谋取非法利益，恶意干扰跟帖评论秩序，误导公众舆论。

第十三条　跟帖评论服务提供者应当建立健全跟帖评论违法和不良信息公众投诉举报和跟帖评论服务使用者申诉制度，设置便捷投诉举报和申诉入口，及时受理和处置跟帖评论相关投诉举报和申诉。

跟帖评论服务使用者对被处置的跟帖评论信息存在异议的，有权向跟帖评论服务提供者提出申诉，跟帖评论服务提供者应当按照用户服务协议进行核查处理。

任何组织和个人发现违反本规定行为的，可以向网信部门投诉举报。网信部门收到投诉举报后，应当及时依法处理。

第十四条　各级网信部门应当建立健全日常检查和定期检查相结合的监督管理制度，依法对互联网跟帖评论服务实施监督检查。

第十五条　违反本规定的，由国家和地方网信部门依照相关法律法规处理。

第十六条　本规定自 2022 年 12 月 15 日起施行。2017 年 8 月 25 日公布的《互联网跟帖评论服务管理规定》同时废止。

互联网弹窗信息推送服务管理规定

（2022 年 9 月 9 日国家互联网信息办公室、中华人民共和国工业和信息化部、国家市场监督管理总局公布　自 2022 年 9 月 30 日起施行）

第一条　为了规范互联网弹窗信息推送服务，维护国家安全和公共利益，保护公民、法人和其他组织的合法权益，促进行业健康有序发展，根据《中华人民共和国网络安全法》、《中华人民共和国未成年人保护法》、《中华人民共和国广告法》、《互联网信息服务管理办法》、《互联网新闻信息服务管理规定》、《网络信息内容生态治理规定》等法律法规，制定本规定。

第二条　在中华人民共和国境内提供互联网弹窗信息推送服务，适用本规定。

本规定所称互联网弹窗信息推送服务，是指通过操作系统、应用软件、网站等，以弹出消息窗口形式向互联网用户提供的信息推送服务。

本规定所称互联网弹窗信息推送服务提供者，是指提供互联网弹窗信息推送服务的组织或者个人。

第三条　提供互联网弹窗信息推送服务，应当遵守宪法、法律和行政法规，弘扬社会主义核心价值观，坚持正确政治方向、舆论导向和价值取向，维护清朗网络空间。

第四条 互联网弹窗信息推送服务提供者应当落实信息内容管理主体责任，建立健全信息内容审核、生态治理、数据安全和个人信息保护、未成年人保护等管理制度。

第五条 提供互联网弹窗信息推送服务的，应当遵守下列要求：

（一）不得推送《网络信息内容生态治理规定》规定的违法和不良信息，特别是恶意炒作娱乐八卦、绯闻隐私、奢靡炫富、审丑扮丑等违背公序良俗内容，不得以恶意翻炒为目的，关联某一话题集中推送相关旧闻；

（二）未取得互联网新闻信息服务许可的，不得弹窗推送新闻信息，弹窗推送信息涉及其他互联网信息服务，依法应当经有关主管部门审核同意或者取得相关许可的，应当经有关主管部门审核同意或者取得相关许可；

（三）弹窗推送新闻信息的，应当严格依据国家互联网信息办公室发布的《互联网新闻信息稿源单位名单》，不得超范围转载，不得歪曲、篡改标题原意和新闻信息内容，保证新闻信息来源可追溯；

（四）提升弹窗推送信息多样性，科学设定新闻信息和垂直领域内容占比，体现积极健康向上的主流价值观，不得集中推送、炒作社会热点敏感事件、恶性案件、灾难事故等，引发社会恐慌；

（五）健全弹窗信息推送内容管理规范，完善信息筛选、编辑、推送等工作流程，配备与服务规模相适应的审核力量，加强弹窗信息内容审核；

（六）保障用户权益，以服务协议等明确告知用户弹窗信息推送服务的具体形式、内容频次、取消渠道等，充分考虑用户体验，科学规划推送频次，不得对普通用户和会员用户进行不合理地差别推送，不得以任何形式干扰或者影响用户关闭弹窗，弹窗信息应当显著标明弹窗信息推送服务提供者身份；

（七）不得设置诱导用户沉迷、过度消费等违反法律法规或者违背伦理道德的算法模型；不得利用算法实施恶意屏蔽信息、过度推荐等行为；不得利用算法针对未成年人用户进行画像，向其推送可能影响其身心健康的信息；

（八）弹窗推送广告信息的，应当具有可识别性，显著标明"广告"和关闭标志，确保弹窗广告一键关闭；

（九）不得以弹窗信息推送方式呈现恶意引流跳转的第三方链接、二维码等信息，不得通过弹窗信息推送服务诱导用户点击，实施流量造假、流量劫持。

第六条 互联网弹窗信息推送服务提供者应当自觉接受社会监督，设置便捷投诉举报入口，及时处理关于弹窗信息推送服务的公众投诉举报。

第七条 鼓励和指导互联网行业组织建立健全互联网弹窗信息推送服务行业准则，引导行业健康有序发展。

第八条 网信部门会同电信主管部门、市场监管部门等有关部门建立健全协作监管等工作机制，监督指导互联网弹窗信息推送服务提供者依法依规提供服务。

第九条 互联网弹窗信息推送服务提供者违反本规定的，由网信部门、电信主管部门、市场监管部门等有关部门在职责范围内依照相关法律法规规定处理。

第十条 本规定自2022年9月30日起施行。

微博客信息服务管理规定

（2018年2月2日国家互联网信息办公室公布 自2018年3月20日起施行）

第一条 为促进微博客信息服务健康有序发展，保护公民、法人和其他组织的合法权益，维护国家安全和公共利益，根据《中华人民共和国网络安全法》《国务院关于授权国家互联网信息办公室负责互联网信息内容管理工作的通知》，制定本规定。

第二条 在中华人民共和国境内从事微博客信息服务，应当遵守本规定。

本规定所称微博客，是指基于使用者关注机制，主要以简短文字、图片、视频等形式实现信息传播、获取的社交网络服务。

微博客服务提供者是指提供微博客平台服务的主体。微博客服务使用者是指使用微博客平台从事信息发布、互动交流等的行为主体。

微博客信息服务是指提供微博客平台服务及使用微博客平台从事信息

发布、传播等行为。

第三条　国家互联网信息办公室负责全国微博客信息服务的监督管理执法工作。地方互联网信息办公室依据职责负责本行政区域内的微博客信息服务的监督管理执法工作。

第四条　微博客服务提供者应当依法取得法律法规规定的相关资质。

向社会公众提供互联网新闻信息服务的，应当依法取得互联网新闻信息服务许可，并在许可范围内开展服务，禁止未经许可或超越许可范围开展互联网新闻信息服务活动。

第五条　微博客服务提供者应当发挥促进经济发展、服务社会大众的积极作用，弘扬社会主义核心价值观，传播先进文化，坚持正确舆论导向，倡导依法上网、文明上网、安全上网。

第六条　微博客服务提供者应当落实信息内容安全管理主体责任，建立健全用户注册、信息发布审核、跟帖评论管理、应急处置、从业人员教育培训等制度及总编辑制度，具有安全可控的技术保障和防范措施，配备与服务规模相适应的管理人员。

微博客服务提供者应当制定平台服务规则，与微博客服务使用者签订服务协议，明确双方权利、义务，要求微博客服务使用者遵守相关法律法规。

第七条　微博客服务提供者应当按照"后台实名、前台自愿"的原则，对微博客服务使用者进行基于组织机构代码、身份证件号码、移动电话号码等方式的真实身份信息认证、定期核验。微博客服务使用者不提供真实身份信息的，微博客服务提供者不得为其提供信息发布服务。

微博客服务提供者应当保障微博客服务使用者的信息安全，不得泄露、篡改、毁损，不得出售或者非法向他人提供。

第八条　微博客服务使用者申请前台实名认证账号的，应当提供与认证信息相符的有效证明材料。

境内具有组织机构特征的微博客服务使用者申请前台实名认证账号的，应当提供组织机构代码证、营业执照等有效证明材料。

境外组织和机构申请前台实名认证账号的，应当提供驻华机构出具的有效证明材料。

第九条　微博客服务提供者应当按照分级分类管理原则，根据微博客服务使用者主体类型、发布内容、关注者数量、信用等级等制定具体管理制度，提供相应服务，并向国家或省、自治区、直辖市互联网信息办公室备案。

第十条 微博客服务提供者应当对申请前台实名认证账号的微博客服务使用者进行认证信息审核，并按照注册地向国家或省、自治区、直辖市互联网信息办公室分类备案。微博客服务使用者提供的证明材料与认证信息不相符的，微博客服务提供者不得为其提供前台实名认证服务。

各级党政机关、企事业单位、人民团体和新闻媒体等组织机构对所开设的前台实名认证账号发布的信息内容及其跟帖评论负有管理责任。微博客服务提供者应当提供管理权限等必要支持。

第十一条 微博客服务提供者应当建立健全辟谣机制，发现微博客服务使用者发布、传播谣言或不实信息，应当主动采取辟谣措施。

第十二条 微博客服务提供者和微博客服务使用者不得利用微博客发布、传播法律法规禁止的信息内容。

微博客服务提供者发现微博客服务使用者发布、传播法律法规禁止的信息内容，应当依法立即停止传输该信息、采取消除等处置措施，保存有关记录，并向有关主管部门报告。

第十三条 微博客服务提供者应用新技术、调整增设具有新闻舆论属性或社会动员能力的应用功能，应当报国家或省、自治区、直辖市互联网信息办公室进行安全评估。

第十四条 微博客服务提供者应当自觉接受社会监督，设置便捷的投诉举报入口，及时处理公众投诉举报。

第十五条 国家鼓励和指导互联网行业组织建立健全微博客行业自律制度和行业准则，推动微博客行业信用等级评价和信用体系建设，督促微博客服务提供者依法提供服务、接受社会监督。

第十六条 微博客服务提供者应当遵守国家相关法律法规规定，配合有关部门开展监督管理执法工作，并提供必要的技术支持和协助。

微博客服务提供者应当记录微博客服务使用者日志信息，保存时间不少于六个月。

第十七条 微博客服务提供者违反本规定的，由有关部门依照相关法律法规处理。

第十八条 本规定自 2018 年 3 月 20 日起施行。

互联网群组信息服务管理规定

（2017 年 9 月 7 日国家互联网信息办公室公布　自 2017 年 10 月 8 日起施行）

第一条　为规范互联网群组信息服务，维护国家安全和公共利益，保护公民、法人和其他组织的合法权益，根据《中华人民共和国网络安全法》《国务院关于授权国家互联网信息办公室负责互联网信息内容管理工作的通知》，制定本规定。

第二条　在中华人民共和国境内提供、使用互联网群组信息服务，应当遵守本规定。

本规定所称互联网群组，是指互联网用户通过互联网站、移动互联网应用程序等建立的，用于群体在线交流信息的网络空间。本规定所称互联网群组信息服务提供者，是指提供互联网群组信息服务的平台。本规定所称互联网群组信息服务使用者，包括群组建立者、管理者和成员。

第三条　国家互联网信息办公室负责全国互联网群组信息服务的监督管理执法工作。地方互联网信息办公室依据职责负责本行政区域内的互联网群组信息服务的监督管理执法工作。

第四条　互联网群组信息服务提供者和使用者，应当坚持正确导向，弘扬社会主义核心价值观，培育积极健康的网络文化，维护良好网络生态。

第五条　互联网群组信息服务提供者应当落实信息内容安全管理主体责任，配备与服务规模相适应的专业人员和技术能力，建立健全用户注册、信息审核、应急处置、安全防护等管理制度。

互联网群组信息服务提供者应当制定并公开管理规则和平台公约，与使用者签订服务协议，明确双方权利义务。

第六条　互联网群组信息服务提供者应当按照"后台实名、前台自愿"的原则，对互联网群组信息服务使用者进行真实身份信息认证，用户不提供真实身份信息的，不得为其提供信息发布服务。

互联网群组信息服务提供者应当采取必要措施保护使用者个人信息安

全，不得泄露、篡改、毁损，不得非法出售或者非法向他人提供。

第七条 互联网群组信息服务提供者应当根据互联网群组的性质类别、成员规模、活跃程度等实行分级分类管理，制定具体管理制度并向国家或省、自治区、直辖市互联网信息办公室备案，依法规范群组信息传播秩序。

互联网群组信息服务提供者应当建立互联网群组信息服务使用者信用等级管理体系，根据信用等级提供相应服务。

第八条 互联网群组信息服务提供者应当根据自身服务规模和管理能力，合理设定群组成员人数和个人建立群数、参加群数上限。

互联网群组信息服务提供者应设置和显示唯一群组识别编码，对成员达到一定规模的群组要设置群信息页面，注明群组名称、人数、类别等基本信息。

互联网群组信息服务提供者应根据群组规模类别，分级审核群组建立者真实身份、信用等级等建群资质，完善建群、入群等审核验证功能，并标注群组建立者、管理者及成员群内身份信息。

第九条 互联网群组建立者、管理者应当履行群组管理责任，依据法律法规、用户协议和平台公约，规范群组网络行为和信息发布，构建文明有序的网络群体空间。

互联网群组成员在参与群组信息交流时，应当遵守法律法规，文明互动、理性表达。

互联网群组信息服务提供者应为群组建立者、管理者进行群组管理提供必要功能权限。

第十条 互联网群组信息服务提供者和使用者不得利用互联网群组传播法律法规和国家有关规定禁止的信息内容。

第十一条 互联网群组信息服务提供者应当对违反法律法规和国家有关规定的互联网群组，依法依约采取警示整改、暂停发布、关闭群组等处置措施，保存有关记录，并向有关主管部门报告。

互联网群组信息服务提供者应当对违反法律法规和国家有关规定的群组建立者、管理者等使用者，依法依约采取降低信用等级、暂停管理权限、取消建群资格等管理措施，保存有关记录，并向有关主管部门报告。

互联网群组信息服务提供者应当建立黑名单管理制度，对违法违约情节严重的群组及建立者、管理者和成员纳入黑名单,限制群组服务功能,保存有关记录,并向有关主管部门报告。

第十二条 互联网群组信息服务提供者和使用者应当接受社会公众和行业组织的监督,建立健全投诉举报渠道,设置便捷举报入口,及时处理投诉举报。国家和地方互联网信息办公室依据职责,对举报受理落实情况进行监督检查。

鼓励互联网行业组织指导推动互联网群组信息服务提供者制定行业公约,加强行业自律,履行社会责任。

第十三条 互联网群组信息服务提供者应当配合有关主管部门依法进行的监督检查,并提供必要的技术支持和协助。

互联网群组信息服务提供者应当按规定留存网络日志不少于六个月。

第十四条 互联网群组信息服务提供者和使用者违反本规定的,由有关部门依照相关法律法规处理。

第十五条 本规定自2017年10月8日起施行。

互联网论坛社区服务管理规定

(2017年8月25日国家互联网信息办公室公布 自2017年10月1日起施行)

第一条 为规范互联网论坛社区服务,促进互联网论坛社区行业健康有序发展,保护公民、法人和其他组织的合法权益,维护国家安全和公共利益,根据《中华人民共和国网络安全法》《国务院关于授权国家互联网信息办公室负责互联网信息内容管理工作的通知》,制定本规定。

第二条 在中华人民共和国境内从事互联网论坛社区服务,适用本规定。

本规定所称互联网论坛社区服务,是指在互联网上以论坛、贴吧、社区等形式,为用户提供互动式信息发布社区平台的服务。

第三条 国家互联网信息办公室负责全国互联网论坛社区服务的监督管理执法工作。地方互联网信息办公室依据职责负责本行政区域内互联网论坛社区服务的监督管理执法工作。

第四条 鼓励互联网论坛社区服务行业组织建立健全行业自律制度和行业准则,指导互联网论坛社区服务提供者建立健全服务规范,督促互联网论坛社区服务提供者依法提供服务、接受社会监督,提高互联网论坛社区服务从业人员的职业素养。

第五条 互联网论坛社区服务提供者应当落实主体责任,建立健全信息审核、公共信息实时巡查、应急处置及个人信息保护等信息安全管理制度,具有安全可控的防范措施,配备与服务规模相适应的专业人员,为有关部门依法履行职责提供必要的技术支持。

第六条 互联网论坛社区服务提供者不得利用互联网论坛社区服务发布、传播法律法规和国家有关规定禁止的信息。

互联网论坛社区服务提供者应当与用户签订协议,明确用户不得利用互联网论坛社区服务发布、传播法律法规和国家有关规定禁止的信息,情节严重的,服务提供者将封禁或者关闭有关账号、版块;明确论坛社区版块发起者、管理者应当履行与其权利相适应的义务,对违反法律规定和协议约定、履行责任义务不到位的,服务提供者应当依法依约限制或取消其管理权限,直至封禁或者关闭有关账号、版块。

第七条 互联网论坛社区服务提供者应当加强对其用户发布信息的管理,发现含有法律法规和国家有关规定禁止的信息的,应当立即停止传输该信息,采取消除等处置措施,保存有关记录,并及时向国家或者地方互联网信息办公室报告。

第八条 互联网论坛社区服务提供者应当按照"后台实名、前台自愿"的原则,要求用户通过真实身份信息认证后注册账号,并对版块发起者和管理者实施真实身份信息备案、定期核验等。用户不提供真实身份信息的,互联网论坛社区服务提供者不得为其提供信息发布服务。

互联网论坛社区服务提供者应当加强对注册用户虚拟身份信息、版块名称简介等的审核管理,不得出现法律法规和国家有关规定禁止的内容。

互联网论坛社区服务提供者应当保护用户身份信息,不得泄露、篡改、毁损,不得非法出售或者非法向他人提供。

第九条 互联网论坛社区服务提供者及其从业人员,不得通过发布、转载、删除信息或者干预呈现结果等手段,谋取不正当利益。

第十条 互联网论坛社区服务提供者开展经营和服务活动，必须遵守法律法规，尊重社会公德，遵守商业道德，诚实信用，承担社会责任。

第十一条 互联网论坛社区服务提供者应当建立健全公众投诉、举报制度，在显著位置公布投诉、举报方式，主动接受公众监督，及时处理公众投诉、举报。国家和地方互联网信息办公室依据职责，对举报受理落实情况进行监督检查。

第十二条 互联网论坛社区服务提供者违反本规定的，由有关部门依照相关法律法规处理。

第十三条 本规定自2017年10月1日起施行。

互联网信息搜索服务管理规定

（2016年6月25日国家互联网信息办公室公布 自2016年8月1日起施行）

第一条 为规范互联网信息搜索服务，促进互联网信息搜索行业健康有序发展，保护公民、法人和其他组织的合法权益，维护国家安全和公共利益，根据《全国人民代表大会常务委员会关于加强网络信息保护的决定》和《国务院关于授权国家互联网信息办公室负责互联网信息内容管理工作的通知》，制定本规定。

第二条 在中华人民共和国境内从事互联网信息搜索服务，适用本规定。

本规定所称互联网信息搜索服务，是指运用计算机技术从互联网上搜集、处理各类信息供用户检索的服务。

第三条 国家互联网信息办公室负责全国互联网信息搜索服务的监督管理执法工作。地方互联网信息办公室依据职责负责本行政区域内互联网信息搜索服务的监督管理执法工作。

第四条 互联网信息搜索服务行业组织应当建立健全行业自律制度和行业准则，指导互联网信息搜索服务提供者建立健全服务规范，督促互联网信息搜索服务提供者依法提供服务、接受社会监督，提高互联网信息搜索服务从业人员的职业素养。

第五条 互联网信息搜索服务提供者应当取得法律法规规定的相关资质。

第六条 互联网信息搜索服务提供者应当落实主体责任,建立健全信息审核、公共信息实时巡查、应急处置及个人信息保护等信息安全管理制度,具有安全可控的防范措施,为有关部门依法履行职责提供必要的技术支持。

第七条 互联网信息搜索服务提供者不得以链接、摘要、快照、联想词、相关搜索、相关推荐等形式提供含有法律法规禁止的信息内容。

第八条 互联网信息搜索服务提供者提供服务过程中发现搜索结果明显含有法律法规禁止内容的信息、网站及应用,应当停止提供相关搜索结果,保存有关记录,并及时向国家或者地方互联网信息办公室报告。

第九条 互联网信息搜索服务提供者及其从业人员,不得通过断开相关链接或者提供含有虚假信息的搜索结果等手段,牟取不正当利益。

第十条 互联网信息搜索服务提供者应当提供客观、公正、权威的搜索结果,不得损害国家利益、公共利益,以及公民、法人和其他组织的合法权益。

第十一条 互联网信息搜索服务提供者提供付费搜索信息服务,应当依法查验客户有关资质,明确付费搜索信息页面比例上限,醒目区分自然搜索结果与付费搜索信息,对付费搜索信息逐条加注显著标识。

互联网信息搜索服务提供者提供商业广告信息服务,应当遵守相关法律法规。

第十二条 互联网信息搜索服务提供者应当建立健全公众投诉、举报和用户权益保护制度,在显著位置公布投诉、举报方式,主动接受公众监督,及时处理公众投诉、举报,依法承担对用户权益造成损害的赔偿责任。

第十三条 本规定自 2016 年 8 月 1 日起施行。

互联网危险物品信息发布管理规定

(2015年2月5日　公通字〔2015〕5号)

第一条　为进一步加强对互联网危险物品信息的管理，规范危险物品从业单位信息发布行为，依法查处、打击涉及危险物品的违法犯罪活动，净化网络环境，保障公共安全，根据《全国人大常委会关于加强网络信息保护的决定》、《全国人大常委会关于维护互联网安全的决定》、《广告法》、《枪支管理法》、《放射性污染防治法》和《民用爆炸物品安全管理条例》、《烟花爆竹安全管理条例》、《危险化学品安全管理条例》、《放射性同位素与射线装置安全和防护条例》、《核材料管制条例》、《互联网信息服务管理办法》等法律、法规和规章，制定本规定。

第二条　本规定所称危险物品，是指枪支弹药、爆炸物品、剧毒化学品、易制爆危险化学品和其他危险化学品、放射性物品、核材料、管制器具等能够危及人身安全和财产安全的物品。

第三条　本规定所称危险物品从业单位，是指依法取得危险物品生产、经营、使用资质的单位以及从事危险物品相关工作的教学、科研、社会团体、中介机构等单位。具体包括：

（一）经公安机关核发《民用枪支（弹药）制造许可证》、《民用枪支（弹药）配售许可证》的民用枪支、弹药制造、配售企业；

（二）经民用爆炸物品行业主管部门核发《民用爆炸物品生产许可证》、《民用爆炸物品销售许可证》的民用爆炸物品生产、销售企业，经公安机关核发《爆破作业单位许可证》的爆破作业单位；

（三）经安全生产监督管理部门核发《烟花爆竹安全生产许可证》、《烟花爆竹经营（批发）许可证》、《烟花爆竹经营（零售）许可证》的烟花爆竹生产、经营单位；

（四）经安全生产监督管理部门核发《危险化学品安全生产许可证》、《危险化学品经营许可证》、《危险化学品安全使用许可证》的危险化学品生产、经营、使用单位；

（五）经环境保护主管部门核发《辐射安全许可证》的生产、销售、使用放射性同位素和射线装置单位；

（六）经国务院核材料管理部门核发《核材料许可证》的核材料持有、使用、生产、储存、运输和处置单位；

（七）经公安机关批准的弩制造企业、营业性射击场，经公安机关登记备案的管制刀具制造、销售单位；

（八）从事危险物品教学、科研、服务的高等院校、科研院所、社会团体、中介机构和技术服务企业；

（九）法律、法规规定的其他危险物品从业单位。

第四条 本规定所称危险物品信息，是指在互联网上发布的危险物品生产、经营、储存、使用信息，包括危险物品种类、性能、用途和危险物品专业服务等相关信息。

第五条 危险物品从业单位从事互联网信息服务的，应当按照《互联网信息服务管理办法》规定，向电信主管部门申请办理互联网信息服务增值电信业务经营许可或者办理非经营性互联网信息服务备案手续，并按照《计算机信息网络国际联网安全保护管理办法》规定，持从事危险物品活动的合法资质材料到所在地县级以上人民政府公安机关接受网站安全检查。

第六条 危险物品从业单位依法取得互联网信息服务增值电信业务经营许可或者办理非经营性互联网信息服务备案手续后，可以在本单位网站发布危险物品信息。

禁止个人在互联网上发布危险物品信息。

第七条 接入服务提供者应当与危险物品从业单位签订协议或者确认提供服务，不得为未取得增值电信业务许可或者未办理非经营性互联网信息服务备案手续的危险物品从业单位提供接入服务。

接入服务提供者不得为危险物品从业单位以外的任何单位或者个人提供危险物品信息发布网站接入服务。

第八条 危险物品从业单位应当在本单位网站主页显著位置标明可供查询的互联网信息服务经营许可证编号或者备案编号、从事危险物品活动的合法资质和营业执照等材料。

第九条 危险物品从业单位应当在本单位网站网页显著位置标明单

位、个人购买相关危险物品应当具备的资质、资格条件：

（一）购买民用枪支、弹药应当持有省级或者设区的市级人民政府公安机关核发的《民用枪支（弹药）配购证》。

（二）购买民用爆炸物品应当持有国务院民用爆炸物品行业主管部门核发的《民用爆炸物品生产许可证》，或者省级人民政府民用爆炸物品行业主管部门核发的《民用爆炸物品销售许可证》，或者所在地县级人民政府公安机关核发的《民用爆炸物品购买许可证》。

（三）购买烟花爆竹的，批发企业应当持有安全生产监督管理部门核发的《烟花爆竹经营（批发）许可证》；零售单位应当持有安全生产监督管理部门核发的《烟花爆竹经营（零售）许可证》；举办焰火晚会以及其他大型焰火燃放活动的应当持有公安机关核发的《焰火燃放许可证》；个人消费者应当向持有安全生产监督管理部门核发的《烟花爆竹经营（零售）许可证》的零售单位购买。批发企业向烟花爆竹生产企业采购烟花爆竹；零售经营者向烟花爆竹批发企业采购烟花爆竹。严禁零售单位和个人购买专业燃放类烟花爆竹。

（四）购买剧毒化学品应当持有安全生产监督管理部门核发的《危险化学品安全生产许可证》，或者设区的市级人民政府安全生产监督管理部门核发的《危险化学品经营许可证》或者《危险化学品安全使用许可证》，或者县级人民政府公安机关核发的《剧毒化学品购买许可证》。

购买易制爆危险化学品应当持有安全生产监督管理部门核发的《危险化学品安全生产许可证》，或者工业和信息化部核发的《民用爆炸物品生产许可证》，或者设区的市级人民政府安全生产监督管理部门核发的《危险化学品经营许可证》或者《危险化学品安全使用许可证》，或者本单位出具的合法用途证明。

（五）购买放射性同位素的单位应当持有环境保护主管部门核发的《辐射安全许可证》。

（六）购买核材料的单位应当持有国务院核材料管理部门核发的《核材料许可证》。

（七）购买弩应当持有省级人民政府公安机关批准使用的许可文件。

（八）购买匕首、三棱刮刀应当持有所在单位的批准文件或者证明，且匕首仅限于军人、警察、专业狩猎人员和地质、勘探等野外作业人员购买，三棱刮刀仅限于机械加工单位购买。

（九）法律、法规和相关管理部门的其他规定。

第十条 禁止危险物品从业单位在本单位网站以外的互联网应用服务中发布危险物品信息及建立相关链接。

危险物品从业单位发布的危险物品信息不得包含诱导非法购销危险物品行为的内容。

第十一条 禁止任何单位和个人在互联网上发布危险物品制造方法的信息。

第十二条 网络服务提供者应当加强对接入网站及用户发布信息的管理，定期对发布信息进行巡查，对法律、法规和本规定禁止发布或者传输的危险物品信息，应当立即停止传输，采取消除等处置措施，保存有关记录，并向公安机关等主管部门报告。

第十三条 各级公安、网信、工业和信息化、电信主管、环境保护、工商行政管理、安全监管等部门在各自的职责范围内依法履行职责，完善危险物品从业单位许可、登记备案、信息情况通报和信息发布机制，加强协作配合，共同防范危险物品信息发布的违法犯罪行为。

第十四条 违反规定制作、复制、发布、传播含有危险物品内容的信息，或者故意为制作、复制、发布、传播违法违规危险物品信息提供服务的，依法给予停止联网、停机整顿、吊销许可证或者取消备案、暂时关闭网站直至关闭网站等处罚；构成违反治安管理行为的，依法给予治安管理处罚；构成犯罪的，依法追究刑事责任。

第十五条 任何组织和个人对在互联网上违法违规发布危险物品信息和利用互联网从事走私、贩卖危险物品的违法犯罪行为，有权向有关主管部门举报。接到举报的部门应当依法及时处理，并对举报有功人员予以奖励。

第十六条 本规定自 2015 年 3 月 1 日起执行。

即时通信工具公众信息服务发展管理暂行规定

(2014年8月7日国家互联网信息办公室公布 自公布之日起施行)

第一条 为进一步推动即时通信工具公众信息服务健康有序发展,保护公民、法人和其他组织的合法权益,维护国家安全和公共利益,根据《全国人民代表大会常务委员会关于维护互联网安全的决定》、《全国人民代表大会常务委员会关于加强网络信息保护的决定》、《最高人民法院、最高人民检察院关于办理利用信息网络实施诽谤等刑事案件适用法律若干问题的解释》、《互联网信息服务管理办法》、《互联网新闻信息服务管理规定》等法律法规,制定本规定。

第二条 在中华人民共和国境内从事即时通信工具公众信息服务,适用本规定。

本规定所称即时通信工具,是指基于互联网面向终端使用者提供即时信息交流服务的应用。本规定所称公众信息服务,是指通过即时通信工具的公众账号及其他形式向公众发布信息的活动。

第三条 国家互联网信息办公室负责统筹协调指导即时通信工具公众信息服务发展管理工作,省级互联网信息内容主管部门负责本行政区域的相关工作。

互联网行业组织应当积极发挥作用,加强行业自律,推动行业信用评价体系建设,促进行业健康有序发展。

第四条 即时通信工具服务提供者应当取得法律法规规定的相关资质。即时通信工具服务提供者从事公众信息服务活动,应当取得互联网新闻信息服务资质。

第五条 即时通信工具服务提供者应当落实安全管理责任,建立健全各项制度,配备与服务规模相适应的专业人员,保护用户信息及公民个人隐私,自觉接受社会监督,及时处理公众举报的违法和不良信息。

第六条 即时通信工具服务提供者应当按照"后台实名、前台自愿"

的原则,要求即时通信工具服务使用者通过真实身份信息认证后注册账号。

即时通信工具服务使用者注册账号时,应当与即时通信工具服务提供者签订协议,承诺遵守法律法规、社会主义制度、国家利益、公民合法权益、公共秩序、社会道德风尚和信息真实性等"七条底线"。

第七条 即时通信工具服务使用者为从事公众信息服务活动开设公众账号,应当经即时通信工具服务提供者审核,由即时通信工具服务提供者向互联网信息内容主管部门分类备案。

新闻单位、新闻网站开设的公众账号可以发布、转载时政类新闻,取得互联网新闻信息服务资质的非新闻单位开设的公众账号可以转载时政类新闻。其他公众账号未经批准不得发布、转载时政类新闻。

即时通信工具服务提供者应当对可以发布或转载时政类新闻的公众账号加注标识。

鼓励各级党政机关、企事业单位和各人民团体开设公众账号,服务经济社会发展,满足公众需求。

第八条 即时通信工具服务使用者从事公众信息服务活动,应当遵守相关法律法规。

对违反协议约定的即时通信工具服务使用者,即时通信工具服务提供者应当视情节采取警示、限制发布、暂停更新直至关闭账号等措施,并保存有关记录,履行向有关主管部门报告义务。

第九条 对违反本规定的行为,由有关部门依照相关法律法规处理。

第十条 本规定自公布之日起施行。

图书在版编目（CIP）数据

网络安全法律法规学习汇编 / 中国法制出版社编
. -- 北京：中国法制出版社，2024.10
（国家安全系列丛书）
ISBN 978-7-5216-3331-3

Ⅰ.①网… Ⅱ.①中… Ⅲ.①计算机网络-信息安全-法律-汇编-中国 Ⅳ.①D922.179

中国国家版本馆 CIP 数据核字（2023）第 038014 号

责任编辑：程思　　　　　　　　　　　　封面设计：杨泽江

网络安全法律法规学习汇编
WANGLUO ANQUAN FALÜ FAGUI XUEXI HUIBIAN
编著/中国法制出版社
经销/新华书店
印刷/三河市紫恒印装有限公司
开本/880 毫米×1230 毫米　32 开　　　　印张/9.25　字数/234 千
版次/2024 年 10 月第 1 版　　　　　　　2024 年 10 月第 1 次印刷

中国法制出版社出版
书号 ISBN 978-7-5216-3331-3　　　　　　　　　定价：38.00 元

北京市西城区西便门西里甲 16 号西便门办公区
邮政编码：100053　　　　　　　　　　　传真：010-63141600
网址：http://www.zgfzs.com　　　　　　编辑部电话：010-63141806
市场营销部电话：010-63141612　　　　　印务部电话：010-63141606

（如有印装质量问题，请与本社印务部联系。）